ÉMILE ZOLA

MES HAINES

CAUSERIES LITTÉRAIRES ET ARTISTIQUES

MON SALON (1866)

ÉDOUARD MANET, étude biographique et critique

NOUVELLE ÉDITION

PARIS

G. CHARPENTIER, ÉDITEUR

13, RUE DE GRENELLE-SAINT-GERMAIN, 1ᵉʳ

1879

MES HAINES

OUVRAGES DU MÊME AUTEUR

DANS LA BIBLIOTHÈQUE CHARPENTIER

à 3 fr. 50 le volume

LES ROUGON-MACQUART

Histoire naturelle et sociale d'une famille sous le second Empire.

LA FORTUNE DES ROUGON. 12ᵉ édition......................	1 vol.
LA CURÉE. 16ᵉ édition....................................	1 vol.
LE VENTRE DE PARIS. 13ᵉ édition.........................	1 vol.
LA CONQUÊTE DE PLASSANS. 10ᵉ édition....................	1 vol.
LA FAUTE DE L'ABBÉ MOURET. 14ᵉ édition..................	1 vol.
SON EXCELLENCE EUGÈNE ROUGON. 12ᵉ édition................	1 vol.
L'ASSOMMOIR. 69ᵉ édition.................................	1 vol.
UNE PAGE D'AMOUR. 32ᵉ édition............................	1 vol.

CONTES A NINON. Nouvelle édition............... 1 vol.
NOUVEAUX CONTES A NINON............... 1 vol.
THÉATRE................................. 1 vol.
MES HAINES............................. 1 vol.

MES HAINES

La haine est sainte. Elle est l'indignation des cœurs forts et puissants, le dédain militant de ceux que fâchent la médiocrité et la sottise. Haïr c'est aimer, c'est sentir son âme chaude et généreuse, c'est vivre largement du mépris des choses honteuses et bêtes.

La haine soulage, la haine fait justice, la haine grandit.

Je me suis senti plus jeune et plus courageux après chacune de mes révoltes contre les platitudes de mon âge. J'ai fait de la haine et de la fierté mes deux hôtesses; je me suis plu à m'isoler, et, dans mon isolement, à haïr ce qui blessait le juste et le vrai.

Si je vaux quelque chose aujourd'hui, c'est que je suis seul et que je hais.

—

Je hais les gens nuls et impuissants ; ils me gênent. Ils ont brûlé mon sang et brisé mes nerfs. Je ne sais rien de plus irritant que ces brutes qui se dandinent sur leurs deux pieds, comme des oies, avec leurs yeux ronds et leur bouche béante. Je n'ai pu faire deux pas dans la vie sans rencontrer trois imbéciles, et c'est pourquoi je suis triste. La grande route en est pleine, la foule est faite de sots qui vous arrêtent au passage pour vous baver leur médiocrité à la face. Ils marchent, ils parlent, et toute leur personne, gestes et voix, me blesse à ce point que je préfère, comme Stendhal, un scélérat à un crétin. Je le demande, que pouvons-nous faire de ces gens-là ; les voici sur nos bras, en ces temps de luttes et de marches forcées. Au sortir du vieux monde, nous nous hâtons vers un monde nouveau. Ils se pendent à nos bras, ils se jettent dans nos jambes, avec des rires niais, d'absurdes sentences ; ils nous rendent les sentiers glissants et pénibles. Nous avons beau nous secouer, ils nous pressent, nous étouffent, s'attachent à nous. Eh quoi ! nous en sommes à cet âge où les chemins de fer et le télégraphe électrique nous emportent, chair et esprit, à l'infini et à l'absolu, à cet âge grave et inquiet où l'esprit humain est en enfantement d'une vérité nouvelle, et il y a là des hommes de néant et de sottise qui nient le présent, croupissent dans la mare étroite et nauséabonde de leur banalité. Les horizons s'élargissent, la lumière monte et emplit le ciel. Eux, ils s'enfoncent à plaisir dans la fange tiède où leur ventre digère avec une voluptueuse lenteur; ils bouchent leurs yeux de hiboux que la clarté offense, ils crient qu'on les trouble et qu'ils ne peuvent plus faire leurs grasses matinées en ruminant à l'aise le foin qu'ils broient à pleine mâchoire au râtelier de la bêtise commune. Qu'on nous donne des fous, nous en ferons quelque chose; les fous pensent; ils ont chacun quelque idée trop tendue qui a brisé le ressort de leur intelligence; ce sont là des malades de l'esprit et du cœur, de pauvres âmes toutes pleines de vie et de force. Je veux les écouter, car j'espère toujours que dans le chaos de leurs pensées va luire une vérité suprême. Mais, pour l'amour de Dieu, qu'on tue les sots et les médiocres, les impuissants et les crétins, qu'il y ait des lois pour nous débarrasser de ces gens qui abusent de leur aveuglement pour dire qu'il fait nuit. Il est temps que les hommes de courage et d'énergie aient leur 93 : l'insolente royauté des médiocres a lassé le monde, les médiocres doivent être jetés en masse à la place de Grève.

Je les hais.

—

Je hais les hommes qui se parquent dans une idée personnelle, qui vont en troupeau, se pressant les uns contre les autres, baissant la tête vers la terre pour ne pas voir la grande lueur du ciel. Chaque troupeau a son dieu, son fétiche, sur l'autel duquel il immole la grande vérité humaine. Ils sont ainsi plusieurs centaines dans Paris, vingt à trente dans chaque coin, ayant une tribune du haut de laquelle ils haranguent solennellement le peuple. Ils vont leur petit bonhomme de chemin, marchant avec gravité en pleine platitude, poussant des cris de désespérance dès qu'on les trouble dans leur fanatisme puéril. Vous tous qui les connaissez, mes amis, poètes et romanciers, savants et simples curieux, vous qui êtes allés frapper à la porte de ces gens graves s'enfermant pour tailler leurs ongles, osez dire avec moi, tout haut, afin que la foule vous entende, qu'ils vous ont jeté hors de leur petite église, en bedeaux peureux et intolérants. Dites qu'ils vous ont raillé de votre inexpérience, l'expérience étant de nier toute vérité qui n'est pas leur erreur. Racontez l'histoire de votre premier article, lorsque vous êtes venu avec votre prose honnête et convaincue vous heurter contre cette réponse : « Vous louez un homme de talent qui, ne pouvant avoir de talent pour nous, ne doit en avoir pour personne. » Le beau spectacle que nous offre ce Paris intelligent et juste ! Il y a, là-haut ou là-bas, dans une sphère lointaine assurément, une vérité une et absolue qui régit les mondes et nous pousse à l'avenir. Il y a ici cent vérités qui se heurtent et se brisent, cent écoles qui s'injurient, cent troupeaux qui bêlent en refusant d'avancer. Les uns regrettent un passé qui ne peut revenir, les autres rêvent un avenir qui ne viendra jamais;

ceux qui songent au présent, en parlent comme d'une éternité. Chaque religion a ses prêtres, chaque prêtre a ses aveugles et ses eunuques. De la réalité, point de souci ; une simple guerre civile, une bataille de gamins se mitraillant à coups de boules de neige, une immense farce dont le passé et l'avenir, Dieu et l'homme, le mensonge et la sottise, sont les pantins complaisants et grotesques. Où sont, je le demande, les hommes libres, ceux qui vivent tout haut, qui n'enferment pas leur pensée dans le cercle étroit d'un dogme et qui marchent franchement vers la lumière, sans craindre de se démentir demain, n'ayant souci que du juste et du vrai ? Où sont les hommes qui ne font pas partie des claques assermentées, qui n'applaudissent pas, sur un signe de leur chef, Dieu ou le prince, le peuple ou bien l'aristocratie ? Où sont les hommes qui vivent seuls, loin des troupeaux humains, qui accueillent toute grande chose, ayant le mépris des coteries et l'amour de la libre pensée ? Lorsque ces hommes parlent, les gens graves et bêtes se fâchent et les accablent de leur masse ; puis ils rentrent dans leur digestion, ils sont solennels, ils se prouvent victorieusement entre eux qu'ils sont tous des imbéciles.

Je les hais.

—

Je hais les railleurs malsains, les petits jeunes gens qui ricanent, ne pouvant imiter la pesante gravité de leurs papas. Il y a des éclats de rire plus vides encore que les silences diplomatiques. Nous avons, en cet âge anxieux, une gaieté nerveuse et pleine d'angoisse qui m'irrite douloureusement, comme les sons d'une lime promenée entre les dents d'une scie. Eh! taisez-vous, vous tous qui prenez à tâche d'amuser le public, vous ne savez plus rire, vous riez aigre à agacer les dents. Vos plaisanteries sont navrantes ; vos allures légères ont la grâce des poses de disloqués ; vos sauts périlleux sont de grotesques culbutes dans lesquelles vous vous étalez piteusement. Ne voyez-vous pas que nous ne sommes point en train de plaisanter. Regardez, vous pleurez vous-mêmes. A quoi bon vous forcer, vous battre les flancs pour trouver drôle ce qui est sinistre. Ce n'est point ainsi qu'on riait autrefois, lorsqu'on pouvait encore rire. Aujourd'hui, la joie est un spasme, la gaieté une folie qui secoue. Nos rieurs, ceux qui ont une réputation de belle humeur, sont des gens funèbres qui prennent n'importe quel fait, n'importe quel homme dans la main, et le pressent jusqu'à ce qu'il éclate, en enfants méchants qui ne jouent jamais aussi bien avec leurs jouets que lorsqu'ils les brisent. Nos gaietés sont celles des gens qui se tiennent les côtes, quand ils voient un passant tomber et se casser un membre. On rit de tout, lorsqu'il n'y a pas le plus petit mot pour rire. Aussi sommes-nous un peuple très gai ; nous rions de nos grands hommes et de nos scélérats, de Dieu et du diable, des autres et de nous-mêmes. Il y a, à Paris, toute une armée qui tient en éveil l'hilarité publique ; la farce consiste à être bête gaiement, comme d'autres sont bêtes solennellement. Moi, je regrette qu'il y ait tant d'hommes d'esprit et si peu d'hommes de vérité et de libre justice. Chaque fois que je vois un garçon honnête se mettre à rire, pour le plus grand plaisir du public, je le plains, je regrette qu'il ne soit pas assez riche pour vivre sans rien faire, sans se tenir ainsi les côtes indécemment. Mais je n'ai pas de plainte pour ceux qui n'ont que des rires, n'ayant point de larmes.

Je les hais.

—

Je hais les sots qui font les dédaigneux, les impuissants qui crient que notre art et notre littérature meurent de leur belle mort. Ce sont les cerveaux les plus vides, les cœurs les plus secs, les gens enterrés dans le passé, qui feuillettent avec mépris les œuvres vivantes et tout enfiévrées de notre âge, et les déclarent nulles et étroites. Moi, je vois autrement. Je n'ai guère souci de beauté ni de perfection. Je me moque des grands siècles. Je n'ai souci que de vie, de lutte, de fièvre. Je suis à l'aise parmi notre génération. Il me semble que l'artiste ne peut souhaiter un autre milieu, une autre époque. Il n'y a plus de maîtres, plus d'écoles. Nous sommes en pleine anarchie, et chacun de nous est un rebelle qui pense pour lui, qui crée et se bat pour lui. L'heure est haletante, pleine d'anxiété : on attend ceux qui frapperont le plus fort et le plus juste, dont les poings seront assez puissants pour fermer la bouche des autres, et il y a au fond de chaque nouveau lutteur une vague espérance d'être ce dictateur, ce tyran de demain. Puis, quel horizon large! Comme nous sentons tressaillir en nous les vérités de l'avenir! Si nous balbutions, c'est que nous avons trop de choses à dire. Nous sommes au seuil d'un siècle de science et de réalité, et nous chancelons, par instants, comme des hommes ivres, devant la grande lueur qui se lève en face de nous. Mais nous travaillons, nous préparons la besogne de nos fils, nous en sommes à l'heure de la démolition, lorsqu'une poussière de plâtre emplit l'air et que les décombres tombent avec fracas. Demain l'édifice sera reconstruit. Nous aurons eu les joies cuisantes, l'angoisse douce et amère de l'enfantement ; nous aurons eu les œuvres passionnées, les cris libres de la vérité, tous les vices et toutes les vertus des grands siècles à leur berceau. Que les aveugles nient nos efforts, qu'ils voient dans nos luttes les convulsions de l'agonie, lorsque ces luttes sont les premiers bégayements de la naissance. Ce sont des aveugles.

Je les hais.

—

Je hais les cuistres qui nous régentent, les pédants et les ennuyeux qui refusent la vie. Je suis pour les libres manifestations du génie humain. Je crois à une suite continue d'expressions humaines, à une galerie sans fin de tableaux vivants, et je regrette de ne pouvoir vivre toujours pour assister à l'éternelle comédie aux mille actes divers. Je ne suis qu'un curieux. Les sots qui n'osent regarder en avant, regardent en arrière. Ils font le présent des règles du passé, et ils veulent que l'avenir, les œuvres et les hommes, prennent modèle sur les temps écoulés. Les jours naîtront à leur gré, et chacun d'eux amènera une nouvelle idée, un nouvel art, une nouvelle littérature. Autant de sociétés, autant d'œuvres diverses, et les sociétés se transformeront éternellement. Mais les impuissants ne veulent pas agrandir le cadre ; ils ont dressé la liste des œuvres déjà produites, et ont ainsi obtenu une vérité relative dont ils font une vérité absolue. Ne créez pas, imitez. Et voilà pourquoi je hais les gens bêtement graves et les gens bêtement gais, les artistes et les critiques qui veulent sottement faire de la vérité d'hier la vérité d'aujourd'hui. Ils ne comprennent pas que nous marchons et que les paysages changent.

Je les hais.

—

Et maintenant vous savez quelles sont mes amours, mes belles amours de jeunesse.

Paris, 1866.

L'ABBÉ ***

J'ai hésité toute une matinée, me demandant si je parlerais ou si je ne parlerais pas de l'abbé***. D'une part, je me disais que le silence est une condamnation pour les œuvres littéraires et qu'il est inutile de frapper un écrivain à terre. Mais, d'une autre part, je songeais qu'il est bon de dire hautement ce que le public pense tout bas.

Je me suis donc décidé à parler de l'auteur du *Maudit*. Tous mes confrères se taisent, et ils ont raison. Je les imiterais volontiers, si je ne croyais accomplir un devoir en me faisant, pour une heure, l'interprète de l'opinion publique. L'abbé*** a été vaincu dans sa lutte contre le goût et le bon sens. Après le scandale de son premier ouvrage, scandale obtenu à grand bruit de réclames, d'affiches et de prospectus, un immense silence s'est fait sur les œuvres et sur l'homme ; chaque nouveau volume a été accueilli avec froideur, presque avec répulsion ; une curiosité malsaine a pu faire acheter ces romans niais et lourds, mais les gens bien élevés se sont gardés de lire ces incroyables histoires, aussi sottes que mal contées. Je frappe donc, je le répète, un écrivain à terre, je frappe un écrivain que la presse entière a dédaigné ; je le frappe au nom de tous, non pour le terrasser, mais pour prendre acte de sa défaite.

Deux hypothèses se présentent : ou l'auteur est un prêtre avec ou sans collaborateur, ou l'auteur est un écrivain laïque. Dans l'un et l'autre cas, il y a chantage, spéculation, improbité littéraire.

Certes, il peut exister dans le clergé français un prêtre froissé par ses supérieurs, un homme dont la foi change, qui voit dans l'Église des plaies à panser, des injustices à réparer. Ce fait d'une âme religieuse qui demande une réforme, s'est produit dans tous les temps. Ce prêtre va se séparer de ses anciens frères, faire connaître ses désirs, signaler le mal, indiquer le remède ; il va prêcher sa nouvelle religion, ouvertement, visage découvert. L'abbé*** commence par se masquer ; il ne pratique plus, mais il a gardé la soutane ; il est abbé seulement sur les couvertures de ses livres ; il veut la mort du prêtre, et il est encore prêtre pour faire vendre ses œuvres. Ce n'est pas là l'action d'un honnête homme. Les mauvaises suppositions sont trop aisées. On signe hardiment lorsqu'on a des croyances hardies. Vous êtes prêtre, je le veux bien ; mais vous auriez dû le dire entièrement, ou ne pas le dire du tout. Le dire à moitié, c'est bénéficier du scandale sans en courir les risques. Il y a en vous plus du spéculateur que de l'homme convaincu.

Devant votre masque noir, je me dis : « Voilà un gaillard qui ne gagnait pas assez avec ses messes ; il a calculé qu'il empocherait dix fois davantage en insultant l'Église, et il s'est mis tranquillement à la besogne, se cachant le visage, pour éviter tous désagréments. »

Si l'auteur est laïque, l'improbité littéraire, le chantage sont flagrants. Les temps sont à la controverse religieuse, il y a un mouvement très marqué contre le catholicisme. Dès lors, un spéculateur a pu songer à tirer parti de la disposition de certains esprits. Il aura établi un chantier de pamphlets, calculant toutes les chances de réussite, choisissant des titres de mélodrame, signant d'un pseudonyme qui est à lui seul un trait de génie et une mauvaise action, servant au peuple une prose lourde et pâteuse, telle qu'il en faut aux lecteurs des feuilles à cinq centimes. Il n'y a plus, dans ce cas, qu'un commerçant peu délicat qui profite de la sottise publique, qui vend sous une fausse étiquette une marchandise indigeste et avariée.

Dans l'une et l'autre hypothèse, que l'auteur soit prêtre ou qu'il soit laïque, les œuvres appartiennent à cette branche de commerce qui nous a donné les *Mémoires d'une femme de chambre*. Que l'on flatte les sens, les curiosités impures, ou que l'on flatte les passions antireligieuses, je vous avoue que je ne vois aucune différence entre ces flatteries intéressées. Nous introduire dans les coulisses ou nous introduire dans les couvents, raconter les aventures de Margoton-la-Sauteuse ou les aventures du frère dom Gargilesse, le moine mystique et libertin, c'est chatouiller également notre sensualité et nous attacher par cet intérêt honteux que nous portons à tout fruit défendu.

Je signale à l'abbé*** un oubli grave : il a négligé de faire mettre, en tête du *Maudit*, un portrait photographique le montrant en soutane, le visage masqué, forçant un tabernacle; il eût été ainsi le digne frère de cette malheureuse des *Mémoires d'une femme de chambre*, qui s'est fait représenter, un loup sur la face, impudique et insolente, écartant un rideau et étalant sa gorge. Tous deux ont écrit dans l'ombre, se sont adressés à nos plus mauvais instincts, ont spéculé sur leur silence même. Ce n'est pas la honte seulement qui les a empêchés de se nommer; ils se sont tus pour mieux piquer la curiosité et pour pouvoir se vautrer plus largement dans leurs ordures. Lorsqu'on cache le visage, on peut montrer la gorge.

Peu importe que l'auteur soit laïque ou qu'il soit prêtre, puisque de toutes les façons il y a eu calcul. Sans doute, pour les âmes croyantes, la pensée qu'un membre du clergé a pu se livrer à un pareil com-

merce est plus douloureuse ; ces âmes préféreraient
que le commerçant fût un homme perdu de scepticisme et de libéralisme. J'avoue ne pas m'inquiéter
de cette question. Je n'ai pas la moindre curiosité à
l'égard du personnage ; je me garde bien de chercher
à percer le mystère. Que l'auteur soit seul ou qu'il
ait des collaborateurs, qu'il soit prêtre ou qu'il soit
laïque, il n'en est ni plus ni moins pour moi un
homme sans talent, peu scrupuleux sur les moyens
de succès. Ce serait lui faire trop d'honneur que de
vouloir lui arracher le masque dont il est couvert.
Quelques-uns de mes confrères, dans les commencements, ont essayé de pénétrer l'ombre dont s'entoure
l'abbé*** ; ils ont fouillé ses livres, et les uns ont déclaré avoir aperçu un bout de soutane, les autres un
bout de redingote. Moi, je déclare avoir fermé volontairement les yeux ; je n'ai vu qu'un faiseur, qu'un
manufacturier inhabile, se cachant pour se faire chercher et ne méritant pas la curiosité des honnêtes gens.

Je dois faire ici une déclaration qui donnera un
nouveau poids à mes critiques. Je n'entends pas défendre le catholicisme attaqué ; je ne blâme nullement l'abbé*** d'avoir ébranlé certaines institutions
d'une main bien faible et bien maladroite. Je prie les
lecteurs de ne pas se tromper sur les causes de ma
colère. Je mets à part, avant tout, la question philosophique et religieuse, car sur ce terrain, en quelques parties, je pourrais tendre la main au spéculateur. Mon cri d'indignation n'est que le cri d'un
honnête homme et d'un artiste révolté.

Je l'ai dit, il y a mauvaise foi et chantage dans les œuvres ; il y a encore quelque chose de pis à mes yeux : un manque de talent complet, un entassement ridicule de sottises et de puérilités, d'horreurs comiques et de plaisanteries lugubres. Imaginez des volumes lourds et mal agencés, faits de conversations plates et interminables, de dissertations historiques ou philosophiques coupées maladroitement dans quelque vieil ouvrage ; imaginez des épisodes niais, une intrigue invraisemblable qu'un élève de troisième ne commettrait pas. Il sort des pages une senteur épaisse de médiocrité. L'abbé***, chaque fois qu'il commence une œuvre nouvelle, toujours la même d'ailleurs, prend pour thème une des vieilles accusations adressées au catholicisme ; il invente péniblement un conte à dormir debout, mêle la thèse religieuse à ce conte avec une inhabileté remarquable et habille le tout de sa prose. Le produit est une œuvre bête, sans aucune élévation, dont la partie artistique ressemble aux anciennes histoires de Ducray-Duminil, la bonhomie en moins, et dont la partie de discussion religieuse n'est que le commentaire banal des grivoiseries qui traînent chez tous les marchands de vin libres penseurs. Le dégoût vous monte aux lèvres à la lecture de ces romans pataugeant en pleine fange, aussi vulgaires par la forme que par la pensée, et destinés à contenter les appétits grossiers de la foule. C'est à croire que l'auteur a voulu tant de bassesse et tant de vulgarité : il aura écrit en vue d'un certain public et lui aura servi les ragoûts épicés et nauséabonds qu'il sait devoir lui plaire. Dans la grande querelle religieuse qui secoue notre époque, il est triste de voir se produire de pareils ouvrages qui gâteraient les meilleures causes ; ces ouvrages loin d'apporter des arguments nouveaux, loin d'aider à la vérité, remettent en question les procès gagnés. L'abbé*** est un Prud'homme religieux qui raconte, qui juge et discute avec une solennelle platitude.

Un nouveau roman vient de paraître, le *Moine*, faisant suite au *Jésuite*, à la *Religieuse* et au *Maudit*. C'est en feuilletant ce dernier volume que l'indignation l'a emporté et que je me suis promis de dire tout ce que j'avais sur le cœur. Je ne crois pas qu'il existe au monde une histoire plus écœurante. Le livre est le récit des hauts faits d'un moine, dom Claude, une sorte de don Quichotte fanatique qui relève l'abbaye de Charroux, comme le héros de la Manche abattait les ailes des moulins à vent. Ce vieillard est un fou tout simplement qui a la monomanie du cloître. Si ce moine existe réellement, c'est une plaisanterie que de discuter sérieusement avec lui, et une douche d'eau froide serait un excellent argument. Lorsque dom Claude veut régner dans son abbaye, juger et punir en maître, il est bientôt obligé de compter avec l'autorité civile, et l'abbé *** semble par là avouer lui-même que son personnage ne peut vivre à notre époque et qu'il est une figure inventée pour les seuls besoins du drame.

La création de dom Claude est innocente, ridicule tout au plus ; celle de dom Boissier, présenté d'abord comme l'honnête homme du livre, est malsaine. Ce Boissier est un garçon habile qui s'est fait prêtre pour se faire évêque; il prend le froc afin de monter plus vite, invente des miracles, se moque des hommes et du ciel; d'ailleurs, selon l'auteur, un cœur honnête et une grande intelligence, qui, au dénoûment, lorsqu'il a la crosse et la mitre, abdique et va vivre ignoré dans un coin perdu. Pourquoi? on ne peut le deviner. Pour moi, l'honnête homme du livre est un coquin à qui le remords empêche de garder ce qu'il a volé à Dieu.

Il y en a deux autres de cette force-là dans l'œuvre : l'abbé Cabrier, qui se fait capucin pour devenir un second Lacordaire, et l'abbé Guillard, qui gagne le chapeau rouge en prenant la robe de moine. J'ai cherché vainement une nature étudiée dans le livre. Les personnages manquent tous d'honnêteté ou de raison. Abel Grenier, l'imbécile qui fournit les fonds pour reconstruire l'abbaye, est un sot et un vaniteux ; l'évêque de Poitiers est plus sot et plus vaniteux encore; les comparses sont ivrognes ou fanatiques, et ont tous la même vulgarité. C'est là un monde de convention, la caricature du monde réel. Il y a une mauvaise foi évidente dans ces peintures trop poussées au noir.

En somme, l'œuvre est un pamphlet contre les moines. Elle a la prétention de prouver leur inutilité et le danger que présente pour la société moderne leur esprit entreprenant et envahisseur. Elle les plaisante agréablement sur leurs miracles et leurs liqueurs digestives, qu'ils fabriquent de concert : les miracles à l'église, les liqueurs au laboratoire. Elle raconte cette histoire étrange d'une colonie de religieux, tous insensés ou hypocrites, s'établissant dans un coin de la France dont les habitants sont tous hypocrites ou insensés. L'auteur crie que nous retournons au moyen âge ; mais, en vérité, c'est lui qui nous y ramène avec ses contes d'une autre époque. Son manque complet de talent rend encore ses grosses plaisanteries moins acceptables. Lorsque Eugène Sue, — que je n'aime pas, — se mêlait d'attaquer les jésuites, il le faisait au moins d'une façon habile et intéressante. L'abbé*** semble nous dire carrément : « Tous les moines sont des ambitieux ou des brutes ; tous les Français sont assez bêtes pour devenir la proie des moines. » Le lecteur, catholique ou libéral, rira au nez de l'abbé*** et le priera de vouloir bien se taire.

Peut-on concevoir un dénoûment plus déplorable que celui du *Moine?* Dom Gargilesse, un des frères, s'oublie dans les bras de la femme du bienfaiteur, Abel Grenier ; le mari rentre et tue le religieux, qui va mourir dans sa cellule. Il faut lire cette scène et celles qui suivent ; je doute que les théâtres des boulevards aient jamais eu des épisodes plus comiquement horribles et d'une puérilité plus sanglante. Dom Claude, après avoir fait jeter le corps du coupable dans l'*in pace*, et avoir enseveli un tronc d'arbre sous le nom de Dom Gargilesse, meurt à son tour ; la maçonnerie qui murait la porte de l'*in pace*, s'écroule sur lui et l'étouffe. C'est alors que Dom Boissier est nommé révérend père, et qu'ayant ainsi atteint le but de ses désirs, il juge à propos, dans une longue lettre absolument vide, de faire abandon de son nouveau titre. Où l'auteur a-t-il voulu en venir? Que signifie cette enfilade de scènes mélodramatiques et inexplicables? J'ai cherché le sens de ce dénoûment insensé, et je n'y ai trouvé encore une fois qu'une flatterie basse pour les goûts grossiers de la foule qui aime le sang et l'adultère, les faits invraisemblables et les péripéties inattendues. L'œuvre, je ne saurais le répéter trop haut, est une spéculation, une action mauvaise, un roman qui est, avec moins de talent encore, le frère des *Mémoires d'une femme de chambre*.

Un ami me fait observer que l'abbé*** a obtenu de mon indignation tout ce qu'il en attendait. « Ne voyez vous pas, me dit cet ami, que si les romans dont vous parlez sont des spéculations, le spéculateur a compté sur la colère des honnêtes gens comme sur une publicité assurée. Vos sévérités éveillent la curiosité du public, et tout le mal que vous dites de ces livres est une recommandation pour les personnes qui aiment le fruit défendu. »

Certes, cet ami a une triste opinion des lecteurs. Si je ne parviens pas à chasser le *Moine* et ses aînés de toutes les maisons honorables, j'obtiendrai peut-être que l'on cache ces volumes sous l'oreiller, comme des volumes honteux.

PROUDHON ET COURBET

I

Il y a des volumes dont le titre accolé au nom de l'auteur, suffit pour donner, avant toute lecture, la portée et l'entière signification de l'œuvre.

Le livre posthume de Proudhon : *Du Principe de l'Art et de sa Destination sociale*, était là sur ma table. Je ne l'avais pas ouvert; cependant je croyais savoir ce qu'il contenait, et il est arrivé que mes prévisions se sont réalisées.

Proudhon est un esprit honnête, d'une rare énergie, voulant le juste et le vrai. Il est le petit-fils de Fourier, il tend au bien-être de l'humanité; il rêve une vaste association humaine, dont chaque homme sera le membre actif et modeste. Il demande, en un mot, que l'égalité et la fraternité règnent, que la société, au nom de la raison et de la conscience, se reconstitue sur les bases du travail en commun et du perfectionnement continu. Il paraît las de nos luttes, de nos désespoirs et de nos misères; il voudrait nous forcer à la paix, à une vie réglée. Le peuple qu'il voit en songe, est un peuple puisant sa tranquillité dans le silence du cœur et des passions; ce peuple d'ouvriers ne vit que de justice.

Dans toute son œuvre, Proudhon a travaillé à la naissance de ce peuple. Jour et nuit, il devait songer à combiner les divers éléments humains, de façon à établir fortement la société qu'il rêvait. Il voulait que chaque classe, chaque travailleur entrât pour sa part dans l'œuvre commune, et il enrégimentait les esprits, il réglementait les facultés, désireux de ne rien perdre et craignant aussi d'introduire quelque ferment de discorde. Je le vois, à la porte de sa cité future, inspectant chaque homme qui se présente, sondant son corps et son intelligence, puis l'étiquetant et lui donnant un numéro pour nom, une besogne pour vie et pour espérance. L'homme n'est plus qu'un infime manœuvre.

Un jour, la bande des artistes s'est présentée à la porte. Voilà Proudhon perplexe. Qu'est-ce que c'est que ces hommes-là? A quoi sont-ils bons? Que diable peut-on leur faire faire? Proudhon n'ose les chasser carrément, parce que, après tout, il ne dédaigne aucune force et qu'il espère, avec de la patience, en tirer quelque chose. Il se met à chercher et à raisonner. Il ne veut pas en avoir le démenti, il finit par leur trouver une toute petite place ; il leur fait un long sermon, dans lequel il leur recommande d'être bien sages, et il les laisse entrer, hésitant encore et se disant en lui-même : « Je veillerai sur eux, car ils ont de méchants visages et des yeux brillants qui ne me promettent rien de bon. »

Vous avez raison de trembler, vous n'auriez pas dû les laisser entrer dans votre ville-modèle. Ce sont des gens singuliers qui ne croient pas à l'égalité, qui ont l'étrange manie d'avoir un cœur, et qui poussent parfois la méchanceté jusqu'à avoir du génie. Ils vont troubler votre peuple, déranger vos idées de communauté, se refuser à vous et n'être qu'eux-mêmes. On vous appelle le terrible logicien ; je trouve que votre logique dormait le jour où vous avez commis la faute irréparable d'accepter des peintres parmi vos cordonniers et vos législateurs. Vous n'aimez pas les artistes, toute personnalité vous déplaît, vous voulez aplatir l'individu pour élargir la voie de l'humanité. Eh bien ! soyez sincère, tuez l'artiste. Votre monde sera plus calme.

Je comprends parfaitement l'idée de Proudhon, et même, si l'on veut, je m'y associe. Il veut le bien de tous, il le veut au nom de la vérité et du droit, et il n'a pas à regarder s'il écrase quelques victimes en marchant au but. Je consens à habiter sa cité ; je m'y ennuierai sans doute à mourir, mais je m'y ennuierai honnêtement et tranquillement, ce qui est une compensation. Ce que je ne saurais supporter, ce qui m'irrite, c'est qu'il force à vivre dans cette cité endormie des hommes qui refusent énergiquement la paix et l'effacement qu'il leur offre. Il est si simple de ne pas les recevoir, de les faire disparaître. Mais, pour l'amour de Dieu, ne leur faites pas la leçon ; surtout ne vous amusez pas à les pétrir d'une autre fange que celle dont Dieu les a formés, pour le simple plaisir de les créer une seconde fois tels que vous les désirez.

Tout le livre de Proudhon est là. C'est une seconde création, un meurtre et un enfantement. Il accepte l'artiste dans sa ville, mais l'artiste qu'il imagine, l'artiste dont il a besoin et qu'il crée tranquillement en pleine théorie. Son livre est vigoureusement pensé, il a une logique écrasante ; seulement toutes les définitions, tous les axiomes sont faux. C'est une colossale erreur déduite avec une force de raisonnement qu'on ne devrait jamais mettre qu'au service de la vérité.

Sa définition de l'art, habilement amenée et habilement exploitée, est celle-ci : *Une représentation idéaliste de la nature et de nous-mêmes, en vue du perfectionnement physique et moral de notre espèce.* Cette définition est bien de l'homme pratique dont je parlais tantôt, qui veut que les roses se mangent en salade. Elle serait banale entre les mains de tout autre, mais Proudhon ne rit pas lorsqu'il s'agit du perfectionnement physique et moral de notre espèce. Il se sert de sa définition pour nier le passé et pour rêver un avenir terrible. L'art perfectionne, je le veux bien, mais il perfectionne à sa manière, en contentant l'esprit, et non en prêchant, en s'adressant à la raison.

D'ailleurs, la définition m'inquiète peu. Elle n'est que le résumé fort innocent d'une doctrine autrement dangereuse. Je ne puis l'accepter uniquement à cause des développements que lui donne Proudhon ; en elle-même, je la trouve l'œuvre d'un brave homme qui juge l'art comme on juge la gymnastique et l'étude des racines grecques.

Proudhon pose ceci en thèse générale. Moi public, moi humanité, j'ai droit de guider l'artiste et d'exiger de lui ce qui me plaît ; il ne doit pas être lui, il doit être moi, il doit ne penser que comme moi, ne travailler que pour moi. L'artiste par lui-même n'est rien, il est tout par l'humanité et pour l'humanité. En un mot, le sentiment individuel, la libre expression d'une personnalité sont défendus. Il faut n'être que l'interprète du goût général, ne travailler qu'au nom de tous, afin de plaire à tous. L'art atteint son degré de perfection lorsque l'artiste s'efface, lorsque l'œuvre ne porte plus de nom, lorsqu'elle est le produit d'une époque tout entière, d'une nation, comme la statuaire égyptienne et celle de nos cathédrales gothiques.

Moi, je pose en principe que l'œuvre ne vit que par l'originalité. Il faut que je retrouve un homme dans chaque œuvre, ou l'œuvre me laisse froid. Je sacrifie carrément l'humanité à l'artiste. Ma définition d'une œuvre d'art serait, si je la formulais : *Une œuvre d'art est un coin de la création vu à travers un tempérament.* Que m'importe le reste. Je suis artiste, et je vous donne ma chair et mon sang, mon cœur et ma pensée.

Je me mets nu devant vous, je me livre bon ou mauvais. Si vous voulez être instruits, regardez-moi, applaudissez ou sifflez, que mon exemple soit un encouragement ou une leçon. Que me demandez-vous de plus ? Je ne puis vous donner autre chose, puisque je me donne entier, dans ma violence ou dans ma douceur, tel que Dieu m'a créé. Il serait risible que vous veniez me faire changer et me faire mentir, vous, l'apôtre de la vérité ! Vous n'avez donc pas compris que l'art est la libre expression d'un cœur et d'une intelligence, et qu'il est d'autant plus grand qu'il est plus personnel. S'il y a l'art des nations, l'expression des époques, il y a aussi l'expression des individualités, l'art des âmes. Un peuple a pu créer des architectures, mais combien je me sens plus remué devant un poème ou un tableau, œuvres individuelles, où je me retrouve avec toutes mes joies et toutes mes tristesses. D'ailleurs, je ne nie pas l'influence du milieu et du moment sur l'artiste, mais je n'ai pas même à m'en inquiéter. J'accepte l'artiste tel qu'il me vient.

Vous dites en vous adressant à Eugène Delacroix : « Je me soucie fort peu de vos impressions personnelles... Ce n'est pas par vos idées et votre propre idéal que vous devez agir sur mon esprit, en passant par mes yeux ; c'est à l'aide des idées et de l'idéal qui sont en moi : ce qui est justement le contraire de ce que vous vous vantez de faire. En sorte que tout votre talent se réduit... à produire en nous des impressions, des mouvements et des résolutions qui tournent, non à votre gloire ni à votre fortune, mais au profit de la

félicité générale et du perfectionnement de l'espèce. »
Et dans votre conclusion, vous vous écriez : « Quant
à nous, socialistes révolutionnaires, nous disons aux
artistes comme aux littérateurs : « Notre idéal, c'est
« le droit et la vérité. Si vous ne savez avec cela faire
« de l'art et du style, arrière ! Nous n'avons pas
« besoin de vous. Si vous êtes au service des corrom-
« pus, des luxueux, des fainéants, arrière ! Nous ne
« voulons pas de vos arts. Si l'aristocratie, le pontificat
« et la majesté royale vous sont indispensables, arrière
« toujours ! Nous proscrivons votre art ainsi que vos
« personnes. »

Et moi, je crois pouvoir vous répondre, au nom des
artistes et des littérateurs, de ceux qui sentent en eux
battre leur cœur et monter leurs pensées : « Notre
idéal, à nous, ce sont nos amours et nos émotions, nos
pleurs et nos sourires. Nous ne voulons pas plus de
vous que vous ne voulez de nous. Votre communauté
et votre égalité nous écœurent. Nous faisons du style
et de l'art avec notre chair et notre âme ; nous sommes
amants de la vie, nous vous donnons chaque jour un
peu de notre existence. Nous ne sommes au service de
personne, et nous refusons d'entrer au vôtre. Nous
ne relevons que de nous, nous n'obéissons qu'à notre
nature ; nous sommes bons ou mauvais, vous laissant
le droit de nous écouter ou de vous boucher les
oreilles. Vous nous proscrivez, nous et nos œuvres,
dites-vous. Essayez, et vous sentirez en vous un si
grand vide, que vous pleurerez de honte et de misère. »

Nous sommes forts, et Proudhon le sait bien. Sa

colère ne serait pas si grande, s'il pouvait nous écraser et faire place nette pour réaliser son rêve humanitaire. Nous le gênons de toute la puissance que nous avons sur la chair et sur l'âme. On nous aime, nous emplissons les cœurs, nous tenons l'humanité par toutes ses facultés aimantes, par ses souvenirs et par ses espérances. Aussi comme il nous hait, comme son orgueil de philosophe et de penseur s'irrite en voyant la foule se détourner de lui et tomber à nos genoux! Il l'appelle, il nous abaisse, il nous classe, il nous met au bas bout du banquet socialiste. Asseyons-nous, mes amis, et troublons le banquet. Nous n'avons qu'à parler, nous n'avons qu'à prendre le pinceau, et voilà que nos œuvres sont si douces que l'humanité se met à pleurer, et oublie le droit et la justice pour n'être plus que chair et cœur.

Si vous me demandez ce que je viens faire en ce monde, moi artiste, je vous répondrai : « Je viens vivre tout haut. »

On comprend maintenant quel doit être le livre de Proudhon. Il examine les différentes périodes de l'histoire de l'art, et son système, qu'il applique avec une brutalité aveugle, lui fait avancer les blasphèmes les plus étranges. Il étudie tour à tour l'art égyptien, l'art grec et romain, l'art chrétien, la Renaissance, l'art contemporain. Toutes ces manifestations de la pensée humaine lui déplaisent; mais il a une préférence marquée pour les œuvres, les écoles où l'artiste disparaît et se nomme légion. L'art égyptien, cet art hiératique, généralisé, qui se réduit à un type et à une attitude ; l'art grec, cette idéalisation de la forme, ce cliché pur et correct, cette beauté divine et impersonnelle ; l'art chrétien, ces figures pâles et émaciées qui peuplent nos cathédrales et qui paraissent sortir toutes d'un même chantier : telles sont les périodes artistiques qui trouvent grâce devant lui, parce que les œuvres y semblent être le produit de la foule.

Quant à la Renaissance et à notre époque, il n'y voit qu'anarchie et décadence. Je vous demande un peu, des gens qui se permettent d'avoir du génie sans consulter l'humanité : des Michel-Ange, des Titien, des Véronèse, des Delacroix, qui ont l'audace de penser pour eux et non pour leurs contemporains, de dire ce qu'ils ont dans leurs entrailles et non ce qu'ont dans les leurs les imbéciles de leur temps ! Que Proudhon traîne dans la boue Léopold Robert et Horace Vernet, cela m'est presque indifférent. Mais qu'il se mette à admirer le *Marat* et le *Serment du Jeu de Paume*, de David, pour des raisons de philosophe et de démocrate, ou qu'il crève les toiles d'Eugène Delacroix au nom de la morale et de la raison, cela ne peut se tolérer. Pour tout au monde, je ne voudrais pas être loué par Proudhon ; il se loue lui-même en louant un artiste, il se complaît dans l'idée et dans le sujet que le premier manœuvre pourrait trouver et disposer.

Je suis encore trop endolori de la course que j'ai faite avec lui dans les siècles. Je n'aime ni les Égyptiens, ni les Grecs, ni les artistes ascétiques, moi qui n'admets dans l'art que la vie et la personnalité. J'aime au contraire la libre manifestation des pensées individuelles, — ce que Proudhon appelle l'anarchie, — j'aime la Renaissance et notre époque, ces luttes entre artistes, ces hommes qui tous viennent dire un mot encore inconnu hier. Si l'œuvre n'est pas du sang et des nerfs, si elle n'est pas l'expression entière et poignante d'une créature, je refuse l'œuvre, fût-elle la Vénus de Milo. En un mot, je suis diamétralement opposé à Proudhon : il veut que l'art soit le produit de la nation, j'exige qu'il soit le produit de l'individu.

D'ailleurs, il est franc. « Qu'est-ce qu'un grand homme ? demande-t-il. Y a-t-il des grands hommes ? Peut-on admettre, dans les principes de la Révolution française et dans une république fondée sur le droit de l'homme, qu'il en existe ? » Ces paroles sont graves, toutes ridicules qu'elles paraissent. Vous qui rêvez de liberté, ne nous laisserez-vous pas la liberté de l'intelligence ? Il dit plus loin, dans une note : « Dix mille citoyens qui ont appris le dessin forment une puissance de collectivité artistique, une force d'idées, une énergie d'idéal bien supérieure à celle d'un individu, et qui, trouvant un jour son expression, dépassera le chef-d'œuvre. » C'est pourquoi, selon Proudhon, le moyen âge, en fait d'art, l'a emporté sur la Renaissance. Les grands hommes n'existant pas, le grand homme est la foule. Je vous avoue que je ne sais plus ce que l'on veut de moi, artiste, et que je préfère coudre des souliers. Enfin, le publiciste, las de tourner, lâche toute sa pensée. Il s'écrie : « Plût à Dieu que Luther ait exterminé les Raphaël, les Michel-Ange et tous leurs émules, tous ces ornementateurs de palais et d'églises. » D'ailleurs, l'aveu est encore plus complet, lorsqu'il dit : « L'art ne peut rien directement pour notre progrès ; la tendance est à nous passer de lui. » Eh bien ! j'aime mieux cela ; passez-vous-en et n'en parlons plus. Mais ne venez pas déclamer orgueilleusement : « Je parviens à jeter les fondements d'une critique d'art rationnelle et sérieuse, » lorsque vous marchez en pleine erreur.

Je songe que Proudhon aurait eu tort d'entrer à son tour dans la ville-modèle et de s'asseoir au banquet socialiste. On l'aurait impitoyablement chassé. N'était-il pas un grand homme ? une forte intelligence, personnelle au plus haut point ? Toute sa haine de l'individualité retombe sur lui et le condamne. Il serait venu nous retrouver, nous, les artistes ; les proscrits, et nous l'aurions peut-être consolé en l'admirant, le pauvre grand orgueilleux qui parle de modestie.

II

Proudhon, après avoir foulé aux pieds le passé, rêve un avenir, une école artistique pour sa cité future. Il fait de Courbet le révélateur de cette école, et il jette le pavé de l'ours à la tête du maître.

Avant tout, je dois déclarer naïvement que je suis

désolé de voir Courbet mêlé à cette affaire. J'aurais voulu que Proudhon choisît en exemple un autre artiste, quelque peintre sans aucun talent. Je vous assure que le publiciste, avec son manque complet de sens artistique, aurait pu louer tout aussi carrément un infime gâcheur, un manœuvre travaillant pour le plus grand profit du perfectionnement de l'espèce. Il veut un moraliste en peinture, et peu semble lui importer que ce moraliste moralise avec un pinceau ou avec un balai. Alors il m'aurait été permis, après avoir refusé l'école future, de refuser également le chef de l'école. Je ne peux. Il faut que je distingue entre les idées de Proudhon et l'artiste auquel il applique ses idées. D'ailleurs, le philosophe a tellement travesti Courbet, qu'il me suffira, pour n'avoir point à me déjuger en admirant le peintre, de dire hautement que je m'incline, non pas devant le Courbet humanitaire de Proudhon, mais devant le maître puissant qui nous a donné quelques pages larges et vraies.

Le Courbet de Proudhon est un singulier homme, qui se sert du pinceau comme un magister de village se sert de sa férule. La moindre de ses toiles, paraît-il, est grosse d'ironie et d'enseignement. Ce Courbet-là, du haut de sa chaire, nous regarde, nous fouille jusqu'au cœur, met à nu nos vices; puis, résumant nos laideurs, il nous peint dans notre vérité, afin de nous faire rougir. N'êtes-vous pas tenté de vous jeter à genoux, de vous frapper la poitrine et de demander pardon? Il se peut que le Courbet en chair et en os ressemble par quelques traits à celui du publiciste; des disciples trop zélés et des chercheurs d'avenir ont pu égarer le maître ; il y a, d'ailleurs, toujours un peu de bizarrerie et d'étrange aveuglement chez les hommes d'un tempérament entier ; mais avouez que si Courbet prêche, il prêche dans le désert, et que s'il mérite notre admiration, il la mérite seulement par la façon énergique dont il a saisi et rendu la nature.

Je voudrais être juste, ne pas me laisser tenter par une raillerie vraiment trop aisée. J'accorde que certaines toiles du peintre peuvent paraître avoir des intentions satiriques. L'artiste peint les scènes ordinaires de la vie, et, par là même, il nous fait, si l'on veut, songer à nous et à notre époque. Ce n'est là qu'un simple résultat de son talent qui se trouve porté à chercher et à rendre la vérité. Mais faire consister tout son mérite dans ce seul fait qu'il a traité des sujets contemporains, c'est donner une étrange idée de l'art aux jeunes artistes que l'on veut élever pour le bonheur du genre humain.

Vous voulez rendre la peinture utile et l'employer au perfectionnement de l'espèce. Je veux bien que Courbet perfectionne, mais alors je me demande dans quel rapport et avec quelle efficacité il perfectionne. Franchement, il entasserait tableau sur tableau, vous empliriez le monde de ses toiles et des toiles de ses élèves, l'humanité serait tout aussi vicieuse dans dix ans qu'aujourd'hui. Mille années de peinture, de peinture faite dans votre goût, ne vaudraient pas une de ces pensées que la plume écrit nettement et que l'intelligence retient à jamais, telles que : *Connais-toi*

toi-même, Aimez-vous les uns les autres, etc. Comment! vous avez l'écriture, vous avez la parole, vous pouvez dire tout ce que vous voulez, et vous allez vous adresser à l'art des lignes et des couleurs pour enseigner et instruire. Eh! par pitié, rappelez-vous que nous ne sommes pas tout raison. Si vous êtes pratiques, laissez au philosophe le droit de nous donner des leçons, laissez au peintre le droit de nous donner des émotions. Je ne crois pas que vous deviez exiger de l'artiste qu'il enseigne, et, en tout cas, je nie formellement l'action d'un tableau sur les mœurs de la foule.

Mon Courbet, à moi, est simplement une personnalité. Le peintre a commencé par imiter les Flamands et certains maîtres de la Renaissance. Mais sa nature se révoltait et il se sentait entraîné par toute sa chair, — par toute sa chair, entendez-vous, — vers le monde matériel qui l'entourait, les femmes grasses et les hommes puissants, les campagnes plantureuses et largement fécondes. Trapu et vigoureux, il avait l'âpre désir de serrer entre ses bras la nature vraie; il voulait peindre en pleine viande et en plein terreau.

Alors s'est produit l'artiste que l'on nous donne aujourd'hui comme un moraliste. Proudhon le dit lui-même, les peintres ne savent pas toujours bien au juste quelle est leur valeur et d'où leur vient cette valeur. Si Courbet, que l'on prétend très orgueilleux, tire son orgueil des leçons qu'il pense nous donner, je suis tenté de le renvoyer à l'école. Qu'il le sache, il n'est rien qu'un pauvre grand homme bien ignorant.

qui en a moins dit en vingt toiles que la *Civilité puérile* en deux pages. Il n'a que le génie de la vérité et de la puissance. Qu'il se contente de son lot.

La jeune génération, je parle des garçons de vingt à vingt-cinq ans, ne connaît presque pas Courbet, ses dernières toiles ayant été très inférieures. Il m'a été donné de voir, rue Hautefeuille, dans l'atelier du maître, certains de ses premiers tableaux. Je me suis étonné, et je n'ai pas trouvé le plus petit mot pour rire dans ces toiles graves et fortes dont on m'avait fait des monstres. Je m'attendais à des caricatures, à une fantaisie folle et grotesque, et j'étais devant une peinture serrée, large, d'un fini et d'une franchise extrêmes. Les types étaient vrais sans être vulgaires; les chairs, fermes et souples, vivaient puissamment; les fonds s'emplissaient d'air, donnaient aux figures une vigueur étonnante. La coloration, un peu sourde, a une harmonie presque douce, tandis que la justesse des tons, l'ampleur du métier établissent les plans et font que chaque détail a un relief étrange. En fermant les yeux, je revois ces toiles énergiques, d'une seule masse, bâties à chaux et à sable, réelles jusqu'à la vie et belles jusqu'à la vérité. Courbet est le seul peintre de notre époque; il appartient à la famille des faiseurs de chair, il a pour frères, qu'il le veuille ou non, Véronèse, Rembrandt, Titien.

Proudhon a vu comme moi les tableaux dont je parle, mais il les a vus autrement, en dehors de toute facture, au point de vue de la pure pensée. Une toile, pour lui, est un sujet; peignez-la en rouge ou en vert, que lui importe! Il le dit lui-même, il ne s'entend en rien à la peinture, et raisonne tranquillement sur les idées. Il commente, il force le tableau à signifier quelque chose; de la forme, pas un mot.

C'est ainsi qu'il arrive à la bouffonnerie. Le nouveau critique d'art, celui qui se vante de jeter les bases d'une science nouvelle, rend ses arrêts de la façon suivante : Le *Retour de la Foire*, de Courbet, est « la France rustique, avec son humeur indécise et son esprit positif, sa langue simple, ses passions douces, son style sans emphase, sa pensée plus près de terre que des nues, ses mœurs également éloignées de la démocratie et de la démagogie, sa préférence décidée pour les façons communes, éloignée de toute exaltation idéaliste, heureuse sous une autorité tempérée, dans ce juste milieu aux bonnes gens si cher, et qui, hélas! constamment les trahit. » La *Baigneuse* est une satire de la bourgeoisie : « Oui, la voilà bien cette bourgeoisie charnue et cossue, déformée par la graisse et le luxe; en qui la mollesse et la masse étouffent l'idéal, et prédestinée à mourir de poltronnerie, quand ce n'est pas de gras fondu; la voilà telle que sa sottise, son égoïsme et sa cuisine nous la font. » Les *Demoiselles de la Seine* et les *Casseurs de pierres* servent à établir un bien merveilleux parallèle : « Ces deux femmes vivent dans le bien-être... ce sont de vraies artistes. Mais l'orgueil, l'adultère, le divorce et le suicide, remplaçant les amours, voltigent autour d'elles et les accompagnent; elles les portent dans leur douaire : c'est pourquoi, à la fin, elles paraissent horribles. Les *Casseurs de pierres*, au rebours, crient par leurs haillons vengeance contre l'art et la société ; au fond, ils sont inoffensifs et leurs âmes sont saines. » Et Proudhon examine ainsi chaque toile, les expliquant toutes et leur donnant un sens politique, religieux, ou de simple police des mœurs

Les droits d'un commentateur sont larges, je le sais, et il est permis à tout esprit de dire ce qu'il sent à la vue d'une œuvre d'art. Il y a même des observations fortes et justes dans ce que pense Proudhon mis en face des tableaux de Courbet. Seulement, il reste philosophe, il ne veut pas sentir en artiste. Je le répète, le sujet seul l'occupe ; il le discute, il le caresse, il s'extasie et il se révolte. Absolument parlant, je ne vois pas de mal à cela ; mais les admirations, les commentaires de Proudhon deviennent dangereux, lorsqu'il les résume en règle et veut en faire les lois de l'art qu'il rêve. Il ne voit pas que Courbet existe par lui-même, et non par les sujets qu'il a choisis : l'artiste aurait peint du même pinceau des Romains ou des Grecs, des Jupiters ou des Vénus, qu'il serait tout aussi haut. L'objet ou la personne à peindre sont les prétextes ; le génie consiste à rendre cet objet ou cette personne dans un sens nouveau, plus vrai ou plus grand. Quant à moi, ce n'est pas l'arbre, le visage, la scène qu'on me représente qui me touchent : c'est l'homme que je trouve dans l'œuvre, c'est l'individualité puissante qui a su créer, à côté du monde de Dieu, un monde personnel que mes yeux ne pourront plus oublier et qu'ils reconnaîtront partout.

J'aime Courbet absolument, tandis que Proudhon ne l'aime que relativement. Sacrifiant l'artiste à l'œuvre, il paraît croire qu'on remplace aisément un maître pareil, et il exprime ses vœux avec tranquillité, persuadé qu'il n'aura qu'à parler pour peupler sa ville de grands maîtres. Le ridicule est qu'il a pris une individualité pour un sentiment général. Courbet mourra, et d'autres artistes naîtront qui ne lui ressembleront point. Le talent ne s'enseigne pas, il grandit dans le sens qui lui plaît. Je ne crois pas que le peintre d'Ornans fasse école ; en tous cas, une école ne prouverait rien. On peut affirmer en toute certitude que le grand peintre de demain n'imitera directement personne ; car, s'il imitait quelqu'un, s'il n'apportait aucune personnalité, il ne serait pas un grand peintre. Interrogez l'histoire de l'art.

Je conseille aux socialistes démocrates qui me paraissent avoir l'envie d'élever des artistes pour leur propre usage, d'enrôler quelques centaines d'ouvriers et de leur enseigner l'art comme on enseigne, au collège, le latin et le grec. Il auront ainsi, au bout de cinq ou six ans, des gens qui leur feront proprement des tableaux, conçus et exécutés dans leurs goûts et se ressemblant tous les uns les autres, ce qui témoignera d'une touchante fraternité et d'une égalité louable. Alors la peinture contribuera pour une bonne part au perfectionnement de l'espèce. Mais que les socialistes démocrates ne fondent aucun espoir sur les artistes de génie libre et élevés en dehors de leur petite église. Ils pourront en rencontrer un qui leur

convienne à peu près ; mais ils attendront mille ans
avant de mettre la main sur un second artiste semblable au premier. Les ouvriers que nous faisons nous
obéissent et travaillent à notre gré ; mais les ouvriers
que Dieu fait n'obéissent qu'à Dieu et travaillent au
gré de leur chair et de leur intelligence.

Je sens que Proudhon voudrait me tirer à lui et que
je voudrais le tirer à moi. Nous ne sommes pas du même
monde, nous blasphémons l'un pour l'autre. Il désire
faire de moi un citoyen, je désire faire de lui un artiste. Là est tout le débat. Son *art rationnel*, son réalisme
à lui, n'est à vrai dire qu'une négation de l'art, une
plate illustration de lieux communs philosophiques.
Mon art, à moi, au contraire, est une négation de la
société, une affirmation de l'individu, en dehors de
toutes règles et de toutes nécessités sociales. Je comprends combien je l'embarrasse, si je ne veux pas
prendre un emploi dans sa cité humanitaire : je me
mets à part, je me grandis au-dessus des autres, je
dédaigne sa justice et ses lois. En agissant ainsi, je
sais que mon cœur a raison, que j'obéis à ma nature,
et je crois que mon œuvre sera belle. Une seule crainte
me reste : je consens à être inutile, mais je ne voudrais pas être nuisible à mes frères. Lorsque je m'interroge, je vois que ce sont eux, au contraire, qui me
remercient, et que je les console souvent des duretés
des philosophes. Désormais, je dormirai tranquille.

Proudhon nous reproche, à nous romanciers et
poètes, de vivre isolés et indifférents, ne nous inquié-
tant pas du progrès. Je ferai observer à Proudhon

que nos pensées sont absolues, tandis que les siennes ne peuvent être que relatives. Il travaille, en homme pratique, au bien-être de l'humanité ; il ne tente pas la perfection, il cherche le meilleur état possible, et fait ensuite tous ses efforts pour améliorer cet état peu à peu. Nous, au contraire, nous montons d'un bond à la perfection ; dans notre rêve, nous atteignons l'état idéal. Dès lors, on comprend le peu de souci que nous prenons de la terre. Nous sommes en plein ciel et nous ne descendons pas. C'est ce qui explique pourquoi tous les misérables de ce monde nous tendent les bras et se jettent à nous, s'écartant des moralistes.

Je n'ai que faire de résumer le livre de Proudhon : il est l'œuvre d'un homme profondément incompétent et qui, sous prétexte de juger l'art au point de vue de sa destinée sociale, l'accable de ses rancunes d'homme positif ; il dit ne vouloir parler que de l'idée pure, et son silence sur tout le reste, — sur l'art lui-même, — est tellement dédaigneux, sa haine de la personnalité est tellement grande, qu'il aurait mieux fait de prendre pour titre : *De la mort de l'Art et de son inutilité sociale*. Courbet, qui est un artiste personnel au plus haut point, n'a pas à le remercier de l'avoir nommé chef des barbouilleurs propres et moraux qui doivent badigeonner en commun sa future cité humanitaire.

LE CATHOLIQUE HYSTÉRIQUE

Il y a des maladies intellectuelles, de même qu'il y a des maladies physiques. On a dit que le génie était une névrose aiguë. Je puis affirmer que M. Barbey d'Aurevilly, le catholique hystérique dont je veux parler, n'a rien qui ressemble à du génie, et je dois déclarer cependant que l'esprit de cet écrivain est en proie à une fièvre nerveuse terrible.

Le critique, assure-t-on, est le médecin de l'intelligence. Je tâte le pouls au malade, et je reconnais en lui des désordres graves : il y a eu ici abus de mysticisme et abus de passion ; le corps brûle et l'âme est folle ; cet être exalté a des besoins de chair et des besoins d'encens. En un mot, le cas est celui-ci : un saint Antoine jeté en pleine orgie, les mains jointes, les yeux au ciel, ayant aux lèvres des baisers féroces et de fanatiques prières.

On ne saurait juger M. Barbey d'Aurevilly avec trop de franchise et trop de sévérité. Il a lui-même montré en critique un tel emportement, un tel parti pris. que je me sens à l'aise pour lui dire nettement ma façon de penser. Certes, il ferait preuve de mauvais goût, s'il se fâchait de sentir la piqûre des armes dont il a si furieusement essayé maintes fois de percer la poitrine des autres. Son attitude guerrière appelle la lutte; son esprit entier et impitoyable enfait un adversaire qui ne mérite aucun ménagement. Lui-même rirait de ma timidité et de mon indulgence, si j'étais assez naïf pour être indulgent et timide.

Je veux surtout examiner sa dernière œuvre : *Un prêtre marié*. Résumant, dès le début, l'impression que cette œuvre m'a produite, je dirai simplement qu'elle m'a exaspéré.

Je désire me faire bien comprendre et mettre le plus d'ordre possible dans mon réquisitoire. Il y a dans le livre deux parties que l'on doit, selon moi, examiner séparément : la partie purement artistique et la partie en quelque sorte dogmatique. L'une est le produit d'une personnalité qui s'enfle à crever, l'autre est un plaidoyer violent et maladroit en faveur du célibat des prêtres.

Voici l'histoire. Nous raisonnerons ensuite.

Jean Gourgue, dit Sombreval, le prêtre marié, est

un fils de la terre, un de ces rudes fils de paysan, au cou de taureau, aux pensées fortes et puissantes. Il s'est fait prêtre, poussé par son amour de l'étude; puis, ne pouvant apaiser son insatiable désir, il va plus avant dans la science, et dès lors il nie Dieu qui a son vicaire à Rome, il rentre dans la vie commune, il se marie. Sombreval a épousé la fille d'un chimiste, son maître; la jeune femme lui donne une enfant, Calixte, et meurt en apprenant la véritable histoire de son mari. C'est là le second meurtre du prêtre marié, qui a déjà tué son père par son parjure. Le titre du Roman devrait être : *la Fille du Prêtre*, car l'œuvre est tout entière dans cette Calixte, pâle et émaciée, secouée par une névrose terrible, portant au front, entre les sourcils, une croix qui se dessine en rouge sur la blancheur de la face. Le père, qui a reporté sa foi dans l'amour de cet enfant, est puni par elle de ses sacrilèges; le ciel se venge en le faisant souffrir dans la chair de sa chair, en lui envoyant un de ses anges, marqué du signe rédempteur, créature maladive et céleste qui est sans cesse à son côté pour lui parler de Dieu. Mais Sombreval ne croit plus à l'âme, il veut seulement disputer le corps de sa fille à la mort. Une lutte acharnée s'établit entre sa science et la maladie. Il emporte Calixte, comme un avare, dans un coin perdu de la France, pour la soigner plus à l'aise, et il va choisir, on ne sait pourquoi, un château de la Basse-Normandie, le Quesnay, situé près du village où son père est mort, où le souvenir du prêtre marié est maudit.

Nous sommes ici en pays fanatique, chez un peuple de paysans superstitieux ; ce fait moderne du mariage d'un prêtre va se passer en plein moyen âge. La sorcière ne saurait être loin ; elle est l'âme du récit, elle le domine de tout son fatalisme et donne la véritable note de l'esprit qui l'anime. La figure de la grande Malgaigne apparaît dès le début ; dans le soulèvement général de la contrée, elle se dresse comme l'oracle antique, annonçant le terrible dénoûment que le diable lui permet de prévoir. Cette Malgaigne a prédit jadis à Sombreval : « qu'elle le voyait prêtre, puis marié, puis possesseur du Quesnay, enfin que l'eau lui serait funeste et qu'il y trouverait sa fin. » Vous pensez que toutes ces prédictions s'accomplissent à la lettre : les intérêts de Dieu sont servis par Satan, la sorcellerie vient au secours de la religion. Bien que rentrée au giron de l'Église, la Malgaigne exerce encore parfois son ancienne industrie ; c'est ainsi qu'elle annonce une mort violente à Néel de Néhou, le jeune premier du livre. Il mourra parce qu'il aime Calixte : ainsi le veut l'enfer ou le ciel, je ne sais plus au juste. Ce Néel, fils d'un gentilhomme du voisinage, est destiné à donner dans l'œuvre la note amoureuse ; il aime et ne peut épouser, car la pauvre malade est carmélite, à l'insu même de son père. Tel est le milieu, tels sont les personnages. L'intrigue est simple d'ailleurs. Les paysans ameutés vont jusqu'à accuser Sombreval d'inceste. Alors, fou de désespoir, le père sentant que la maladie de sa fille est toute morale, et craignant qu'une insulte suprême ne **la** frappe de mort, se décide à feindre le repentir et à servir de nouveau ce Dieu auquel il ne croit plus. Il part, il fait pénitence; il tente de sauver son enfant par un mensonge. Mais Calixte apprend le sacrilège de son père et elle meurt dans une dernière crise. Sombreval, selon la pensée de l'auteur, tue sa fille, comme il a tué sa femme, comme il a tué son père. Dans la folie de sa douleur, il creuse avec ses ongles la fosse déjà comblée, il arrache Calixte à la terre et court se jeter avec le cadavre dans l'étang du Quesnay, où la Malgaigne avait vu, avec les yeux de l'âme, les deux corps étendus côte à côte. Il va sans dire que Néel meurt trois mois après, juste à l'heure fixée par la voyante. Voilà comme quoi s'accomplirent les prophéties d'une vieille femme.

M. Barbey d'Aurevilly ne saurait se plaindre. Je crois avoir donné une analyse consciencieuse, presque sympathique de son roman. Nous pouvons discuter à l'aise, maintenant que les pièces du procès sont connues. Je désire appuyer sur mes appréciations, en reprenant tour à tour les principaux personnages et certains détails de l'œuvre.

Avant tout, quelle a été la véritable pensée de l'auteur, que défend-il, que veut-il nous prouver? M. Barbey d'Aurevilly n'est pas un homme à réticences ni à plaidoyers timides. On doit, sans crainte, tirer les enseignements des faits qu'il avance, et on est certain qu'il ne désavouera pas ses intentions, si extrêmes qu'elles soient. Voici les principes monstrueux que l'on peut formuler après la lecture d'*Un prêtre marié :* — la science est maudite, savoir c'est ne plus croire, l'ignorance est aimée du ciel ; — les bons payent pour les méchants, l'enfant expie les fautes du père ; — la fatalité nous gouverne, ce monde est un monde d'épouvante livré à la colère d'un Dieu et aux caprices d'un démon. Telles sont en substance les pensées de l'auteur. Enoncer de pareilles propositions, c'est les réfuter. D'ailleurs le grand débat porte sur le sujet même du livre, sur ce mariage du prêtre qui paraît un si gros sacrilège à M. Barbey d'Aurevilly, et qui me semble, à moi, un fait naturel, très humain en lui-même, ayant lieu dans les religions sans que les intérêts du ciel en souffrent.

Il est difficile, d'ailleurs, de juger froidement une œuvre semblable, produit d'un tempérament excessif. Tous les personnages sont plus ou moins malades, plus ou moins fous ; les épisodes galopent eux-mêmes en pleine démence. Le livre entier est une sorte de cauchemar fiévreux, un rêve mystique et violent. De telles pages auraient dû être écrites il y a quelques cents ans, dans une époque de terreur et d'angoisse, lorsque la raison du moyen âge chancelait sous d'absurdes croyances. Une intelligence détraquée de ces misérables temps, un esprit perdu de mysticisme et de fatalisme, une âme qui ne distingue plus entre le sorcier et le prêtre, entre la réalité et le songe, aurait pu à la rigueur se permettre une pareille débauche de folie. Au point de vue artistique, je comprends et j'admets encore ce livre étrange ; l'insanité lui est permise, il peut à son gré divaguer et mentir ; il n'attaque après tout que le goût, et l'artiste modéré peut se consoler en le jetant après la troisième page. Mais dès qu'il se mêle de prêcher, dès qu'il veut devenir un enseignement et un catéchisme, il attaque le vrai, et on est en droit de lui demander un peu de raison et de mesure, sous peine de n'être pas écouté par les gens sérieux. Avez-vous jamais vu un échappé de Charenton rendant des arrêts sur la place publique?

Oui, si l'on veut, M. Barbey d'Aurevilly avait le droit d'écrire la partie romanesque de l'œuvre, telle qu'il l'a écrite. Mais j'affirme qu'il n'avait pas le droit d'écrire la partie que j'ai appelée dogmatique, à moins de changer totalement de procédé. Lorsqu'on a à discuter, à l'aide du roman, des problèmes philosophiques et religieux, le premier soin de l'écrivain devrait être de se placer dans un milieu réel ; il ne lui est pas permis de sortir de son temps pour résoudre une question contemporaine, de sortir de l'humanité pour résoudre une question humaine. J'ai dit qu'*Un prêtre marié* était un plaidoyer maladroit en faveur du célibat des prêtres, justement à cause du peu de vérité de l'œuvre. Un homme raisonnable ne saurait s'arrêter à cette création bizarre qui s'agite dans un monde qui n'existe pas. Si vous êtes catholique et que vous vouliez défendre vos croyances, prenez le monde moderne corps à corps, luttez avec lui sur son propre terrain, en plein Paris ; mais n'allez pas opposer un savant à plusieurs centaines de Normands ignorants ; en un mot, heurtez le présent contre le présent. Vous vous assurez une victoire trop facile au fond de votre

Normandie, et vous atteignez l'effet contraire à celui que vous espériez, en triomphant dans le rêve et dans le miracle.

M. Barbey d'Aurevilly, c'est une justice à lui rendre, a travaillé amoureusement la grande figure de Sombreval; il en a fait un Titan, une sorte de colosse tranquille dans son doute, dédaigneux du monde, gardant ses tendresses pour sa fille et la science. Ce personnage est un excellent portrait de l'incrédule moderne dont l'impiété est faite d'indifférence; il croit en lui, il croit en ses volontés et en son savoir.

Pour l'auteur, c'est un damné qui a tué Dieu, meurtre que j'avoue ne pas trop comprendre; c'est un assassin et un sacrilège, un fils révolté, qu'un père despote châtiera cruellement. Pour moi, tel que M. Barbey d'Aurevilly le peint, c'est un homme sanguin, d'un esprit positif, qui s'est fatigué un jour des mystères et des exigences d'une religion jalouse, et qui est tranquillement rentré dans la vie ordinaire, plus compréhensible et convenant mieux à sa nature. Il ne croit à rien, parce que rien de ce qu'on lui présente ne lui semble croyable; il vit dans un temps de transition, se reposant dans ses affections et dans son intelligence, attendant la nouvelle philosophie religieuse qui, selon lui, remplacera certainement celle qu'il a cru devoir quitter par dégoût, par besoin d'amour humain et de saine raison; il aide lui-même la venue de la vérité, penché sur ses creusets de chimiste, et travaillant à une œuvre de santé et de tendresse. Certes, M. Barbey d'Aurevilly n'a pas entendu ainsi son personnage ; mais il a été entraîné malgré lui à dresser dans ce sens cette figure, qui est la seule vraie de l'ouvrage. L'amour que l'écrivain a pour la la force et la réalité, l'a amené à doter si richement son héros, qu'il lui a conquis la sympathie de tous les lecteurs. On admire cette puissante intelligence, cette nature calme et forte ; on aime ce père qui ne vit que pour sa fille, — et l'émotion profonde que cause cet amour paternel tend à la condamnation du célibat des prêtres ; on est tenté de battre ces paysans normands, si bêtement superstitieux, qui insultent cet homme de cœur et de conscience, — et cette sainte colère est comme un cri indigné qui réclame la liberté de conscience, le droit pour tous à l'amour et à la famille, la rupture des vœux qui lient l'homme à la divinité.

Sombreval est le seul être raisonnable et bien portant parmi les poupées hallucinées et souffrantes de M. Barbey d'Aurevilly ; il a la logique du bon sens et me paraît être le plus honnête homme du monde. Je vais à l'instant le relever de l'accusation de meurtre ; et, quant à son dernier sacrilège, lorsqu'il veut sauver Calixte, l'auteur prend lui-même le soin d'expliquer qu'il ne pouvait y avoir profanation pour cet incrédule, à communier avec l'hostie, qui n'était plus à ses yeux qu'un peu de farine.

En face de ce père, de cette âme droite et honnête, M. Barbey d'Aurevilly a placé deux autres figures de prêtres, l'abbé Hugon et l'abbé Méautis. L'abbé Hugon est la bonne âme qui revient de l'exil pour apprendre à la femme de Sombreval, alors enceinte de Calixte, que son mari est un prêtre; l'abbé Méautis est le tendre cœur qui se demande s'il doit tuer oui ou non Calixte, et qui finit par obéir au ciel et par dire à la jeune fille que son père la trompe, qu'il profane l'hostie sainte. Ainsi le meurtrier de la femme de Sombreval est l'abbé Hugon, le meurtrier de Calixte est l'abbé Méautis, et tous deux ont conscience de l'assassinat qu'ils vont commettre, et le dernier surtout, un véritable ange de douceur, accomplit le crime avec préméditation! M. Barbey d'Aurevilly a vraiment la main heureuse, lorsqu'il choisit de fidèles ministres du Seigneur. Qu'importe la créature, elle est faite pour souffrir et pour mourir; les intérêts du ciel avant tout. Voilà certes une religion humiliante pour l'âme et pour la volonté, injurieuse pour Dieu lui-même. Tandis que Sombreval lutte nuit et jour contre la maladie de Calixte, l'abbé Méautis se croise tranquillement les bras et attend le bon plaisir du ciel; tandis que le père se ment à lui-même, renie toute sa force et toutes ses convictions, veut la vie de sa fille aux dépens de son être entier, il y a là un prêtre qui frappe dans l'ombre et que le ciel, à l'aide d'un miracle, charge de tuer une enfant innocente. Et M. Barbey d'Aurevilly vient nous dire ensuite que Sombreval a tué Calixte. Alors, sans doute, c'est l'abbé Méautis qui voulait la sauver. Vous êtes dans le vrai d'ailleurs : certains prêtres ont souvent de ces avis du ciel qui plongent des familles dans le deuil, et les douces âmes trouvent toujours quelque coupable pour expliquer la colère de leur Dieu !

Cette Calixte ne vit pas en ce monde ; elle est fille de l'extase et du miracle. Il s'échappe d'elle des senteurs fades de mourante ; elle a la beauté froide et pâle de la mort. Les yeux ouverts démesurément, ce large ruban rouge qui cache la croix de son front, cette peau molle et transparente, tout cet être dissous par la maladie, jeune sans jeunesse, a un aspect chétif et malsain qui répugne. Elle a le tempérament de sa foi ; la maladie nerveuse qui la secoue explique ses extases ; il y a en elle assez d'hystérie pour faire vivre plusieurs douzaines de femmes dévotes. M. Barbey d'Aurevilly a créé là une étrange fille dont personne ne voudrait être le père ; la place de cette moribonde est dans une maison de santé et non dans une église. Heureusement, Dieu, plus doux que l'auteur, n'envoie pas de tels enfants aux hommes, même comme châtiment. Calixte est le produit d'une imagination déréglée, un cas curieux de catalepsie et de somnambulisme qu'un médecin étudierait avec joie s'il se présentait, une création artistique, si l'on veut, réussie comme étrangeté. Mais que vient faire cette folle, cette figure de légende, dans un livre qui a la prétention de discuter des faits contemporains ? On ne convainc personne avec de pareils arguments.

Quant à Néel de Néhou, il est le frère, ou plutôt la sœur de Calixte. Ce jeune homme, à bien l'examiner, est une jeune fille nerveuse. Lui aussi porte au front un signe bizarre, la veine de colère qui se gonfle et noircit dans les moments de violence. Ce personnage est plus acceptable, parce qu'il est secondaire et qu'il ne prêche pas. Mais il est parfaitement ridicule. Pour se faire aimer de Calixte, il n'imagine rien de mieux que de se casser la tête sous sa fenêtre, en brisant contre le perron du Quesnay une légère voiture qu'il conduit tout exprès. Violent et passionné, beau comme une femme et fort comme un homme, d'une élégance morbide et d'une fierté chevaleresque, cet adolescent réalise sans doute le type idéal de l'amant et du gentilhomme pour M. Barbey d'Aurevilly. Pour moi, il ressemble à un page d'une gravure de modes L'auteur aime à habiller ses personnages des costumes d'autrefois; il a parfaitement réussi à nous donner, dans Néel de Néhou, un de ces chevaliers imaginaires, tout colère et tout tendresse, jeunes filles à fines moustaches blondes, ayant la taille mince et le bras invincible. Je vous assure que les amoureux de notre âge sont autrement bâtis et qu'ils aiment d'une toute autre façon.

J'ai dit que la grande Malgaigne représentait la fatalité dans l'ouvrage. Elle est fort bien drapée, cette Malgaigne, et le seul tort qu'elle ait est de prédire avec trop de succès et de certitude. Je me rappelle une sorcière de Walter Scott qui a pu servir de modèle à l'auteur, mais celle-ci est franchement au service du diable, tandis que celle de M. Barbey d'Aurevilly communie et prophétise tout à la fois. J'aime assez rencontrer dans la lande cette vieille femme qui raconte des histoires à dormir debout; elle est à son plan dans le paysage; ses longues jupes aux plis droits et réguliers, sa démarche noble, ses paroles sinistres et désolées, ce cri de mort dont elle emplit l'œuvre, sont d'un bon effet dans le tableau. Mais au moins que l'auteur n'ait pas la naïveté de venir me donner cette folle comme un être vivant auquel je dois croire. S'il nous conte une légende, j'accepte la Malgaigne. S'il s'avise de me dire que cette légende est un récit vrai, s'il fait de cette hallucinée une messagère de l'autre monde, je lui ris au nez et je refuse la Malgaigne.

On le voit, après m'être arrêté de nouveau aux personnages, je n'accorde aucune portée au roman de M. Barbey d'Aurevilly. La fantaisie et le caprice, le prodige et le cauchemar règnent trop dans cette œuvre pour qu'elle soit une œuvre de discussion sérieuse. Elle se réfute par son emportement fiévreux, par ses créations monstrueuses, par le milieu étrange où elle s'agite. Tout en elle me paraît se tourner contre elle-même. Il n'est pas une personne de bon sens qui n'y trouve un pamphlet terrible contre le célibat des prêtres. On dirait que l'auteur, pris d'une rage soudaine, s'est mis à frapper à droite et à gauche, sans s'inquiéter s'il abattait ses dieux ou les dieux des voisins.

Que dirais-je maintenant de la partie artistique de l'œuvre? On ne saurait nier que, sous ce point de vue, le livre ne ressemble pas à tous les autres, et qu'il n'y ait en lui une vie chaude et particulière. Sombreval et Calixte, Néel et la Malgaigne, sont à coup sûr des figures hardiment posées, travaillées avec largeur et qui s'imposent à l'esprit; la fille au bras du père, cette pâle tête appuyée à cette puissante épaule, l'adolescent frémissant et fier écoutant les paroles de mort, de la voyante, me paraissent des oppositions et des rapprochements très réussis et mis en œuvre par un esprit vigoureux qui a le sens du pittoresque. Les paysages aussi ne manquent pas d'étendue ni de vérité; la description de l'étang du Quesnay est une peinture grasse et solide, d'une ampleur remarquable. Chaque détail, dans le roman, a ainsi son relief fortement accusé; chaque personnage, chaque objet est compris avec une vive intelligence artistique et se trouve rendu avec une grande allure. Mais M. Barbey d'Aurevilly compromet ses qualités d'écrivain original par une telle déraison, qu'il faut beaucoup aimer le tempérament chez un artiste pour découvrir, sous l'effrayant chaos de ses phrases, les horizons larges des campagnes, les silhouettes nettes et fermes des personnages. Il donne trop facilement raison à la critique timide et pédante, et je comprends qu'il y ait des gens qui le nient. Moi, je me contenterai de lui dire que l'effort n'est pas la force, que l'étrangeté n'est pas l'originalité. Ce ne peut être là la libre expression d'une personnalité d'artiste. Il tend ses nerfs, il arrive à la grimace et au balbutiement; il exagère ses instincts, il tiraille son intelligence, et, dans cette tension, dans cette lutte de tout son être, il monte jusqu'à la démence. Ce grincement général de l'œuvre est d'autant moins agréable qu'il n'est pas tnurel. Je voudrais lire un livre écrit sans parti pris par M. Barbey d'Aurevilly, et je suis certain qu'il y resterait encore assez de saveur personnelle pour en faire une œuvre très remarquable.

Un prêtre marié est écrit dans un jargon insupportable qui agace et qui exaspère ; le bas des pages est criblé de notes pour expliquer les mots patois qui encombrent le texte ; d'ailleurs on devrait y trouver des explications sur les phrases elles-mêmes. Que signifie, je vous prie «... Elle souffla ce dernier mot comme si elle eût craint de casser le chalumeau de l'Ironie, en soufflant trop fort... » Et encore : « ... Frappée aux racines de son être par la pile de Volta du front de son père... » Et encore : « ... Mais un jour, la bonde enfoncée par la prudence par dessus tous leurs étonnements, partit avec celle d'un tonneau mis en perce dans un des cabarets du bourg... » Je prends au hasard. Est-ce là parler français, et un peu de simplicité serait-il si regrettable, lorsqu'il s'agit de raconter des faits simples ? M. Barbey d'Aurevilly se moque de nous et de lui-même. Il maltraite plus que le goût, il maltraite son propre talent et tombe dans le radotage par parti pris d'originalité.

Je ne sais si on l'a compris, je me sens, au point de vue artistique, une sorte de sympathie pour l'œuvre que je viens de juger sévèrement et qui m'attire à elle par son audace. Cette sympathie inavouée m'irrite encore davantage contre elle. Je suis désespéré de voir tant de hardiesse si mal employée. Je condamne *Un prêtre marié*, et pour être ce qu'il est, et pour n'être pas ce qu'il pourrait être.

LA

LITTÉRATURE ET LA GYMNASTIQUE

Qu'il me soit permis de parler d'un sujet qui intéresse toute notre génération d'esprits affolés et hystériques. Le corps, comme aux meilleurs temps du mysticisme, est singulièrement en déchéance chez nous. Ce n'est plus l'âme qu'on exalte, ce sont les nerfs, la matière cérébrale. La chair est endolorie des secousses profondes et répétées que le cerveau imprime à tout l'organisme. Nous sommes malades, cela est bien certain, malades de progrès. Il y a hypertrophie du cerveau, les nerfs se développent au détriment des muscles, et ces derniers, affaiblis et fiévreux, ne soutiennent plus la machine humaine.

L'équilibre est rompu entre la matière et l'esprit.

Il serait bon de songer à ce pauvre corps, s'il en est encore temps. Cette victoire des nerfs sur le sang a décidé de nos mœurs, de notre littérature, de notre époque tout entière. Je ne veux examiner que les résultats littéraires, pour ainsi dire. Il est évident que toute œuvre étant fille de l'esprit et devant ressembler à son père, l'état de crise ou de santé paisible de l'intelligence fait l'œuvre calme ou l'œuvre passionnée. Les périodes classiques se présentent, lorsque sang et nerfs ont une égale puissance et forment ainsi des tempéraments mesurés et pondérés ; lorsque, au contraire, les nerfs ou le sang l'emporte, naissent des œuvres de belles brutes florissantes ou de fous de génie.

Étudiez notre littérature contemporaine, vous verrez en elle tous les effets de la névrose qui agite notre siècle; elle est le produit direct de nos inquiétudes, de nos recherches âpres, de nos paniques, de ce malaise général qu'éprouvent nos sociétés aveugles en face d'un avenir inconnu. Nous ne sommes pas, vous le sentez tous, à cet âge solennel où la tragédie déclamait ses vers dans une paix un peu lourde, où la littérature entière marchait royalement, sans une révolte, sans un cri de douleur. Nous en sommes à l'âge des chemins de fer et des comédies haletantes, où le rire n'est souvent qu'une grimace d'angoisse, à l'âge du télégraphe électrique et des œuvres extrêmes, d'une réalité exacte et triste. L'humanité glisse, prise de vertige, sur la pente raide de la science; elle a mordu à la pomme, et elle veut tout savoir. Ce qui nous tue, ce qui nous maigrit, c'est que nous devenons savants, c'est que les problèmes sociaux et divins vont recevoir leur solution un de ces jours. Nous allons voir Dieu, nous allons voir la vérité, et vous pensez alors quelle impatience nous tient, quelle hâte fébrile nous mettons à vivre et à mourir. Nous voudrions devancer les temps, nous faisons bon marché de nos sueurs, nous brisons le corps par la tension de l'esprit. Tout notre siècle est là. Au sortir de la paix monarchique et dogmatique, lorsque le monde et l'humanité ont été remis en question, il est arrivé que l'on a repris le problème sur de nouvelles bases, plus justes et plus vraies. L'équation posée et quelques inconnues ayant été trouvées, il y a eu ivresse, joie folle. On a compris qu'on était sans doute sur le chemin de la vérité, et on s'est précipité en masse, démolissant, poussant et criant, faisant de nouvelles découvertes à chaque pas, de plus en plus fouetté par le désir d'aller en avant, d'aller à l'infini et à l'absolu. Si j'osais hasarder une comparaison, je dirais que nos sociétés sont comme une meute lancée contre une bête fauve. Nous sentons la vérité qui court devant nous, et nous courons.

Sans vouloir établir ici une relation intime entre le milieu et l'œuvre qui y est produite, il est aisé de comprendre que les œuvres de cette meute d'hommes lâchés dans le champ de la science, vont avoir toutes les ardeurs, tous les effarements de la chasse âpre et terrible. Notre littérature contemporaine, avec ses élans généreux, ses chutes profondes, est née directement de nos aspirations ardentes et de nos affaissements soudains. Je l'aime, cette littérature, je la trouve vivante et humaine, parce qu'elle est pleine de sanglots et que je trouve dans l'anarchie qui la trouble une vivante image de notre siècle, qui sera grand parmi les siècles, car il est l'enfantement des fortes sociétés de demain. Je le préfère à ces autres époques de calme et de perfection, d'une maturité complète, qui nous ont donné des œuvres pleines et savoureuses. En nos temps de recherches et de révoltes, d'écroulement et de reconstruction, je sais que l'art est barbare et qu'il ne saurait contenter les délicats ; mais cet art tout personnel et tout libre a d'étranges délices, je vous assure, pour ceux qui se plaisent aux manifestations de l'esprit humain, et qui ne voient dans une œuvre que l'accident d'un homme mis en face du monde. Moi, j'aime notre anarchie, le renversement de nos écoles, parce que j'ai une grande joie à regarder la mêlée des esprits, à assister aux efforts individuels, à étudier un à un tous ces lutteurs, les petits et les grands. Mais on meurt vite dans cet air ; les champs de bataille sont malsains, et les œuvres tuent leurs auteurs. Puisque la maladie vient de ce fait que le corps est diminué au profit des nerfs, puisque si nos œuvres sont telles, si notre esprit s'exalte, c'est uniquement parce que nous laissons s'amollir nos muscles, le remède est dans la guérison, dans la culture intelligente et fortifiante de la chair. Notre cerveau se développe par trop d'exercice; exerçons notre corps, et peu à peu l'équilibre se rétablira.

Ces réflexions, très graves à mon sens, me sont suggérées par un petit volume que vient de publier M. Eugène Paz. Ce volume, qui a pour titre : *La santé de l'esprit et du corps par la Gymnastique*, porte ces mots en épigraphe : *Mens sana in corpore sano*. C'est là tout le livre. Que les éléments sanguins et nerveux soient en équilibre ; que l'esprit et la chair marchent de bonne compagnie : le corps jouira d'une paix profonde, l'intelligence créera dans le calme des œuvres fortes et paisibles. En présence de l'érétisme nerveux qui nous secoue, le remède indiqué par M. Eugène Paz est le remède logique des exercices corporels. Il envoie toute notre génération au gymnase.

J'applaudis sans réserve aux conclusions du livre ; je voudrais que tout Paris, comme l'ancienne Lacédémone, se portât au Champ de Mars et s'y exerçât à la la course, au jet du javelot et du disque. Mais qu'il me soit permis de dire combien une pareille éducation est en dehors de nos mœurs, en dehors de notre âge et de nos aspirations. Sans doute, il faut faire appel au peuple, le pousser dans les gymnases, au risque de n'être pas entendu. Pour réussir toutefois à faire de nous de nouveaux Grecs, et de Paris une nouvelle Athènes, il serait nécessaire de nous transporter de deux mille ans en arrière, de nous donner le ciel bleu et les chauds horizons de l'Orient, et de nous procurer l'oubli de notre science. Nous ne pouvons être ce que la Grèce, ce que Rome, ce que le moyen âge ont été. L'humanité a marché depuis lors.

Il ne s'agit pas de conclure simplement que les exercices du corps sont nécessaires, il faut dire quelle peut être aujourd'hui la mission de ces exercices, et dans quelle mesure nous sommes prêts à les accepter. Je m'explique.

Imaginez des peuples enfants, vivant sous un soleil ami, ivres de lumière. Les villes blanches s'ouvrent toutes larges. Elles se gouvernent, se défendent, grandissent en liberté. Les peuples de ces villes jouissant du matin de l'humanité, aiment la vie pour elle-même; ils sont intelligents, d'une intelligence saine et forte, délicats et ingénieux dans leurs goûts, parce qu'ils ont du soleil autour d'eux et qu'ils sont eux-mêmes beaux et nobles. La chair l'emporte ; ils la divinisent, ils cherchent la vérité dans la beauté ; leur esprit, pleinement contenté par les objets visibles, ne cherche pas à en pénétrer l'essence, ou se plaît à matérialiser les pensées abstraites qui se trouvent au fond de toutes choses. Il y a équilibre, santé, épanouissement du corps. Tout les invite à la culture de ce dernier : le climat qui a des douceurs caressantes, leur état social qui demande des soldats vigoureux, leur goût personnel qui les conduit à admirer un beau membre, un muscle ferme et gracieux. Ils vivent demi-nus, se connaissent à la forme excellente d'une jambe ou d'un bras, comme nos dames d'aujourd'hui se connaissent à la coupe plus ou moins élégante d'une robe. Leur grande affaire est d'être beaux et forts; ils n'ont pas d'autres occupations ; ils ne naissent pas pour résoudre des problèmes ni trouver des vérités, ils naissent pour se battre, pour grandir en vigueur et en grâce. Les influences réunies du climat et des mœurs ont fait de ces peuples des lutteurs et des coureurs, des soldats et des dieux. La Grèce, au début, n'a été qu'un vaste gymnase où filles et garçons, hommes et femmes, cherchaient la beauté et la forc

Plus tard, aux temps de la Rome impériale, il n'en est déjà plus de même. Le luxe est venu, et la corruption, et la volupté paresseuse. Les corps s'amollissent, les exercices n'ont plus leur rudesse salutaire. Il y a alors des gens qui font métier de se battre ; ce n'est plus la nation entière qui descend au gymnase, et, si quelque grand lutte encore, c'est par passion malsaine. Il y avait, à Lacédémone, une véritable grandeur dans l'ensemble des exercices : le peuple allait là, avec dévotion, simplement et pudiquement, comme le moyen âge allait à l'église. A Rome, les exercices sont devenus des jeux; l'élégance est sacrifiée à la brutalité ; on se bat parce qu'on se tue, et que le sang est doux à voir couler, quand on a usé toutes les autres voluptés. On ne saurait comparer les champs de Mars de la Grèce aux cirques romains : là, il n'y avait pas de spectateurs, le peuple entier luttait et se fortifiait ; ici, tandis que les gladiateurs énormes, aux muscles de fer, s'assommaient à coups de poing, sur les gradins s'étalaient les efféminés et les courtisanes aux chairs molles et dissoutes par les orgies.

Puis vient le mysticisme, le dédain du corps, et les

muscles s'affaissent dans l'extase ; il y a une réaction terrible contre le matérialisme des premiers âges. L'humanité serait morte peut-être, si elle n'avait eu à se défendre. La féodalité, le droit de chacun contre tous, fit de nouveau une nécessité de la force corporelle. La gymnastique ressuscita sous une nouvelle forme. Les climats n'étaient plus les mêmes, les mœurs non plus. On dépouillait autrefois le corps pour l'assouplir. Au moyen âge, on le chargea de fer, on l'arma de tout un arsenal. Il fallut être fort, mais il fallut aussi être adroit. Puis, ce ne fut là que l'éducation d'une caste : les nobles seuls avaient leurs tournois, leur adolescence entièrement consacrée à l'étude de l'équitation et du maniement des armes. Le peuple n'avait d'autre exercice que le labeur incessant qui le tenait courbé sur sa besogne. Les beaux jours de la Grèce ne sont jamais revenus.

J'ai rapidement étudié, avec M. Eugène Paz, les exercices corporels chez les différents peuples, pour arriver à conclure ce qu'ils peuvent être chez nous. Si j'avais eu le temps, je me serais plu à montrer que les œuvres de l'esprit ont, dans leurs diverses manifestations, constamment suivi l'état de santé ou de maladie du corps. C'est donc ici une véritable question littéraire.

Nous voici, avec nos habits modernes, régis par des idées de civilisation, constamment protégés par les lois, portés à remplacer l'homme par la machine, ivres de savoir et d'adresse. Je le demande, quel besoin avons-nous d'être forts, d'avoir des muscles d'une forme parfaite et d'une extrême vigueur ? Nos vêtements nous cachent si bien que l'homme le plus grêle et le plus mal tourné a souvent une réputation d'élégance et de distinction qu'il ne changerait certes pas pour une réputation de force et de beauté solide. D'autre part, les sergents de ville sont là, et on ne se bat plus à coups de poing que dans les cabarets des barrières ; les messieurs tirent l'épée, jouent du pistolet ; enfin, dans les batailles, nos soldats ne sont que des machines à porter des fusils et à mettre le feu aux canons. Nous n'avons que faire vraiment de gymnases. Nous vivons dans les laboratoires et dans les cabinets de travail ; nos distractions, nos exercices purement intellectuels, sont de lire les journaux et les nouveaux ouvrages. Puis, nous sentons tous que nous n'avons pas longtemps à travailler ; la science est là qui fournit des machines, le labeur humain tend à disparaître, l'homme n'aura bientôt plus qu'à se reposer et à jouir de la création. De là, la grande indifférence ; rien ne nous sollicite aux exercices corporels, ni le climat ni les mœurs. Nous pouvons nous passer parfaitement d'être forts et d'être beaux. Aussi nous laissons notre corps s'alanguir, puisqu'on a rendu notre corps inutile, et nous cultivons notre esprit, nous en forçons les ressorts jusqu'au grincement, parce que notre esprit nous est nécessaire pour la solution des problèmes qui nous sont posés.

Avec un pareil régime, nous allons tout droit à la mort. Le corps se dissout, l'esprit s'exalte : il y a détraquement de toute la machine. Les œuvres produites en arriveront à la démence. La gymnastique sera donc purement médicale. Voilà ce qu'il faut dire. Elle sera médicale, puisqu'une question de santé seule nous l'impose, que nous n'allons pas à elle par goût. Elle a été une nécessité sociale, presque une religion, pendant la période grecque et le moyen âge; elle a été un amusement, une passion honteuse, sous l'empire romain; elle doit être chez nous un simple remède, un préservatif contre la folie. Telle est la mission que lui laisse à remplir l'époque où nous vivons.

Je suis malheureusement certain que l'on est de son âge et que nous sommes en ce moment poussés bon gré mal gré vers un état de choses inconnu. Il est difficile d'arrêter une société dans sa marche; je crois que, pendant des années encore, les gymnases resteront vides. J'ai dit que cette époque de transition me plaisait, que je goûtais une étrange joie à étudier nos fièvres. Parfois, cependant, il me prend des frayeurs à nous voir si frissonnants et si hagards, et c'est alors, comme aujourd'hui, après avoir lu le volume de M. Eugène Paz, que je voudrais avoir un trapèze pour me durcir les bras et me dégager le cerveau.

L'épigraphe est là, sur la muraille, toute flamboyante en face de moi : *Mens sana in corpore sano.*

GERMINIE LACERTEUX

par MM. Ed. et J. de Goncourt

Je dois déclarer, dès le début, que tout mon être, mes sens et mon intelligence me portent à admirer l'œuvre excessive et fiévreuse que je vais analyser. Je trouve en elle les défauts et les qualités qui me passionnent : une indomptable énergie, un mépris souverain du jugement des sots et des timides, une audace large et superbe, une vigueur extrême de coloris et de pensée, un soin et une conscience artistiques rares en ces temps de productions hâtives et mal venues. Mon goût, si l'on veut, est dépravé; j'aime les ragoûts littéraires fortement épicés, les œuvres de décadence où une sorte de sensibilité maladive remplace la santé plantureuse des époques classiques. Je suis de mon âge.

Je me plais à considérer une œuvre d'art comme un fait isolé qui se produit, à l'étudier comme un cas curieux qui vient de se manifester dans l'intelligence de l'homme. Un enfant de plus est né à la famille des créations humaines; cet enfant a pour moi une physionomie propre, des ressemblances et des traits originaux. Le scalpel à la main, je fais l'autopsie du nouveau-né, et je me sens pris d'une grande joie, lorsque je découvre en lui une créature inconnue, un organisme particulier. Celui-là ne vit pas de la vie de tous; dès ce moment, j'ai pour lui la curiosité du médecin qui est mis en face d'une maladie nouvelle. Alors je ne recule devant aucun dégoût; enthousiasmé, je me penche sur l'œuvre, saine ou malsaine, et, au delà de la morale, au delà des pudeurs et des puretés, j'aperçois tout au fond une grande lueur qui sert à éclairer l'ouvrage entier, la lueur du génie humain en enfantement.

Rien ne me paraît plus ridicule qu'un idéal en matière de critique. Vouloir rapporter toutes les œuvres à une œuvre modèle, se demander si tel livre remplit telles et telles conditions, est le comble de la puérilité à mes yeux. Je ne puis comprendre cette rage de régenter les tempéraments, de faire la leçon à l'esprit créateur. Une œuvre est simplement une libre et haute manifestation d'une personnalité, et dès lors je n'ai plus pour devoir que de constater quelle est cette personnalité. Qu'importe la foule? J'ai là, entre les mains, un individu ; je l'étudie pour lui-même, par curiosité scientifique. La perfection à laquelle je tends est de donner à mes lecteurs l'anatomie rigoureusement exacte du sujet qui m'a été soumis. Moi, j'aurai eu la charge de pénétrer un organisme, de reconstruire un tempérament d'artiste d'analyser un cœur et une intelligence, selon ma nature; les lecteurs auront le droit d'admirer ou de blâmer, selon la leur.

Je ne veux donc pas ici de malentendu entre moi et le public. J'entends lui montrer, dans toute sa nudité, l'œuvre de MM. de Goncourt, et lui faire toucher du doigt les plaies saignantes qu'elle découvre hardiment. J'aurai le courage de mes admirations. Il me faut analyser page par page, les amours honteuses de Germinie, en étudier les désespoirs et les horreurs. Il s'agit d'un grave débat, celui qui a existé de tous temps entre les fortifiantes brutalités de la vérité et les banalités doucereuses du mensonge.

Imaginez une créature faite de passion et de tendresse, une femme toute chair et toute affection, capable des dernières hontes et des derniers dévouements, lâche devant la volupté au point de quêter des plaisirs comme une louve affamée, courageuse devant l'abnégation au point de donner sa vie pour ceux qu'elle aime. Placez cette femme frémissante et forte dans un milieu grossier qui blessera toutes ses délicatesses, s'adressera à tout le limon qui est en elle, et qui, peu à peu, tuera son âme en l'étouffant sous les ardeurs du corps et l'exaltation des sens. Cette femme, cette créature maudite sera Germinie Lacerteux.

L'histoire de cette fille est simple et peut se lire couramment. Il y a, je le répète, dualité en elle : un être passionné et violent, un être tendre et dévoué. Un combat inévitable s'établit entre ces deux êtres ; la victoire que l'un va remporter sur l'autre dépend uniquement des événements de la vie, du milieu. Mettez Germinie dans une autre position, et elle ne succombera pas ; donnez-lui un mari, des enfants à aimer, et elle sera excellente mère, excellente épouse. Mais si vous ne lui accordez qu'un amant indigne, si vous tuez son enfant, vous frappez dangeureusement sur son cœur, vous la poussez à la folie : l'être tendre et dévoué s'irrite et disparaît, l'être passionné et violent s'exalte et grandit. Tout le livre est dans la lutte entre les besoins du cœur et les besoins du corps, dans la victoire de la débauche sur l'amour. Nous assistons au spectacle navrant d'une déchéance de la nature humaine ; nous avons sous les yeux un certain tempérament, riche en vices et en vertus, et nous étudions quel phénomène va se produire dans le sujet au contact de certains faits, de certains êtres. Ici, je l'ai dit et je ne saurais trop le redire, je me sens l'unique curiosité de l'observateur ; je n'éprouve aucune préoccupation étrangère à la vérité du récit, à la parfaite déduction des sentiments, à l'art vigoureux et vivant qui va me rendre dans sa réalité un des cas de la vie humaine, l'histoire d'une âme perdue au milieu des luttes et des désespoirs de ce monde. Je ne me crois pas le pouvoir de demander plus qu'une œuvre vraie et énergiquement crée.

Germinie, cette pauvre fille que les délicats vont accueillir avec des marques de dégoût, a cependant des sentiments d'une douceur exquise, des noblesses d'âme grandes et belles. Justement, — voyez quelle est notre misère, — ce sont ces sentiments, ces noblesses, qui en font plus tard la rôdeuse de barrières, l'amante insatiable. Elle tombe d'autant plus bas que son cœur est plus haut. Mettez à sa place une nature sanguine, une grosse et bonne fille au sang riche et puissant, chez qui les ardeurs du corps ne sont pas contrariées par les ardeurs de l'âme : elle acceptera sans larmes les amours grossières de sa classe, les baisers et les coups ; elle perdra un enfant et quittera le père sans que son cœur saigne ; elle vivra tranquillement sa vie en pleine santé, dans un air vicié et nauséabond. Germinie a des nerfs de grande dame ; elle étouffe au milieu du vice sale et répugnant ; elle a besoin d'être aimée dans sa chair et dans son âme ; elle est entraînée par sa nature ardente, et elle meurt parce qu'elle ne peut que contenter cette chair de feu, sans jamais pouvoir apaiser cette âme avide d'affection.

Germinie, pour la caractériser d'un mot, aime à cœur et à corps perdus : le jour où le cœur est mort, le corps s'en va droit au cimetière, tué sous des baisers étouffants, brûlé par l'ivresse, endolori par des cilices volontaires.

Le drame est terrible, vous le voyez ; il a l'intérêt puissant d'un problème physiologique et psychologique, d'un cas de maladie physique et morale, d'une histoire qui doit être vraie. Le voici, scène par scène; je désire le mettre en son entier sous les yeux du lecteur, pour qu'il soit beaucoup pardonné à Germinie, qui a beaucoup aimé et beaucoup souffert.

Elle vient à Paris à quatorze ans. Son enfance a été celle de toutes les petites paysannes pauvres, des coups et de la misère ; une vie de bête chétive et souffrante. A Paris, elle est placée dans un café du boulevard, où les pudeurs de ses quinze ans s'effrayent au contact des garçons. Tout son être se révolte à ces premiers attouchements ; elle n'a encore que des sens, et le premier éveil de ces sens est une douleur. C'est alors qu'un vieux garçon de café la viole et la jette à la vie désespérée qu'elle va mener. Ceci est le prologue.

Au début du roman, Germinie est entrée comme domestique chez mademoiselle de Varandeuil, vieille fille noble qui a sacrifié son cœur à son père et à ses parents. Le parallèle entre la domestique et la maîtresse s'impose forcément à l'esprit ; les auteurs n'ont pas mis sans raison ces deux femmes en face l'une de l'autre, et ils ont fait preuve de beaucoup d'habileté dans l'opposition de ces deux figures qui se font valoir mutuellement, qui se complètent et s'expliquent. Mademoiselle de Varandeuil a eu le dévouement de Germinie, sans en avoir les fièvres ; elle a pu faire abnégation de son corps, vivre par la seule affection qu'elle portait aux gens qui l'entouraient ; elle a vieilli dans le courage et l'austérité, sans grandes luttes, ne faiblissant jamais, trouvant un pardon pour toutes les faiblesses. Germinie reste vingt ans au service de cette femme, qui ne vit plus que par le souvenir. Une moitié du roman se passe dans la chambre étroite, froide et recueillie, où se tient paisiblement assise la vieille demoiselle, ignorante des âpretés de l'amour, se mourant avec la tranquillité des vierges; l'autre moitié court les rues, a les frissons et les cris de la débauche, se roule dans la fange. Les auteurs, en plein drame, ouvrent parfois une échappée sur le foyer à demi éteint, auprès duquel sommeille mademoiselle de Varandeuil, et il y a je ne sais quelle douceur infinie à passer des horreurs de la chair à ce spectacle d'une créature plus qu'humaine, qui s'endort dans sa chasteté. Cette figure de vieille fille a plus de hauteur que celle de la jeune bonne hystérique; toutefois, elle est également hors nature, elle se trouve placée à l'autre extrémité de l'amour; il y a eu, devant le désir, abus de courage chez elle, de même qu'il y a eu chez Germinie abus de lâcheté. Aussi souffrent-elles toutes deux dans leur humanité: l'une est frappée de mort à quarante ans, l'autre traîne une vieillesse vide, n'ayant pour amis que des tombeaux.

Germinie va donc avoir deux existences ; elle va, pendant vingt ans, épuiser sa double nature, contenter les deux besoins qui l'aident à vivre : se dévouer, aimer sa maîtresse comme une mère, et se livrer aux emportements de sa passion, aux feux qui la brûlent. Elle vivra ses nuits dans les transports de voluptés terribles ; elle vivra ses jours dans le calme d'une affection prévenante et inépuisable. La punition de ses nuits sera précisément ses jours ; elle tremblera toute sa vie de perdre l'amitié de sa maîtresse, si quelque bruit de ses amours venait jusqu'à elle ; et, dans son agonie, elle emportera comme suprême châtiment, la pensée que la pauvre vieille, en apprenant tout, ne viendra pas prier sur sa tombe.

Au premier jour, avant toute souillure volontaire, lorsqu'elle ne connaît encore de l'homme que la violence, Germinie devient dévote. « Elle va à la pénitence comme on va à l'amour. » Ce sont là les premières tendresses de toutes les femmes sensuelles. Elles se jettent dans l'encens, dans les fleurs, dans les dorures des églises, attirées par l'éclat et le mystère du culte. Quelle est la jeune fille qui n'est pas un peu amoureuse de son confesseur? Germinie trouve dans le sien un bon cœur qui s'intéresse à ses larmes et à ses joies ; elle aime éperdûment cet homme qui la traite en femme. Mais elle se retire bientôt, dévorée de jalousie, le jour où elle rencontre un prêtre au lieu de l'homme qu'elle cherchait.

Elle a besoin de se dévouer, si ce n'est d'aimer. Elle donne ses gages à son beau-frère, qui spécule sur elle, en l'apitoyant sur le sort d'une de ses nièces qu'elle lui a confiée. Puis, elle apprend que cette nièce est morte, et son cœur est vide de nouveau.

Elle rencontre enfin l'homme qui doit tuer son cœur, lui mettre sur les épaules la croix qu'elle portera la vie entière. Cet homme est le fils d'une crémière voisine, madame Jupillon ; elle le connaît presque enfant et se met à l'aimer sans en avoir conscience. Par la jalousie irraisonnée, elle sauve des caresses d'une autre femme, et demeure tremblante sous le premier baiser qu'il lui donne. C'en est fait ; le cœur et le corps ont parlé. Mais elle est forte encore. « Elle écarte sa chute, elle repousse ses sens. » L'amour lui rend la gaieté et l'activité ; elle se fait la domestique de la crémière, elle se voue aux intérêts de la mère et du fils. Cette époque est l'aube blanche de cette vie qui doit avoir un midi et un soir si sombres et si fangeux. Germinie, bien que souillée par une première violence, dont on ne saurait lui demander compte, a alors la pureté d'une vierge par son affection profonde, par son abnégation entière. Le mal n'est pas en elle, il est dans la mère et le fils, dans ces affreux Jupillon, canailles qui suent le vice et la honte. La mère a des tolérances calculées, des spéculations ignobles ; le fils considère l'amour comme « la satisfaction d'une certaine curiosité du mal, cherchant dans la connaissance et la possession d'une femme le droit et le plaisir de la mépriser. » C'est à ce jeune coquin que se livre la pauvre fille ; « elle se laisse arracher par l'ardeur du jeune homme ce qu'elle croyait donner d'avance à l'amour du mari. » Est-elle si coupable, et ceux qui seront tentés de lui jeter la pierre, devront-ils négliger de suivre pas à pas les faits qui la conduisent à la chute, en lui en cachant l'effroi ?

Germinie est bientôt abandonnée. Son amant court les bals des barrières, et, conduite par son cœur, elle le suit, elle va l'y chercher. La débauche ne veut pas d'elle ; elle est trop vieille. Ce que son orgueil et sa jalousie ont à souffrir, est indicible. Puis, lorsqu'elle est admise, on lui facilite la honte par la familiarité qu'on lui témoigne. Dès lors, elle a jugé Jupillon, elle sent qu'elle ne peut se l'attacher que par des présents, et comme elle n'a pas la force de la séparation, elle consacre toutes ses épargnes, tous ses bijoux, à lui acheter un fonds de ganterie. Sans doute il y a dans ce don l'emportement et les calculs de la passion, mais il y a aussi le plaisir de donner, le besoin de rendre heureux.

Un instant on peut croire Germinie sauvée. Elle a un enfant. La mère va sanctifier l'amante. Puisqu'il faut un amour à ce pauvre cœur en peine, il aura l'amour d'un fils, il vivra en paix dans cette tendresse. L'enfant meurt, Germinie est perdue.

Ses affections tournent à la haine, sa sensibilité s'irrite, ses jalousies deviennent puériles et terribles. Repoussée par son amant, elle cherche dans l'ivresse l'oubli de ses chagrins et de ses ardeurs. Elle s'avilit, elle se prépare à la vie de débauches qu'elle va mener tout à l'heure. On tue le cœur, la chair se dresse et triomphe.

Mais Germinie n'a pas épuisé tous ses dévouements. Elle a donné ses derniers quarante francs à Jupillon, lorsqu'elle était sur le point d'accoucher, se condamnant ainsi à se rendre à la Bourbe. Elle accomplit maintenant un dernier sacrifice. Les Jupillon, qui l'ont chassée de chez eux, l'attirent de nouveau, lorsque le fils est tombé au sort. Ils la connaissent. Elle emprunte à droite et à gauche, sou à sou, les deux mille trois cents francs nécessaires pour racheter le jeune homme. Sa vie entière est engagée, elle se doit à sa dette ; elle a donné à son amant plus que le présent; elle a donné l'avenir.

C'est alors qu'elle acquiert la certitude complète de son abandon ; elle rencontre Jupillon avec une autre femme, et n'obtient des rendez-vous avec lui qu'à prix d'argent. Elle boit davantage, elle a horreur d'elle-même; mais elle ne peut s'arrêter dans le sentier sanglant qu'elle descend. Un jour, elle vole vingt francs à mademoiselle de Varandeuil pour les donner à Jupillon. C'est ici le point extrême, Germinie ne saurait aller plus loin. Elle ment par amour, elle se dégrade par amour, elle vole par amour. Mais elle ne peut voler deux fois, et Jupillon la fait mettre à la porte par une de ses maîtresses.

Les chutes morales suivent les chutes physiques. L'intelligence abandonne Germinie, la pauvre fille devient malpropre et presque idiote. Elle serait morte vingt fois, si elle n'avait à son côté une personne qui pût encore la respecter et la chérir. Ce qui la soutient, c'est l'estime de mademoiselle de Varandeuil. Les auteurs ont bien compris que l'estime lui était nécessaire, et ils lui ont donné pour compagne une femme qui ignore. Je ne puis m'empêcher de citer quelques lignes qui montrent combien Germinie se débattait dans son avilissement. « Elle cédait à l'entraînement de la passion ; mais aussitôt qu'elle y avait cédé, elle se prenait en mépris. Dans le plaisir même, elle ne pouvait s'oublier entièrement et se perdre. Il se levait toujours dans sa distraction l'image de mademoiselle avec son austère et maternelle figure. A mesure qu'elle s'abandonnait et descendait de son honnêteté, Germinie ne sentait pas l'impudeur lui venir. Les dégradations où elle s'abîmait ne la fortifiaient point contre le dégoût et l'horreur d'elle-même. »

Enfin se joue le dernier acte du drame, le plus terrible et le plus écœurant de tous. Germinie ne peut vivre avec le souvenir de son amour enseveli; la chair la tourmente et l'emporte. Elle prend un second amant, et les voluptés qui la secouent alors ont tous les déchirements de la douleur. Une seule chose reste dans les ruines de son être, son affection pour mademoiselle de Varandeuil. Elle quitte Gautruche, qui lui dit de choisir entre lui et sa vieille maîtresse, et dès lors elle appartient à tous. Elle va le soir, dans l'ombre des murs; elle rôde les barrières, elle est toute impureté et scandale. Mais le hasard veut bien lui accorder une mort digne; elle rencontre Jupillon, elle se purifie presque dans l'amour qui s'éveille de nouveau et lui monte du cœur; elle le suit, et, une nuit, par un temps d'orage, elle reste au volet du jeune homme, écoutant sa voix, laissant l'eau du ciel la pénétrer et lui préparer sa mort.

Son énergie ne l'abandonne pas un instant. Elle lutte, elle essaie de mentir à la mort. Elle se refuse à la maladie, voulant mourir debout. Lorsque ses forces l'ont trahie et qu'elle expire à l'hôpital, son visage demeure impénétrable. Mademoiselle de Varandeuil, en face de son cadavre, ne peut deviner quelle pensée terrible a labouré sa face et dressé ses cheveux. Puis, lorsque, le lendemain, la vieille fille apprend tout, elle se révolte contre tant de mensonges et tant de débauches ; le dégoût lui fait maudire Germinie. Mais le pardon est doux aux bonnes âmes. Mademoiselle de Varandeuil se souvient du regard et du sourire de la pauvre morte ; elle se rappelle avoir vu en elle une telle tristesse, un tel dévouement, qu'une immense pitié lui vient et qu'elle se sent le besoin de pardonner, se disant que les morts que l'on maudit doivent dormir d'un mauvais sommeil. Elle va au cimetière, elle qui a la religion des tombeaux, et cherche une croix sur la fosse commune ; ne pouvant trouver, elle s'agenouille entre deux croix portant les dates de la veille et du lendemain de l'enterrement de Germinie. « Pour prier sur elle, il fallait prier au petit bonheur entre deux dates, — comme si la destinée de la pauvre fille avait voulu qu'il n'y eût, sur la terre, pas plus de place pour son corps que pour son cœur. »

Telle est cette œuvre, qui va sans doute être vivement discutée. J'ai pensé qu'on ne pouvait bien la juger que sur une analyse complète. Elle contient, je l'avoue, des pages d'une vérité effrayante, les plus remarquables peut-être comme éclat et comme vigueur ; elle a une franchise brutale qui blessera les lecteurs délicats. Pour moi, j'ai déjà dit combien je me sentais attiré par ce roman, malgré ses crudités, et je voudrais pouvoir le défendre contre les critiques qui se produiront certainement.

Les uns s'attaqueront au genre lui-même, prononceront avec force soupirs le mot réalisme et croiront du coup avoir foudroyé les auteurs. Les autres, gens plus avancés et plus hardis, ne se plaindront que de l'excès de la vérité, et demanderont pourquoi descendre si bas. D'autres, enfin, condamneront le livre, l'accusant d'avoir été écrit à un point de vue purement médical et de n'être que le récit d'un cas d'hystérie.

Je ne sais si je dois prendre la peine de répondre aux premiers. Ce que l'on se plaît encore à appeler réalisme, l'étude patiente de la réalité, l'ensemble obtenu par l'observation des détails, a produit des œuvres si remarquables, dans ces derniers temps, que le procès devrait être jugé aujourd'hui. Eh oui! bonnes gens, l'artiste a le droit de fouiller en pleine nature humaine, de ne rien voiler du cadavre humain, de s'intéresser à nos plus petites particularités, de peindre les horizons dans leurs minuties et de les mettre de moitié dans nos joies et dans nos douleurs.

Par grâce, laissez-le créer comme bon lui semble; il ne vous donnera jamais la création telle qu'elle est; il vous la donnera toujours vue à travers son tempérament. Que lui demandez-vous donc, je vous prie? Qu'il obéisse à des règles, et non à sa nature, qu'il soit un autre, et non lui? Mais cela est absurde. Vous tuez de gaieté de cœur l'initiative créatrice, vous mettez des bornes à l'intelligence, et vous n'en connaissez pas les limites. Il est si facile pourtant de ne pas s'embarrasser de tout ce bagage de restrictions et de convenances. Acceptez chaque œuvre comme un monde inconnu, comme une terre nouvelle qui va vous donner peut-être des horizons nouveaux. Éprouvez-vous donc un si violent chagrin à ajouter une page à l'histoire littéraire de votre pays? Je vous accorde que le passé a eu sa grandeur; mais le présent est là, et ses manifestations, si imparfaites qu'elles soient, sont une des faces de la vie intellectuelle. L'esprit marche, vous en étonnez-vous? Votre tâche est de constater ses nouvelles formes, de vous incliner devant toute œuvre qui vit. Qu'importent la correction, les règles suivies, l'ensemble parfait; il est telles pages écrites à peine en français qui l'emportent à mes yeux sur les ouvrages les mieux conduits, car elles contiennent toute une personnalité, elles ont le mérite suprême d'être uniques et inimitables. Lorsqu'on sera bien persuadé que le véritable artiste vit solitaire, lorsqu'on cherchera avant tout un homme dans un livre, on ne s'inquiètera plus des différentes écoles, on considérera chaque œuvre comme le langage particulier d'une âme, comme le produit unique d'une intelligence.

A ceux qui prétendent que MM. de Goncourt ont été trop loin, je répondrai qu'il ne saurait en principe y avoir de limite dans l'étude de la vérité. Ce sont les époques et les langages qui tolèrent plus ou moins de hardiesse; la pensée a toujours la même audace. Le crime est donc d'avoir dit tout haut ce que beaucoup d'autres pensent tout bas. Les timides vont opposer madame Bovary à Germinie Lacerteux. Une femme mariée, une femme de médecin, passe encore; mais une domestique, une vieille fille de quarante ans, cela ne se peut souffrir. Puis les amours des héros de M. Flaubert sont encore des amours élégantes et raffinées, tandis que celles des personnages de MM. de Goncourt se traînent dans le ruisseau. En un mot, il y a là deux mondes différents : un monde bourgeois, obéissant à certaines convenances, mettant une certaine mesure dans l'emportement de ses passions, et un monde ouvrier, moins cultivé, plus cynique, agissant et parlant. Selon nos temps hypocrites, on peut peindre l'un, on ne saurait s'occuper de l'autre. Demandez pourquoi, en faisant observer qu'au fond les vices sont parfaitement les mêmes. On ne saura que répondre. Il nous plaît d'être chatouillés agréablement, et même ceux d'entre nous qui prétendent aimer la vérité, n'aiment qu'une certaine vérité, celle qui ne trouble pas le sommeil et ne contrarie pas la digestion.

Un reproche fondé, qui peut être fait à *Germinie Lacerteux*, est celui d'être un roman médical, un cas curieux d'hystérie. Mais je ne pense pas que les auteurs désavouent un instant la grande place qu'ils ont accordée à l'observation physiologique. Certainement leur héroïne est malade, malade de cœur et malade de corps; ils ont tout à la fois étudié la maladie de son corps et celle de son cœur. Où est le mal, je vous prie? Un roman n'est-il pas la peinture de la vie, et ce pauvre corps est-il si damnable pour qu'on ne s'occupe pas de lui? Il joue un tel rôle dans les affaires de ce monde, qu'on peut bien lui donner quelque attention, surtout lorsqu'il mène une âme à sa perte, lorsqu'il est le nœud même du drame.

Il est permis d'aimer ou de ne pas aimer l'œuvre de MM. de Goncourt ; mais on ne saurait lui refuser des mérites rares. On trouve dans le livre un souffle de Balzac et de M. Flaubert ; l'analyse y a la pénétrante finesse de l'auteur d'*Eugénie Grandet ;* les descriptions, les paysages y ont l'éclat et l'énergique vérité de l'auteur de *Madame Bovary.* Le portrait de mademoiselle de Varandeuil, un chapitre que je recommande, est digne de la *Comédie humaine.* La promenade à la chaussée Clignancourt, le bal de la *Boule noire*, l'hôtel garni de Gautruche, la fosse commune, sont autant de pages admirables de couleur et d'exactitude. Cette œuvre fiévreuse et maladive a un charme provoquant ; elle monte à la tête comme un vin puissant ; on s'oublie à la lire, mal à l'aise et goûtant des délices étranges.

Il y a, sans doute, une relation intime entre l'homme moderne, tel que l'a fait une civilisation avancée, et ce roman du ruisseau, aux senteurs âcres et fortes. Cette littérature est un des produits de notre société, qu'un éréthisme nerveux secoue sans cesse. Nous sommes malades de progrès, d'industrie, de science ; nous vivons dans la fièvre, et nous nous plaisons à fouiller les plaies, à descendre toujours plus bas, avides de connaître le cadavre du cœur humain. Tout souffre, tout se plaint dans les ouvrages du temps ; la nature est associée à nos douleurs, l'être se déchire lui-même et se montre dans sa nudité. MM. de Goncourt ont écrit pour les hommes de nos jours ; leur Germinie n'aurait pu vivre à aucune autre époque que la nôtre ; elle est fille du siècle. Le style même des écrivains, leur procédé a je ne sais quoi d'excessif qui accuse une sorte d'exaltation morale et physique ; c'est tout à la fois un mélange de crudité et de délicatesses, de miévreries et de brutalités, qui ressemble au langage doux et passionné d'un malade.

Je définirai l'impression que m'a produite le livre, en disant que c'est le récit d'un moribond dont la souffrance a agrandi les yeux, qui voit face à face la réalité, et qui nous la donne dans ses plus minces détails, en lui communiquant la fièvre qui agite son corps et les désespoirs qui troublent son âme.

Pour moi, l'œuvre est grande, en ce sens qu'elle est, je le répète, la manifestation d'une forte personnalité, et qu'elle vit largement de la vie de notre âge. Je n'ai point souci d'autre mérite en littérature. Mademoiselle de Varandeuil, la vieille fille austère, a pardonné ; je vais m'agenouiller à son côté, sur la fosse commune, et je pardonne comme elle à cette pauvre Germinie, qui a tant souffert dans son corps et dans son cœur.

GUSTAVE DORÉ

L'artiste dont je viens d'écrire le nom, est à coup sûr une des personnalités les plus curieuses et les plus sympathiques de notre temps. S'il n'a pas la profondeur, la solidité des maîtres, il a la vie et la rapide intuition d'un écolier de génie. Sa part est si large, que je ne crains pas de le blesser en l'étudiant tel qu'il est, dans la vérité de sa nature. Il a assez de méchants amis qui l'accablent sous le poids de lourdes et indigestes louanges, pour qu'un de ses véritables admirateurs l'analyse en toute franchise, fouille son talent, sans lui jeter au nez un encens dans lequel il ne s'aperçoit peut-être plus lui-même.

Gustave Doré, pour le juger d'un mot, est un improvisateur, le plus merveilleux improvisateur du crayon qui ait jamais existé. Il ne dessine ni ne peint : il improvise ; sa main trouve des lignes, des ombres et des lumières, comme certains poètes de salon trouvent des rimes, des strophes entières. Il n'y a pas incubation de l'œuvre ; il ne caresse point son idée, ne la cisèle point, ne fait aucune étude préparatoire. L'idée vient, instantanée ; elle le frappe avec la rapidité et l'éblouissement de l'éclair, et il la subit sans la discuter, il obéit au rayon d'en haut. D'ailleurs, il n'a jamais attendu ; dès qu'il a le crayon aux doigts, la bonne muse ne se fait pas prier ; elle est toujours là, au côté du poète, les mains pleines de rayons et de ténèbres, lui prodiguant les douces et les terribles visions qu'il retrace d'une main prompte et fiévreuse. Il a l'intuition de toutes choses, et il crayonne des rêves, comme d'autres sculptent des réalités.

Je viens de prononcer le mot qui est la grande critique de l'œuvre de Gustave Doré. Jamais artiste n'eut moins que lui le souci de la réalité. Il ne voit que ses songes, il vit dans un pays idéal dont il nous rapporte des nains et des géants, des cieux radieux et de larges paysages. Il loge à l'hôtellerie des fées, en pleine contrée des rêves. Notre terre l'inquiète peu : il lui faut les terres infernales et célestes de Dante, le monde fou de don Quichotte, et, aujourd'hui, il voyage en ce pays de Chanaan, rouge du sang humain et blanc des aurores divines.

Le mal en tout ceci est que le crayon n'entre pas,

qu'il effleure seulement le papier. L'œuvre n'est pas solide ; il n'y a point, sous elle, la forte charpente de la réalité pour la tenir ferme et debout. Je ne sais si je me trompe, Gustave Doré a dû abandonner de bonne heure l'étude du modèle vivant, du corps humain dans sa vérité puissante. Le succès est venu trop tôt ; le jeune artiste n'a pas eu à soutenir la grande lutte, pendant laquelle on fouille avec acharnement la nature humaine. Il n'a pas vécu ignoré, dans le coin d'un atelier, en face d'un modèle dont on analyse désespérément chaque muscle ; il ignore sans doute cette vie de souffrances, de doute, qui vous fait aimer d'un amour profond la réalité nue et vivante. Le triomphe l'a surpris en pleine étude, lorsque d'autres cherchent encore patiemment le juste et le vrai. Son imagination riche, sa nature pittoresque et ingénieuse lui ont semblé des trésors inépuisables dans lesquels il trouverait toujours des spectacles et des effets nouveaux, et il s'est lancé bravement dans le succès, n'ayant pour soutiens que ses rêves, tirant tout de lui, créant à nouveau, dans le cauchemar et la vision, le ciel et la terre de Dieu.

Le réel, il faut le dire, s'est vengé parfois. On ne se renferme pas impunément dans le songe ; un jour vient où la force manque pour jouer ainsi au créateur. Puis, lorsque les œuvres sont trop personnelles, elles se reproduisent fatalement ; l'œil du visionnaire s'emplit toujours de la même vision, et le dessinateur adopte certaines formes dont il ne peut plus se débarrasser. La réalité, au contraire, est une bonne mère qui nourrit ses enfants d'aliments toujours nouveaux; elle leur offre, à chaque heure, des faces différentes; elle se présente à eux, profonde, infinie, pleine d'une vitalité sans cesse renaissante.

Aujourd'hui, Gustave Doré en est à ce point : il a fouillé, épuisé son trésor en enfant prodigue; il a donné avec puissance et relief tous les rêves qui étaient en lui, et il les a même donnés plusieurs fois. Les éditeurs ont assiégé son atelier; ils se sont disputé ses dessins que la critique tout entière a accueillis avec admiration. Rien ne manque à la gloire de l'artiste, ni l'argent, ni les applaudissements. Il a établi un vaste chantier, où il produit sans relâche; trois, quatre publications sont là, menées de front, avec une égale verve; le dessinateur passe de l'une à l'autre sans faiblir, sans mûrir ses pensées, ayant foi en sa bonne muse qui lui souffle le mot divin au moment propice. Tel est le labeur colossal, la tâche de géant que sa réussite lui a imposée, et que sa nature particulière lui a fait accepter avec un courage insouciant.

Il vit à l'aise dans cette production effrayante qui donnerait la fièvre à tout autre. Certains critiques s'émerveillent sur cette façon de travailler; ils font un éloge au jeune artiste de l'effroyable quantité de dessins qu'il a déjà produits. Le temps ne fait rien à l'affaire, et, quant à moi, j'ai toujours tremblé pour ce prodigue qui se livrait ainsi, qui épuisait ses belles facultés, dans une sorte d'improvisation continuelle. La pente est glissante : l'atelier des artistes en vogue devient parfois une manufacture; les gens de com-

merce sont là, à la porte, qui pressent le crayon ou le
pinceau, et l'on arrive peu à peu à faire, en leur collaboration, des œuvres purement commerciales. Qu'on
ne pousse donc pas l'artiste à nous étonner, en
publiant chaque année une œuvre qui demanderait
dix ans d'études ; qu'on le modère plutôt et qu'on lui
conseille de s'enfermer au fond de son atelier pour y
composer, dans la réflexion et le travail, les grandes
épopées que son esprit conçoit avec une si remarquable intuition.

Gustave Doré a trente-trois ans. C'est à cet âge qu'il
a cru devoir s'attaquer au grand poème humain, à ce
recueil de récits terribles ou souriants que l'on nomme
la *Sainte Bible*. J'aurais aimé qu'il gardât cette œuvre
pour dernier labeur, pour le travail grandiose qui eût
consacré sa gloire. Où trouvera-t-il maintenant un
sujet plus vaste, plus digne d'être étudié avec amour,
un sujet qui offre plus de spectacles doux ou terrifiants
à son crayon créateur? S'il est vrai que l'artiste soit
fatalement forcé de produire des œuvres de plus en
plus puissantes et fortes, je tremble pour lui, qui
cherchera en vain un second poème plus fécond en
visions sublimes. Lorsqu'il voudra donner l'œuvre
dans laquelle il mettra tout son cœur et toute sa chair,
il n'aura plus les légendes rayonnantes d'Israël, et je
ne sais vraiment à quelle autre épopée il pourra demander un égal horizon.

Je n'ai pas, d'ailleurs, mission d'interroger l'artiste
sur son bon plaisir. L'œuvre est là, et je dois seulement l'analyser et la présenter au public.

Je me demande, avant tout, quelle a été la grande vision intérieure de l'artiste, lorsque, ayant arrêté qu'il entreprendrait le rude labeur, il a fermé les yeux pour voir se dérouler le poème en spectacles imaginaires. Étant donnée la nature merveilleuse et particulière de Gustave Doré, il est facile d'assister aux opérations qui ont dû avoir lieu dans cette intelligence : les légendes se sont succédé, les unes claires et lumineuses, toutes blanches, les autres sombres et effrayantes, rouges de sang et de flammes. Il s'est abîmé dans cette immense vision, il a monté dans le rêve, il a eu une suprême joie en sentant qu'il quittait la terre, qu'il laissait là les réalités et que son imagination allait pouvoir vagabonder à l'aise dans les cauchemars et dans les apothéoses. Toute la grande famille biblique s'est dressée devant lui ; il a vu ces personnages que les souvenirs ont grandi et ont mis hors de l'humanité ; il a aperçu cette terre d'Égypte, cette terre de Chanaan, pays merveilleux qui semblent appartenir à un autre monde ; il a vécu en intimité avec les héros des anciens contes, avec des paysages emplis de ténèbres et d'aubes miraculeuses. Puis, l'histoire de Jésus, plus adoucie, tendre et sévère, lui a ouvert des horizons recueillis, dans lesquels ses rêves se sont élargis et ont pris une sérénité profonde. C'était là le champ vaste qu'il fallait au jeune audacieux. La terre l'ennuie, la terre bête que nous foulons de nos jours, et il n'aime que les terres célestes, celles qu'il peut éclairer de lumières étranges et inconnues. Aussi a-t-il exagéré le rêve ; il a voulu écrire de son crayon une Bible féerie, une suite de scènes semblant faire partie d'un drame gigantesque qui s'est passé on sait où, dans quelque sphère lointaine.

L'œuvre a deux notes, deux notes éternelles qui chantent ensemble : la blancheur des puretés premières, des cœurs tendres, et les ténèbres épaisses des premiers meurtres, des âmes noires et cruelles. Les spectacles se suivent, ils sont tout lumière ou tout ombre. L'artiste a cru devoir appuyer sur ce double caractère, et il est arrivé que son talent se prêtait singulièrement à rendre les clartés pures de l'Eden et les obscurités des champs de bataille envahis par la nuit et la mort, les blancheurs de Gabriel et de Marie dans l'éblouissement de l'Annonciation, et les horreurs livides, les éclairs sombres, l'immense pitié sinistre du Golgotha.

Je ne puis le suivre dans sa longue vision. Il n'a mis que deux ou trois ans pour rêver ce monde, et sa main a dû, au jour le jour, improviser les mille scènes diverses du drame. Chaque gravure n'est, je le répète, que le songe particulier que l'artiste a fait après avoir lu un verset de la Bible ; je ne puis appeler cela qu'un songe, parce que la gravure ne vit pas de notre vie, qu'elle est trop blanche ou trop noire, qu'elle semble être le dessin d'un décor de théâtre, pris lorsque la féerie se termine dans les gloires rayonnantes de l'apothéose. L'improvisateur a écrit sur les marges ses impressions, en dehors de toute réalité et de toute étude, et son talent merveilleux a donné, à certains dessins, une sorte d'existence étrange qui n'est point la vie, mais qui est tout au moins le mouvement.

J'ai encore devant les yeux le dessin intitulé *Achan lapidé :* Achan est étendu, les bras ouverts, au fond d'un ravin, les jambes et le ventre écrasés, broyés sous d'énormes dalles, et du ciel noir, des profondeurs effrayantes de l'horizon, arrivent lentement, un à un, en une file démesurée, les oiseaux de proie qui vont se disputer les entrailles que les pierres ont fait jaillir. Tout le talent de Gustave Doré est dans cette gravure qui est un cauchemar merveilleusement traduit et mis en relief. Je citerai encore la page où l'Arche, arrêtée sur le sommet du mont Ararat, se profile sur le ciel clair en une silhouette énorme, et cette autre page qui montre la fille de Jephté au milieu de ses compagnes, pleurant, dans une aurore douce, sa jeunesse et ses belles amours qu'elle n'aura point le temps d'aimer.

Je devrais tout citer, tout analyser, pour me mieux faire entendre. L'œuvre part des douceurs de l'Eden; son premier cri de douleur et d'effroi est le déluge, cri bientôt apaisé par la vie sereine des patriarches, dont les blanches filles s'en vont aux fontaines, dans leur sourire et leur tranquille virginité. Puis vient l'étrange terre d'Egypte, avec ses monuments et ses horizons; l'histoire de Joseph et celle de Moïse nous sont contées avec un luxe inouï de costumes et d'architectures, avec toute la douceur du jeune enfant de Jacob, toute l'horreur des dix plaies et du passage de la mer Rouge. Alors commence l'histoire rude et poignante de cette terre de Judée, qui a bu plus de sang humain que d'eau de pluie : Samson et Dalila, David et Goliath, Judith et Holopherne, les géants bêtes et les femmes cruelles, les terreurs de la trahison et du meurtre. La légende d'Élie est le premier rayon divin et prophétique trouant cette nuit sanglante ; puis viennent les doux contes de Tobie et d'Esther et ce sanglot de douleur, ce sanglot si profondément humain dans sa désespérance, que pousse Job râclant ses plaies sur le fumier de sa misère. Les vengeurs se dressent alors, la bouche pleine de lamentations et de menaces, ces vengeurs de Dieu, Isaïe, Jérémie, Ezéchiel, Baruch, Daniel, Amos, sombres figures qui dominent Israël, maudissant l'humanité féroce, annonçant la rédemption.

La rédemption est cette idylle austère et attendrie qui va, des rayonnements de l'Annonciation, aux larmes du Calvaire. Voici la Crèche et la Fuite en Égypte, Jésus dans le Temple, disant ses premières vérités, et Jésus aux noces de Cana, faisant son premier miracle. J'aime moins cette seconde partie de l'œuvre ; l'artiste avait à lutter contre la banalité de sujets traités par plus de dix générations de peintres et de dessinateurs, et il paraît s'être plu, par je ne sais quel sentiment, à atténuer son originalité, à nous donner le Jésus, la Sainte-Vierge, les apôtres de tout le monde. Sa femme adultère, son Hérodiade, sa Transfiguration, toutes ces scènes et tous ces types connus se présentent à nous comme de vieilles gravures aimées de notre enfance, que nous reconnaissons et que nous accueillons volontiers. Il ne s'est pas assez affranchi de la tradition. Lorsque commence le drame de la Croix, Gustave Doré se retrouve avec ses larges ombres, ses terreurs noires et raides traversées d'éclairs livides. Au dénouement, l'artiste retrace les visions de saint Jean, et le coup de trompette solennel et terrible du Jugement dernier termine l'œuvre dont le début a été le geste large de Jéhova emplissant le monde de lumière.

Telle est l'œuvre. J'espère que ce résumé rapide la fera connaître à ceux qui sont familiers avec le talent de Gustave Doré. Ce talent consiste surtout dans les qualités pittoresques et dramatiques de la vue intérieure. L'artiste, dans son intuition rapide, saisit toujours le point intéressant du drame, le caractère dominant, les lignes sur lesquelles il faut appuyer. Cette sorte de vision est servie par une main habile, qui rend avec relief et puissance la pensée du dessinateur à l'instant même où elle se formule. De là ce mouvement tragique ou comique qui emplit les gravures; de là ces fortes oppositions, ces belles taches qui s'enlèvent sur le fond, cette apparence étrange et attachante des dessins, qui se creusent et s'agitent dans une sorte de rêve bizarre et grandiose.

De là aussi les défauts. L'artiste n'a que deux songes : le songe pâle et tendre qui emplit l'horizon de brouillards, efface les figures, lave les teintes, noie la réalité dans les visions du demi-sommeil, et le songe cauchemar, tout noir, avec des éclairs blancs, la nuit profonde éclairée par de minces jets de lumière électrique. On dirait par instants, je l'ai déjà dit, assister au cinquième acte d'une féerie, lorsque l'apothéose resplendit aux lueurs des feux de Bengale. Du noir et du blanc, par plaques; un monde de carton, sinistre, il est vrai, et animé par d'effrayantes hallucinations.

L'effet est terrible, les yeux sont charmés ou terrifiés, l'imagination est conquise ; mais n'approchez pas trop de la gravure, ne l'étudiez pas, car vous verriez alors qu'il n'y a que du relief et de l'étrangeté, que tout n'est qu'ombres et reflets. Ces hommes ne peuvent vivre, parce qu'ils n'ont ni os ni muscles; ces paysages et ces cieux n'existent pas, parce que le sommeil seul a ces horizons bizarres peuplés de figures fantastiques, ces pays merveilleux dont les arbres et les rocs ont une majestueuse ampleur ou une raideur sinistre. La folle du logis est maîtresse; elle est la bonne muse qui, de sa baguette, crée les terres que l'artiste rêve en face des poëmes.

S'il me fallait conclure, — ce dont Dieu me garde, — je supplierais Gustave Doré d'avoir pitié de son étrange talent, de ses facultés merveilleuses. Qu'il ne les surmène pas, qu'il prenne son temps et travaille ses sujets. Il est certainement un des artistes les plus singulièrement doués de notre époque ; il pourrait en être un des plus vivants, s'il voulait reprendre des forces dans l'étude de la nature vraie et puissante, autrement grande que tous ses songes. S'il est tellement en dehors de la vie qu'il se sente mal à l'aise en face des vérités, qu'il s'en tienne à son monde menteur, et je l'admirerai comme une personnalité curieuse et particulière. Mais s'il pense lui-même que l'étude du vrai doive le grandir, qu'il se hâte de rendre son talent plus solide et plus profond, et il gagnera en génie ce qu'il aura gagné en réalité.

Tel est le jugement d'un réaliste sur l'idéaliste Gustave Doré.

J'ai encore des éloges à donner. Un autre artiste s'est mis de la partie et a enrichi la Bible d'entre-colonnes, de culs-de-lampe et de fleurons d'une délicatesse exquise. M. Giacomelli n'est point précisément un inconnu : il a publié, en 1862, une étude sur Raffet, dans laquelle il a parlé avec enthousiasme de ce dessinateur, d'une vérité si originale; cette année même, il a illustré d'une façon charmante un livre de M. de la Palme. Il y a un contraste étrange entre la pureté de son trait et la ligne fiévreuse et tourmentée de Gustave Doré. Ce ne sont là, je le sais, que de simples ornements, mais ils témoignent d'un véritable sentiment artistique plein de goût et de grâce. Je voudrais le voir faire son œuvre à part. Le grand visionnaire, l'improvisateur, qui a déjà parlé la langue de Dante et de Cervantes, qui parle aujourd'hui la langue de Dieu, l'écrase de toute la tempête de son rêve.

LES
CHANSONS DES RUES ET DES BOIS

Étant donné Victor Hugo et des sujets d'idylles et d'églogues, Victor Hugo ne pouvait produire une œuvre autre que *les Chansons des rues et des bois.*

Tel est le théorème que je me propose de démontrer.

Je répondrai ainsi aux étonnements de certains critiques, aux attaques singulières dont le poète est l'objet en ce moment. On ne tient nul compte de son passé poétique, on ne s'est point interrogé sur la tournure de son esprit, et chaque lecteur semble vouloir exiger de lui l'œuvre particulière qu'il a rêvée. Le titre du nouveau volume de poésies étant connu, les têtes ont travaillé : chacun a imaginé, selon son tempérament, des tableaux traités d'une certaine façon ; chacun a construit de toutes pièces un recueil contenant telles et telles choses. Puis, lorsqu'on a lu le volume, il y a eu forcément déception ; on s'est irrité contre ce livre, dont le titre mentait ; contre ce chansonnier, qui ne rimait pas de chansons ; contre ce poète, qui se promenait dans les rues et dans les bois, ne voyant pas ce que voient les autres et voyant ce que les autres ne voient pas.

Je ne cesserai de le répéter, la critique, telle qu'elle est exercée, me paraît être une monstrueuse injustice. En dehors de l'observation, de la simple constatation du fait, en dehors de l'historique et de l'analyse exacte des œuvres, tout n'est que bon plaisir, fanatisme ou indifférence. Il ne doit pas y avoir de dogme littéraire ; chaque œuvre est indépendante et demande à être jugée à part. La science du beau est une drôlerie inventée par les philosophes pour la plus grande hilarité des artistes. Jamais on n'obtiendra une vérité absolue, en cette matière, parce que l'ensemble de toutes les vérités passées ne peut constituer qu'une vérité relative que viendra rendre fausse la vérité de demain. C'est dire que l'esprit humain est infini dans ses créations et que nous ne pouvons le réglementer ; certes, je ne crois pas qu'il y ait progrès, mais je crois qu'il y a enfantement perpétuel et dissemblance profonde entre les œuvres enfantées. La création qui se continue en nous change l'humanité à chaque heure ; les sociétés sont autres, les artistes voient et pensent différemment. C'est ainsi que l'art marche dans les siècles, toujours mis en œuvre par des hommes nouveaux, ayant toujours des expressions nouvelles au milieu de nouvelles sociétés.

En présence de cet enfantement continu, en présence de ces milliers d'œuvres qui toutes sont filles uniques, je vous demande un peu s'il n'est pas puéril de monter en chaire et de dicter gravement des préceptes. Songez donc au ridicule personnage que vous jouez, lorsque vous vous écriez : « Moi, je n'aurais pas fait ainsi, — Ce n'est pas le ton de l'idylle, — J'espérais tout autre chose... » Et que nous importe ce que vous auriez fait, ce que vous espériez! Vous comprenez étrangement le métier de critique, à mon avis. Nous ne vous demandons pas vos impressions; chacun de nous a les siennes qui valent les vôtres et qui ne prouvent rien de plus que les vôtres. Vous êtes juge, vous n'êtes plus homme ; vous avez la seule mission d'étudier dans une œuvre un certain état du génie humain; vous devez accepter toutes les manifestations artistiques avec un égal amour, comme le médecin accepte toutes les maladies, car dans chacune de ces manifestations vous trouverez un sujet à analyse et à étude physiologique et psychologique. Le grand intérêt n'est pas telle œuvre ou tel auteur; il s'agit, avant tout, de la vérité humaine, il s'agit de pénétrer l'esprit et la chair, de reconstruire dans sa vérité un homme aux facultés particulières et puissantes. Contentez-vous, pour l'amour de Dieu ! de cette simple besogne d'anatomiste ; ne vous fatiguez pas à vouloir changer une créature pour la créer de nouveau au gré de vos caprices ; étudiez-la telle qu'elle est, montrez-la nous dans sa réalité, n'ayez pas la sotte pensée de croire que le ciel, en nous la donnant plus parfaite, nous l'aurait donnée plus grande.

Chaque fois que je vais rendre compte d'un livre, je me sens l'impérieux besoin de faire ma profession de foi, tellement je crains qu'on ne se trompe sur mes intentions. Je ne me donne la mission ni d'approuver ni de blâmer ; je me contente d'analyser, de constater, de disséquer l'œuvre et l'écrivain, et de dire ensuite ce que j'ai vu. Je suis simplement un curieux impitoyable qui voudrait démonter la machine humaine, rouage par rouage, pour voir un peu comment le mécanisme fonctionne et arrive à produire de si étranges effets.

Pour quiconque a étudié cette machine puissante, sujette à des détraquements grandioses, qui nous a donné les *Feuilles d'automne* et les *Misérables*, *Hernani* et les *Contemplations*, il n'y a pas dû avoir de surprise dans la lecture des *Chansons des rues et des bois*. Victor Hugo, marchant dans les prairies de Tibulle, devait y marcher d'un pas étrange, avec de la violence contenue et un effarement déguisé à grand'peine. Le livre est, je le répète, le produit logique, inévitable, d'un certain tempérament mis en présence d'un certain sujet. Je ne me prononcerai pas sur le mérite absolu de l'œuvre, puisque je ne crois pas qu'une œuvre d'art puisse avoir un mérite absolu ; mais j'expliquerai la production d'un tel livre, pourquoi et surtout comment il est né.

Et maintenant je commence la démonstration du théorème que j'ai posé au début de cet article.

Dans sa jeunesse, Victor Hugo fut un enfant prodige, un rhétoricien habile et puissant. Il écrivit ses *Odes* beaucoup avec sa tête, presque point avec son cœur. Il s'annonçait ainsi comme un rude dompteur de mots, comme un versificateur colossal qui tirait des figures de rhétorique de surprenants effets. Déjà perçaient, dans ces jeunes œuvres académiques, l'amour de l'énorme, le continuel besoin de l'infiniment petit et de l'infiniment grand ; il y avait de l'effarement en germe dans ces beaux vers froids et sonores, qui frissonnaient par instants. Depuis ces premières œuvres, le poète a grandi dans le sens qu'elles indiquaient. Je le comparerais volontiers à un homme qui resterait pendant vingt années les yeux fixés sur le même horizon ; peu à peu, il y a hallucination, les objets s'allongent, se déforment ; tout s'exagère et prend de plus en plus l'aspect idéal que rêve l'esprit éperdu. On peut suivre, dans les trente volumes qu'il a publiés, le chemin qu'a suivi Victor Hugo pour aller de certaines pièces des *Odes* à certaines pièces des *Contemplations*. Je ne puis malheureusement faire ici ce travail instructif ; je me contente de constater que le poète, ou plutôt le prophète d'aujourd'hui, est le produit direct de l'enfant et de l'homme d'hier. Il n'y a pas eu de secousses ; l'esprit s'est lentement développé et a parcouru la route qu'il devait fatalement parcourir.

Je viens d'employer le mot prophète, c'est le seul que je trouve pour désigner nettement Victor Hugo, à cette heure. Il prêche et il prédit; il dit voir au delà de la matière, voir jusqu'à Dieu; il a des tristesses, des colères, des amertumes bibliques; il nous promet de terrasser Satan et de nous ouvrir le ciel. Nous ne l'avons plus parmi nous, et, du haut de son rocher, il se dresse, plus grand et plus terrible; il a rendu sa parole confuse, étrange, heurtée; il se plaît dans les obscurités, dans le trivial grandiose, dans le laisser-aller de l'inspiration divine. Je ne sais si je rends bien l'attitude prise par ce puissant esprit, d'une façon inconsciente sans doute. C'est là un fait qui à lui seul me servira à constater de quelle manière sont nées les *Chansons des rues et des bois*.

Imaginez-vous le poète dans sa solitude, dans son exil. Il est là en révolté, ayant secoué les dogmes littéraires et politiques. Il a conscience de sa force, il s'exalte dans son repos, il regarde fixement le monde qui s'étale devant lui. C'est alors que se produit l'hallucination dont j'ai parlé. Le poète n'aperçoit plus le monde réel qu'au travers de ses propres visions. De tout temps, il s'est peu soucié de la réalité; il a puisé en lui toute son œuvre. Il a créé une terre imaginaire que son sens créateur, excité par la lutte, a rendue de plus en plus bizarre. En outre, il est très savant, et il ne peut oublier sa science; il s'est fait une philosophie étrange, une philosophie de poète, et il l'applique à l'explication de l'univers, en révélateur inaillible. Ses sens n'ont plus la simplicité des nôtres;

il va apercevoir une foule de choses dont nous ne nous doutons seulement pas ; puis il expliquera l'invisible, il donnera un corps à ses rêveries les plus vagues. Je voudrais le dresser debout devant le lecteur, tel que je le comprends, avec son bagage de rhétoricien, avec ses draperies de prophète ; je voudrais le montrer délirant à froid, les yeux démesurément ouverts sur ce qui est, pour arriver à distinguer ce qui n'est pas ; je voudrais faire voir en lui le mécanisme de la vision intérieure et faire comprendre ainsi que son œuvre n'est jamais que l'effort puissant d'un esprit qui crée un nouveau monde à sa fantaisie, sans presque se servir de l'ancien.

Vous vous imaginez bien que, lorsqu'un pareil homme va aux champs, il n'y va pas, comme vous ou moi, en bon enfant qui n'entend point malice aux naïvetés de la nature. Il y porte tous les effarements dont sa tête est pleine ; il est un Ezéchiel campagnard. D'ailleurs, il le dit lui-même, il a dompté Pégase pour marcher au pas le long des sentiers fleuris de l'idylle, et il est encore tout essoufflé du terrible effort qu'il a dû faire pour soumettre le grand cheval aux allures modestes d'un bidet de campagne. Vous ou moi, nous serions sortis à pied, nous aurions chanté les bois tels qu'ils sont, sans les transfigurer en Edens, sans les voir en pleine lumière idéale. Le poète, monté sur l'effrayant coursier, qui se cabre, toujours prêt à s'envoler, regarde le ciel et chante une terre de son invention, sans voir celle qui est à ses pieds.

Nos mondes, à nous poètes et romanciers, sont

toujours des mondes de création humaine ; il y a sans cesse un voile entre les objets et nos yeux, si mince soit-il, et nous ne peignons les objets que vus à travers ce voile. C'est même en cela que consiste la personnalité, l'art tout entier. Le voile de Victor Hugo est tissu de rayons, et il donne des auréoles à chaque chose. Mettez le poëte au milieu d'un paysage ; là un coin de forêt, ici un filet d'eau, puis de larges prairies avec des rideaux de peupliers, et, tout autour, des collines basses, bleuâtres ou violettes. Ces divers détails frapperont l'œil du poëte, mais ils vont éprouver de singulières transformations en passant par cet œil pour aller au cerveau : les uns grandiront, les autres rapetisseront, tous se modifieront d'une certaine façon, et le paysage décrit ne ressemblera pas plus au paysage réel, que le rêve ne ressemble à la vérité.

Il est facile de s'expliquer maintenant pourquoi les torchons que voit Victor Hugo sont des torchons « radieux. » Il descend du ciel, et il a encore les yeux tellement aveuglés de clarté, qu'il donne de la lumière à chaque détail. L'idylle devient une hymne, une sorte de vision lumineuse. Les arbres et les moutons sont des personnages importants, le brin d'herbe cause amicalement avec la montagne. Il y a une orgie de rosée et de parfums. La fantaisie en débauche taille à plaisir dans le monde vrai, et invente de nouveaux soleils, de nouvelles campagnes.

Au fond, on trouve toujours l'effarement du prophète. Pégase est mal à l'aise dans cette nature de lait. Ses rudes pieds ne savent galoper que sur le roc, ils glissent sur la mousse. Il n'a plus ses allures libres, et dès lors, lui, le noble cheval, qui hennit si fièrement, il prend un petit trot maniéré qui fait peine à voir. Vous souvenez-vous du grand Corneille, pataugeant dans les déclarations d'amour, dans ces scènes de politesse et d'étiquette que lui imposait le mauvais goût du temps? Je songeais à cette maladresse ridicule du vieux tragique, en lisant certaines pièces des *Chansons des rues et des bois*. On ne vit pas impunément les yeux fixés sur les mystérieuses horreurs de l'inconnu. Lorsqu'on veut ensuite parler simplement des choses simples, il arrive que l'on dépasse le but et que la simplicité devient de la recherche.

L'œuvre entière est ainsi la vision étrange qu'un prophète, qu'un poète savant et puissant, a faite devant les campagnes. Il s'y est donné tel qu'il est, excessif et obscur parfois, hasardant tout, cherchant les audaces, les trivialités, même les grosses plaisanteries. Il parle de la banlieue de Paris comme Dante a parlé du ciel et de l'enfer ; il s'est largement installé dans l'idylle, bousculant tout, mettant à contribution les astres et les fleurs, faisant une dépense effrayante de lumière et d'ombre, apportant dans l'églogue les cris et les grands mots de l'ode, changeant de sujet sans changer de manière, restant prophète quand même, et parlant du moindre brin de mousse avec des solennités écrasantes.

Les *Chansons des rues et des bois* sont une des faces nécessaires et fatales de ce génie tumultueux, plein de clartés et de ténèbres, que je désirerais pouvoir étudier patiemment, fibre par fibre. Je dois avouer que j'ai goûté de véritables joies à la lecture de ces Chansons, qui étaient telles que je les avais déduites, par raisonnement, des œuvres précédentes. Les gens curieux me demanderont peut-être ce que je pense du livre, en somme. Je leur répondrai que le livre est la manifestation particulière d'un certain état d'esprit, le produit intéressant d'une intelligence qui n'a jamais rien enfanté de commun ni de banal. Je suis heureux que Victor Hugo se soit décidé à se faire berger, et pour rien au monde je ne voudrais que le livre fût autre. Il est le résultat et le complément de tout ce que le poète a écrit ; il développe sa personnalité, il complète sa pensée, il achève de nous donner dans son entier cette individualité qui a empli notre temps. Je me soucie peu de perfection, je ne crois pas à un idéal absolu. Je n'ai que le désir âpre d'interroger la vie, d'avoir entre les mains des œuvres vivantes. C'est pourquoi je me plais au spectacle de ces grands hommes qui se confessent à nous, sans le vouloir, qui se livrent dans leur nudité, qui, chaque jour, ajoutent une page à leurs confidences. Peu à peu, je puis ainsi reconstruire un être, cœur et chair ; je recueille tous les aveux, je prends acte de chaque nouvelle phase, je fais l'analyse et la synthèse, et j'arrive ainsi à avoir le sens de chaque geste, de chaque parole. Dans les *Chansons des rues et des bois*, Victor Hugo a poussé les confidences très loin, sa physionomie s'est accentuée, et nous avons eu l'explication de bien des détails qui nous avaient échappé jusqu'à ce jour. On comprend maintenant avec quel intérêt j'ai dû lire l'œuvre ; je m'y suis plu, parce que, au delà des mots, je voyais l'homme agir et parler, se dresser devant moi dans sa vérité ; chaque vers était un aveu, chaque pièce venait me dire que le poète, mis en face de la nature, s'était comporté comme je m'y attendais. J'ai joui profondément de la petite joie d'avoir eu raison et de la grande joie de pénétrer les secrets rouages d'une machine, toute de bronze et d'or, dont j'ai admiré le labeur colossal avec les extases d'un homme du métier.

Il y a des gens, — je ne puis m'empêcher d'y revenir avant de terminer, — il y a des gens à qui le titre avait fait rêver une œuvre tout autre. Ils croyaient trouver, dans le recueil, les cris des rues, les refrains populaires, puis les chansons des champs, les naïvetés de la campagne. Ils se plaisaient à penser que le poète allait les faire vivre en pleine forêt, simplement, avec les bouvreuils et les aubépines ; ils seraient ensuite rentrés avec lui dans la ville, ils auraient marché sur les larges trottoirs, regardant la fumée des cheminées et écoutant les bruits sourds des égouts. Ils s'attendaient, en un mot, à une harmonie exquise, faite des rires de la forêt et des sanglots de la ville, à des chants joyeux et tristes, joyeux comme une aurore dans les jeunes feuillages, tristes comme les brouillards qui se traînent dans les carrefours obscurs. Le poète les a trompés, le poète est resté lui-même, énorme, géant, ne voyant que son rêve, cueillant les fleurs avec une délicatesse maniérée, oubliant complètement la ville, dont il avait promis de nous parler, et se promenant dans les campagnes, monté sur son grand Pégase, qui se cogne à tous les arbres. Et cela était fatal, je le répète ; l'étrange aurait été que le prophète quittât son large manteau biblique pour vêtir la simple blouse moderne. Il ne vit pas de notre vie, il est perdu ailleurs, dans le ciel bleu, dans les abîmes noirs ; il parle de notre monde comme en parlerait un habitant de Sirius ; il est trop haut pour bien voir, et il n'a même plus conscience de ce qui nous touche et nous fait pleurer. Victor Hugo n'est plus un homme ; Victor Hugo est un exilé et un prophète.

Je me résume. Victor Hugo, en écrivant les *Chansons des rues et des bois*, a obéi à tout son passé, à tout son génie. Il ne pouvait les écrire autrement, parce qu'il se serait alors menti à lui-même et qu'il nous aurait donné une œuvre dont rien n'aurait expliqué la naissance.

C'est ce qu'il fallait démontrer.

LA MÈRE

par M. Eug. Pelletan

Je ne sais pas d'étude plus attachante que l'étude de la femme dans les annales de l'humanité. L'homme, depuis le premier jour, a eu à son côté un être qui, bien que subissant les événements, a participé aux faits de toute la force de sa nécessité, de toute la puissance de son cœur. Cet être implacable et modeste, courbant la tête et acceptant sa prétendue infériorité, se tient dans l'ombre de l'histoire, force dédaignée, terrible dans le mal, et qu'un peuple intelligent et fort devrait appliquer au triomphe de la liberté et de la justice. On ne parle pas de la femme, qui a créé notre monde tel qu'il est; elle a accepté la position que nous lui avons faite, et elle nous a donné en échange de nos soupçons, de nos mépris et de nos amours malsaines, un foyer désert et froid, une vie solitaire, une société oisive et fiévreuse. Lorsque l'homme abaisse sa compagne, il tombe avec elle ; celle qui, pour lui, ne compte pas dans les affaires de ce monde, est justement celle qui, en dehors même de sa volonté, mène les peuples à la grandeur ou à la décadence. Tout historien qui néglige l'étude de la femme, néglige l'étude du grand ressort, ressort caché et inconscient, qui a poussé fatalement les nations dans les voies douloureuses qu'elles ont parcourues.

L'homme naît, Dieu lui donne une créature qui doit le suivre, ne faire qu'un avec lui. Dès lors, du berceau à la tombe, l'homme et la femme devront marcher d'un pas égal, et l'histoire sera faite, non pas de l'étude de l'homme seul, mais de l'étude du couple. Il est arrivé que l'homme a dominé et que la femme s'est effacée. Aujourd'hui, dans nos temps de curiosité, on se souvient de la pauvre oubliée, on interroge les âges, on se demande quelle a été sa véritable mission et quel a été le rôle que nous lui avons fait jouer. Lorsque je songe à ce mouvement qui amène nos penseurs à l'étude de la femme, je m'explique parfaitement leurs inquiétudes et leurs plaidoyers. Ils ont compris que chacun de nous a près de lui un être que nos mœurs et nos coutumes ont rendu inutile et même nuisible ; ils ont lu dans le passé l'immense malentendu qui a régné de tout temps entre l'époux et l'épouse ; ils ont craint pour l'avenir, et ils ont voulu rétablir le couple, selon la pensée créatrice, en employant la femme au bien et à l'amélioration de l'homme.

Tout le livre de M. Eugène Pelletan est contenu dans cette idée. C'est à la fois un ouvrage historique et critique, un réquisitoire et une défense, l'exposé brutal d'une maladie et l'indication d'un remède. L'auteur qui est un poète pratique, n'exalte pas la femme ; il se contente de la déclarer égale à l'homme, et il réclame dès lors pour elle la place que la nature lui a donnée au soleil. Il l'étudie dans l'histoire, à toutes les époques, il fouille énergiquement le passé et en étudie les misères ; puis, arrivé à notre âge, il montre ce que nous sommes, ce que sont nos compagnes, et, en vue d'un avenir meilleur, il pose la grande loi d'amour qui doit régir les sociétés futures. Son livre, je le répète, a deux parties bien distinctes : l'une historique, dans laquelle il appuie son raisonnement des exemples que les siècles lui fournissent ; l'autre d'enseignement et de guérison, dans laquelle il rétablit la famille sur une base logique et forte, et crée ainsi une société d'autant plus puissante que ses membres sont plus unis.

Toute théorie repose sur une base, tout raisonnement juste doit reposer sur une vérité. M. Pelletan pose en principe que l'homme et la femme, créés de la même argile, ont certainement une mission égale et commune dans l'œuvre ; leurs rôles, sans se ressembler, doivent avoir une même importance, se compléter l'un par l'autre. Au début, l'époux et l'épouse sont partis du berceau commun, se soutenant, liés fatalement. Ils ont marché dans les âges, tendant à un but unique. Mais de quel pas ont-ils marché, et ce bel accord du départ a-t-il duré ? ces deux créatures ont-elles avancé sur la même ligne, cordialement, toujours aussi puissantes l'une que l'autre ?

C'est ici que commence la navrante histoire. L'homme, au bout de quelques heures de marche, ivre de pouvoir et de force, ne s'est plus inquiété de cet être doux et aimant qu'il portait au bras ; il a doublé le pas, se laissant suivre et finissant par prendre plaisir à être suivi ; il a dédaigné sa compagne, qui n'avait ni sa brutalité ni son égoïsme, et il ne s'est souvenu d'elle que lorsqu'il a eu besoin d'un fils ou d'un verre d'eau. La femme a courbé la tête ; elle a d'abord pleuré son abandon, puis elle s'est vengée. Et c'est ainsi que le couple a marché dans les siècles. Les deux époux, au sortir de la terre, s'étaient mis en route en amants et en camarades ; ils nous arrivent en maître et en esclave, l'un devant l'autre. Le maître ordonne, jure, se déclare supérieur, et pleure de misère et de solitude ; la servante accepte son infériorité, sourit méchamment ou sanglote comme une niaise, rampe à terre et n'est plus qu'un fardeau pour l'homme, qui la traîne et qu'elle devrait soutenir. Il me semble voir un géant ridicule que suit un nain malicieux ; à eux deux, ils vaincraient le monde, mais s'ils s'amusent à se quereller en route, ils n'ont plus qu'à s'asseoir dans le fossé et à se désespérer l'un et l'autre.

Telle est l'histoire de l'humanité. Le couple n'a jamais marché que découplé. La femme a été vendue, la femme a été emprisonnée, la femme a été mise en commun, comme l'eau des citernes. L'homme a d'abord volé sa compagne ; puis l'honnêteté lui venant, il a consenti à l'acheter ; il en a acheté une, il en a acheté deux, trois, quatre, et, comme c'était là une marchandise coûteuse, il a mis la marchandise en magasin, sous de triples verroux. Dans d'autres pays, il y a eu accord entre les hommes ; ils ont pris la mesure économique de ne pas acheter de femmes, mais d'avoir un fonds commun, une sorte de grenier d'abondance sur lequel vivait la nation. Nous sommes loin, vous le voyez, du couple idéal qui naissait pour vivre libre et égal dans son union.

Nous nous trouvons encore ici en pleine barbarie. La femme n'est qu'une denrée, qu'une nécessité. Les peuples se civilisent et la femme devient un jouet. Toutefois, l'homme ne l'achète plus, et dès lors elle a une existence personnelle. C'est en Grèce qu'elle est affranchie ; l'Olympe, avec sa Vénus, sa Junon, toutes ses déesses humaines, donne à la terre la beauté et l'amour, la puissance et la volonté de l'épouse. Mais qu'on ne s'y trompe pas, il y a ici poésie et belles manières, rien de plus ; au fond, l'épouse n'est toujours qu'un objet de première nécessité, l'amante n'est qu'un objet de plaisir et de luxe. Il y eut cependant, à Sparte, une tentative de délivrance ; la femme fut faite homme, ce qui tua l'amour et fit naître la débauche

A Athènes, on trouve, au contraire, la véritable femme grecque; là, l'épouse est muselée, le sérail existe presque; ce n'est plus une marchandise, c'est encore un meuble qui doit rester chez lui sous peine de se détériorer. Lorsque la vie active est arrêtée, lorsqu'on étouffe l'intelligence, lorsqu'on force une créature à se croiser les bras, il y a sûrement chez cette créature des heures de folie, des moments où elle échange sa tranquillité contre ce que la débauche a de plus monstrueux. Les bacchanales naissent directement de la réclusion. D'autre part, l'hétaïre tua la femme légitime, l'amante l'emporta sur l'épouse, de toute sa beauté et de toute son intelligence. Les Grecs n'avaient pas de foyers; ils possédaient au logis une machine à reproduction, niaise et lourde, qui était là pour leur donner des enfants; ils avaient au dehors des amantes, toutes blanches et toutes lumineuses, belles et savantes, dont la mission était de les charmer et de les retenir près d'elles. Changez ces amantes et ces machines de lieu, mettez l'épouse dans la rue et l'hétaïre au foyer, et chaque foyer deviendra un centre, la famille se constituera, la société sera plus grande et plus forte.

A Rome, l'histoire est la même. L'homme, comme en Grèce, y tient la femme pour une erreur de la nature. Il l'accepte à titre de compagne, parce qu'il ne peut faire autrement, et il se hâte de lui témoigner sa haine et son mépris. Cependant, il y a progrès; la matrone est plus libre. Mais toutes les grâces et toutes les séductions d'Athènes passent la mer, et Messaline naît du luxe et des arts. Le monde romain s'écroule dans une effroyable débauche.

Le christianisme vient alors et se méfie de la femme ; il l'accueille comme adepte, il la renie comme épouse. Elle est, après tout, un instrument de perdition ; elle n'a pas d'âme, les saints doivent s'écarter d'elle et la maudire. Qu'elle prie, qu'elle s'humilie, qu'elle habite les églises ; tel est son rôle. Le mariage chrétien est une dernière concession faite à la nature ; l'état de pureté est le célibat. C'est alors que la femme chrétienne rencontre la femme barbare, la fille du Nord, que le mari achetait. Après avoir longtemps fermenté ensemble, selon l'expression de M. Eug. Pelletan, le christianisme et la barbarie engendrent la féodalité, et l'auteur ajoute : « La chevalerie fut simplement un système de bigamie patronné par le clergé et consacré par l'opinion. » La femme est reine, sans avoir plus de liberté ni plus de moralité. Le progrès est celui-ci : elle essaie son empire, elle se sent forte de beauté et de grâce, et elle pourra vaincre demain.

Le lendemain elle vainquit. Elle vainquit à l'hôtel de Rambouillet ; elle vainquit dans le boudoir de Ninon de Lenclos ; elle vainquit sur l'échafaud, en face de la statue de la Liberté. La marquise de Rambouillet, Ninon de Lenclos, madame Roland, telles sont les trois grandes victorieuses : la première donna une intelligence à la beauté de la femme ; la seconde se fit homme et prit acte de sa liberté ; la troisième se fit citoyen, et mourut pour le vrai et le juste. Depuis lors, la femme est devenue notre égale en fait, comme elle l'était en théorie. Elle a une âme, elle a une intelligence, elle est notre compagne, notre amie et notre soutien.

Je le sais, dans le rude sentier, le couple ne s'avance pas encore d'un pas ferme, et c'est justement pour cela que M. Pelletan a écrit son livre. L'épouse a rejoint l'époux, elle ne marche plus derrière lui en servante; mais son allure est chancelante encore, et elle n'est pas tellement unie à son compagnon qu'elle puisse avoir abandon et confiance. La maladie est connue, il ne s'agit plus que de la guérir entièrement.

Le remède est simple, étant donnée la mission de la femme. Cette mission est, je le répète, d'être la collaboratrice de l'homme dans l'œuvre commune, la compagne fidèle, l'appui certain, l'égale conciliante et dévouée. Il faut donc, avant tout, libérer la femme, libérer son corps, libérer son cœur, libérer son intelligence.

Il faut l'instruire, la rendre notre sœur par la pensée. Là est la grande rédemption. Que la femme au foyer ne soit pas seulement une ménagère et une machine à reproduction, qu'elle soit une âme qui comprenne l'âme de l'époux, une pensée qui communie avec la pensée de l'homme choisi et aimé. La famille sera fondée dès que la mère et le père seront unis jusque dans leur intelligence. Alors, il y aura vraiment mariage, il y aura pénétration complète. Tout le mal vient de la sottise dans laquelle nous maintenons volontairement nos compagnes; nous ne pouvons sympathiser avec elles, nous en faisons des êtres différents de nous, nous les dédaignons ensuite, et nous déserttons nos demeures. Je demande formellement que l'on démolisse tous les pensionnats de jeunes filles existants, et que, sur leurs ruines, on bâtisse des collèges où nos filles seront élevées comme nos fils. Au sortir des collèges, filles et garçons se tendront la main en camarades et se comprendront.

Après avoir libéré l'intelligence, il faut libérer le cœur et le corps. Il faut donner à la femme l'égalité devant la loi et rétablir le divorce. La question des enfants est secondaire; on trouvera une loi qui sauvegardera leurs intérêts. Mais ce qu'il est absolument nécessaire de briser, c'est ce lien de fer qui unit éternellement deux êtres l'un à l'autre. Il est de toute nécessité que l'homme et la femme soient libres dans leur union, et que ce ne soit pas un article du Code qui les rende fidèles.

Dès lors, le couple marchera fermement. Il sera uni par le corps et par l'âme, par la liberté même du mariage. L'union sera plus digne, plus haute, plus pénétrante. Le couple ne fera plus qu'un seul être qui accomplira dans son unité tous les actes de la vie sociaux et privés.

Tel est le livre de M. Eugène Pelletan. J'accepte les conclusions de l'auteur, tout en sachant que les rieurs ne sont pas de notre côté. La femme savante, la femme citoyenne, c'est là un si beau sujet de risées ! Riez et laissez-nous espérer.

M. Eugène Pelletan est un poète pratique, ai-je dit. Je ne saurais mieux le définir. Je songeais, en lisant son livre, aux belles rêveries de M. Michelet, qui est un poète poétisant. M. Michelet tombe à genoux, s'incline et adore ; la femme est un dieu, une idole douce et poignante, maladive et céleste ; il faut l'aimer et l'aimer encore, se perdre dans sa contemplation, vivre de son haleine et de ses tendresses. M. Eugène Pelletan, au contraire, n'a pas le moindre baiser ; il traite la femme en camarade, il la relève pour qu'elle marche en homme à notre côté ; il l'aime et veut en être aimé ; mais il désire surtout que femme et homme aiment la liberté, la vérité et le droit. Là, des prières passionnées, des extases, un monde de lumières et de parfums, un ciel en plein idéal et en pleine félicité ; ici, des conseils rudes et salutaires, un amour franc et libre, un monde juste et vrai. Je lirai M. Michelet, je me bercerai dans sa large et suave poésie, lorsque, l'âme saignante, j'aurai besoin d'un beau mensonge pour me consoler du réel ; mais je lirai M. Eugène Pelletan, lorsque, l'esprit sain et ferme, je voudrai le possible et que je me sentirai la force de la réalité.

L'ÉGYPTE IL Y A TROIS MILLE ANS

Il y a dans l'histoire, des questions, des problèmes, pour mieux dire, qui ont toujours singulièrement piqué ma curiosité d'homme ignorant. Je sais des annales humaines ce que tout le monde sait ; mais je voudrais en savoir plus que tout le monde, avoir l'intuition des anciens âges, car je ne connais rien de plus irritant que ces éternelles énigmes que nous pose le passé. C'est ainsi que la grande figure de Jeanne d'Arc est une souffrance pour moi ; je ne puis comprendre cette jeune fille, et tous ceux qui ont prétendu l'avoir comprise, ont été amenés à de pures explications poétiques et littéraires. Elle est là, muette devant moi, ayant toute la réalité de l'histoire et tout le merveilleux de la légende : elle irrite ma raison, exaspère ma curiosité.

Plus loin dans les âges, se dresse une autre grande figure, celle de tout un peuple, maintenant endormi dans le silence du désert; cette figure, chaque fois qu'elle s'est levée devant mon imagination, a éveillé mes désirs de science sans jamais les satisfaire; elle est restée voilée, immobile, souriant mystérieusement, un doigt sur la bouche. L'Égypte est une de ces énigmes du passé dont je cherche le mot avec désespoir. Je sais que nos savants et nos romanciers prétendent avoir levé les voiles de la déesse, nous l'avoir rendue réelle et vivante. Je me défie beaucoup des romanciers, parce que je suis leur confrère et que je connais nos licences dans les descriptions; je crains les savants qui ne s'accordent pas entre eux et qui tiraillent ma raison et ma foi en tous sens.

J'ai lu des récits de poètes sur cette terre aujourd'hui silencieuse, et je me suis dit avec méfiance que c'était là de belles pages, trop fines et trop poétiques; j'ai feuilleté de doctes ouvrages, très épais et très graves, traduisant et interprétant les monuments et les inscriptions, et je me suis dit, avec non moins de méfiance, que c'était là la lettre morte, le cadavre disséqué et méconnaissable de l'Égypte. Ce qui m'échappe est justement ce que je voudrais connaître : la physionomie, le degré exact de civilisation, les mœurs vraies de ce peuple si raffiné et si malade déjà de science et de progrès, aux premiers pas de l'humanité. Je suis certain que nous ne le voyons pas nettement, que nous le faisons à la fois trop grand et trop petit; le passé ne nous apparaît toujours que déformé, l'Égypte des romanciers et celle des savants doivent être des Égypte de convention.

Je songeais à ces choses, lorsque, ces jours derniers, M. Ferdinand de Lanoye a bien voulu me communiquer en épreuves un petit livre qu'il va publier sur Ramsès le Grand. Il a pris ce conquérant comme type de la puissance égyptienne, et a fait de son histoire l'histoire de l'Égypte, aux heures de grandeur et de force. L'ouvrage est mince, mais il m'a paru gros de conscience et de bon sens. L'auteur semble partager mes doutes sur la foi qu'on doit accorder aux paroles des savants et des poètes; les uns sont des commentateurs bien trop habiles, qui forcent les pierres à parler, lors même qu'elles désirent se taire; les autres sont des écervelés qui créent, pour le plus grand amusement du public, une Égypte de fantaisie bonne à mettre sous verre. M. de Lanoye est sceptique, il doute des gens graves et des gens gais, il veut toucher du doigt les vérités, il se hasarde avec prudence, rendant la vie aux seules choses qui lui paraissent avoir vécu : un pareil sceptique est mon homme, et je me sens tout prêt à accepter son Égypte et ses Égyptiens.

Ce qui m'a tout d'abord donné confiance en lui, c'est la façon aisée dont il traite les savants épigraphistes, ceux qui lisent toute l'histoire sur les vieux murs. Certes, sans les inscriptions, nous saurions peu de chose sur l'Égypte ; les quelques détails certains que nous connaissons viennent de ces vastes manuscrits de pierre que les pluies et les soleils n'ont pu entamer. Mais il y a un écueil dans la lecture de ces livres ouverts en plein ciel : les phrases sont courtes, et les commentaires ont les marges grandes ; puis, l'histoire entière n'est pas là ; c'est là l'histoire officielle, très pompeuse, très embrouillée, se contredisant souvent elle-même. L'historien qui voudra tout lire, tout interpréter, tout coordonner, arrivera inévitablement à des erreurs énormes et grossières. Les documents ne manquent pas, mais ils sont en bien mauvais état ; on peut mal lire, on peut comprendre plus mal encore. C'est ainsi que M. Ampère, voulant concilier tout ce qu'il avait déchiffré, a conclu à l'absence de castes chez les Égyptiens. C'est là blasphémer, paraît-il. Et tout cela, parce que les murs ont menti, parce qu'ils ont été mal lus sans doute, mal interprétés. Il faut faire un usage modeste des inscriptions, et les commenter avec prudence. M. de Lanoye n'accepte que les phrases complètes, les assertions claires. Il est savant tout juste assez pour n'être pas romancier.

Son livre est divisé en quatre parties : *L'Égypte avant Ramsès*, — *Ramsès II*, — *Campagnes de Ramsès*, — *Monuments de Ramsès*. Le grand roi est l'incarnation de l'Égypte puissante et forte ; il résume les temps antérieurs et annonce les temps futurs.

Les origines d'un peuple sont presque toujours un prétexte aux hypothèses des esprits ingénieux. On ne peut faire, ce me semble, que des conjectures plus ou moins vraisemblables. M. de Lanoye, qui croit à la création d'une seule race humaine, modifiée ensuite par les milieux et les moments, ne paraît pas s'inquiéter outre mesure des origines du peuple égyptien ; il donne les différentes hypothèses sans en créer une nouvelle. Il est à présumer que l'Égypte fut peuplée, à de certains intervalles, par des bandes venues du nord et de l'est. La nation se forma ainsi lentement ; elle fut d'abord composée d'industriels et de cultivateurs vivant paisibles dans cette contrée grasse et riche. Les sols féconds ont fait les grands peuples, et toute l'histoire est dans le limon fertile qui fixe les habitants, ou dans les sables mouvants qui les font voyager, en quête de l'ombrage des oasis. Ainsi grandit et s'enrichit la nation ; c'est dans le bien-être physique, dans la paix du corps, que se forment les civilisations. Lorsque Ramsès naquit, l'Égypte instruite, saine de chair et d'esprit, était tout élevée pour conquérir le monde connu. Il est bon que les âges guerriers viennent après les âges de commerce et d'abondance ; le conquérant qui naît alors, n'est plus un barbare qui plie le monde sous ses genoux, c'est un capitaine habile et ingénieux, un politique savant, un homme d'art et de bonnes manières. Ramsès le Grand, quatorze cents ans avant Jésus-Christ, fut plutôt un Charlemagne qu'un Attila.

L'Égypte, à cette époque, avait toute sa saveur originale et étrange. Elle était à ce point de maturité exquise des nations, lorsque les éléments des origines se sont fondus en un seul tout ; il y a floraison, senteur pénétrante, éclat particulier. Je l'ai dit, je ne crois pas que nous ayons une idée bien nette de cette civilisation égyptienne dont nous nous plaisons à outrer l'originalité, la délicatesse et la splendeur. J'ai lu très attentivement le long récit que M. de Lanoye fait du sacre de Ramsès, d'après les documents connus, et j'ai vu dans cette cérémonie une comédie emphatique, dont la mise en scène ne vaut certainement pas celles des féeries de nos théâtres. L'art était rudimentaire, grossier, quoi qu'on dise ; les bijoux, les étoffes, qu'on peut voir dans les musées, n'approchent, comme délicatesse de travail, ni de notre orfévrerie, ni de nos tissus modernes. Qu'on s'émerveille devant l'habileté, l'esprit ingénieux, la patience de ces ouvriers primitifs, je le veux bien ; ils ont créé leurs arts, et nous n'avons fait que profiter du labeur des siècles. Mais il me déplaît qu'on tombe en admiration devant des œuvres que ne commettraient pas les apprentis de notre temps.

Je ne veux pas être trop dur pour les Égyptiens. Ils nous offrent encore, du fond des âges, le spectacle grandiose d'un peuple transportant les montagnes avec le seul aide des bras de l'homme. Seulement, je voudrais qu'on n'exagérât par l'élégance ni la finesse de leur luxe; pour moi, c'étaient des barbares riches et nombreux, qui ont usé de leur force et de leur richesse. L'art où ils excellèrent fut la sculpture, l'architecture ; la nationalité égyptienne trouva son expression, comme toutes les nationalités primitives, dans les statues et les monuments. Là, ainsi que je le disais au sujet du livre de Proudhon, ce fut le peuple entier qui signa les œuvres. L'architecture et la sculpture furent des arts nationaux qui exprimèrent l'âme de l'Égypte, ses croyances et ses mœurs. Aussi après quatre mille ans, y a-t-il encore une saveur particulière et pénétrante dans ces blocs de granit qui vivent de la vie d'une nation morte aujourd'hui. Ce marbre vit, tout raide et monstrueux qu'il soit ; il vit, parce que, à un moment, il a été la pensée d'une foule, la parole d'un peuple. On prétend que certaines lois hiératiques imposaient des formes réglementaires aux ouvriers du temps ; ce doit être vrai, car la maigreur et la raideur sont évidemment voulues ; certaines parties offrent trop de délicatesse pour faire supposer que ce sont là des fautes d'ignorance et d'inhabilité. D'ailleurs, l'attitude sèche et émaciée de ces marbres concourt sans doute à l'étrange impression qu'ils nous causent aujourd'hui ; ils sont là, graves, mystérieux, éternellement raides et muets, et nous sentons, dans leur silence et leur pose hautaine et impénétrable, toute une civilisation morte, toute une foi disparue.

L'Égypte philosophique et religieuse est encore plus voilée, plus inconnue. Comme toujours, je crains d'être dupe, je n'ose croire à ces prêtres égyptiens qui, dans le silence de leurs temples, avaient trouvé, dit-on, le secret de toutes choses, et qui sont morts ensuite, emportant la vérité avec eux. La vérité ne s'emporte pas comme cela. J'aime à croire que nous ayons retrouvé toutes les vérités que les anciens peuples ont égarées le long du chemin. Je préfère penser que ces symboles de mystère, ces sphinx, ces hiéroglyphes étaient une simple manœuvre sacerdotale ; le merveilleux, aux commencements des temps, les allures mystérieuses et solennelles ont dû être une excellente machine à gouverner. Les francs-maçons sont les descendants directs de ces prêtres égyptiens qui s'enfermaient sans doute pour faire croire qu'ils avaient quelque chose à cacher ; les adeptes d'autrefois y mettaient peut-être un peu plus de foi que les adeptes de nos jours, ayant la naïveté suffisante pour se tromper eux-mêmes. On sait que les francs-maçons réclament d'ailleurs l'Égypte pour patrie première, ce qui me fait supposer que cette philosophie, ces vérités perdues étaient un simple dogme social et religieux plus ou moins parfait. Ce dont on ne peut douter, c'est que le peuple égyptien a eu, un des premiers, la notion d'un Dieu unique et de l'immortalité de l'âme. Les pratiques du peuple étouffaient la haute notion ; mais elle existait pour les savants et les riches, car c'est chez ce peuple idolâtre, qui adorait des légumes, disent certains livres, que les Juifs ont pris leur Jehovah et leur paradis. La Bible a dû, en grande partie, être écrite en Égypte, ou tout au moins à l'aide de souvenirs rapportés d'Égypte. Le Pharaon de l'Écriture, celui qui persécuta les Juifs et éleva Moïse, pour le plus grand malheur de son peuple, ne fut autre que Ramsès le Grand. La petite tribu se révolta et fut chassée ; elle s'en alla, emportant avec elle les croyances et les mœurs, la civilisation du pays, et alla créer ailleurs une nationalité faite des débris de cette civilisation. C'est ainsi que nos sociétés modernes, en matière de philosophie religieuse, appartiennent encore à la nation qui vivait sur les bords du Nil, il y a trois mille ans.

Ramsès le Grand régna en conquérant et en législateur. Il soumit les peuples voisins et disciplina le sien. Il couvrit l'Égypte de constructions géantes pendant les longues années de son règne et mourut plein de gloire et de tristesse, devant sa grande œuvre que personne ne continuerait.

Je ne saurais suivre M. de Lanoye dans l'histoire courte et serrée qu'il a faite du grand roi. Il y a certainement là de longues recherches, une étude patiente et consciencieuse des documents. Je n'ai pu rapporter de cette lecture qu'une impression générale et personnelle. J'ai lu le livre avec la pensée d'y trouver au moins un des mots de l'énigme embrouillée que nous pose ce désert silencieux, encombré des ruines de villes muettes et mystérieuses. Sans doute, je ne suis guère plus savant aujourd'hui ; mais j'ai eu plaisir à étudier le problème avec un esprit droit et juste, qui expose clairement le résultat des travaux modernes sur l'Égypte.

Le Nil coule paisiblement dans le silence des ruines, et le bruit de ses flots, qui nous content peut-être l'histoire du passé, n'a pas encore été compris. On a tant bien que mal reconstruit les cités écroulées et on a essayé d'emplir les rues des foules mortes. Mais le ressort intérieur, le mécanisme secret de ce peuple ne me paraît pas avoir encore été trouvé. Il y a des lacunes dans son histoire, des obscurités dans l'état véritable de son âme et de son cœur. Nous avons vaguement la vision des dehors, nous ne pouvons pénétrer jusqu'à l'esprit. Mais, si mystérieuse qu'elle soit, avec ses sphinx aux lèvres éternellement fermées, cette terre, faite des poussières d'une civilisation, est une leçon haute et grave pour nos sociétés modernes qui parlent bien haut de leur éternité. Elle leur dit par son silence : « Les peuples, comme l'individu, passent sur la terre, et le vent efface leurs traces ; je n'ai pas même laissé le souvenir de ma réalité, et tout ce que l'on sait de moi est une légende que racontent mes ruines. »

Comme le dit M. de Lanoye, il y a pour nous, peuples modernes, une pensée de sympathie dans le souvenir des anciennes sociétés. Nous jouissons de leurs travaux, nous profitons de leurs souffrances. Il y aurait mauvaise grâce à ne pas aller nous agenouiller sur le sol de la grande nécropole. Ramsès est l'aïeul de notre Charlemagne et de notre Napoléon.

LA GÉOLOGIE ET L'HISTOIRE

L'histoire du monde date du jour où deux atomes se sont rencontrés. Pour l'historien, les annales d'une contrée commencent aux origines d'une nationalité; pour le penseur et le philosophe, ces annales remontent jusqu'à Dieu, la Force première, et embrassent l'histoire de la formation du sol et celle de la création et des perfectionnements de l'être.

M. Victor Duruy a pris nos annales nationales à la naissance de la terre. Il a voulu qu'il n'y ait pas de lacune dans son récit, et il a commencé par le commencement. La préface qu'il nous donne raconte la création depuis le grain de sable jusqu'à la montagne;

depuis l'animal infusoire jusqu'à l'homme ; elle est le complément indispensable de toute histoire, le premier chapitre contenant les différentes phases par lesquelles la terre a passé avant de constituer le sol que nous habitons, les différentes transformations que l'être a subies avant de devenir homme. Ainsi, nous aurons l'exposé de l'œuvre entière : les époques antérieures, dont nos royaumes et nos peuples ne sont que les conséquences, ne seront plus négligées ; l'histoire ira du premier jour du monde au dernier déluge, racontant rapidement les faits de ces siècles que la science commence à connaître ; puis elle étudiera les hommes, les derniers êtres créés, depuis Adam jusqu'aux sociétés modernes.

Toutefois, avant d'entreprendre l'étude d'un peuple, elle examinera le sol qu'il habite, tel que le dernier déluge le lui a laissé. Car, selon l'expression de M. Victor Duruy : « l'homme, formé du limon de la terre, garde toujours quelque chose de son origine, et les nations effacent bien tard, si elles le font jamais, l'empreinte de leur berceau. » La géographie physique et morale viendra au secours de l'histoire ; elle expliquera les mœurs et le caractère du peuple, elle donnera les raisons de ses victoires et de ses défaites, de l'unité de l'esprit national et de la vie large et solide du royaume. Il y a un lien intime entre une nation et la contrée où elle s'est développée : étudier la contrée, c'est déjà étudier la nation.

Tel est le sujet de l'*Introduction générale à l'Histoire de France :* une première partie consacrée à l'histoire géologique du sol français, une seconde partie consacrée à la description de ce sol, à sa géographie physique et morale. Cette étude doit servir d'introduction à une histoire de France en dix ou douze volumes, depuis longtemps préparée.

Ce sont de terribles annales que celles de la terre dans les époques antérieures à l'âge présent. Nous datons notre âge de six mille ans ; les êtres qui nous ont précédés dataient les leurs de plusieurs millions d'années, années d'incendies et de convulsions qui secouaient à toute heure les entrailles du monde. Nous avons derrière nous un passé effrayant de profondeur, vingt et quelques terres différentes, des milliards de peuples, une histoire inconnue et terrifiante. La création, pour arriver à nous, a longtemps vécu, se transformant et se perfectionnant. Là, sans doute, est la grande histoire : nos quelques siècles de troubles humains ne sont rien comparés aux éternités que les êtres et la terre ont traversées au milieu des flammes et des écroulements. Que doit être devant Dieu la période humaine, lorsqu'il considère les âges antérieurs ? Il est bon de songer à cette longue préface de notre histoire : notre orgueil tombe et la vérité se dégage.

Je vois dans l'étude de la géologie une croyance nouvelle, croyance philosophique et religieuse. Sans doute, nous sommes ici en pleine hypothèse ; mais cette hypothèse a plus de vraisemblance que les autres hypothèses acceptées comme des vérités. Les théodicées, les religions humaines rapportent le monde entier à l'homme ; elles font de lui le centre, le but de la création. Une pensée d'orgueil nous a guidés dans les explications que nous avons données de l'univers, et ce qui prouve que les religions sont nos œuvres, c'est que toutes elles tendent à l'exaltation de l'homme et qu'elles sacrifient l'œuvre entière à son profit. Dieu doit être autrement juste envers cette terre qui lui a déjà coûté tant de siècles. Nous, nés d'hier, nous disparaissons dans l'immense famille des créatures et nous devenons l'être du moment, le plus parfait si l'on veut, mais non le dernier peut-être.

Au lieu d'affirmer que le ciel et la terre ont été créés uniquement à notre usage, nous devons penser plutôt que nous avons été créés à l'usage du grand Tout, de l'œuvre qui s'élabore depuis le commencement des temps. Nous allons ainsi vers l'avenir, simple manifestation de la vie, phase de la créature, faisant avancer d'un pas la création vers le but inconnu. Il y a je ne sais quelle grandeur, quelle paix suprême, quelle joie profonde, dans cette idée que Dieu travaille en nous, que nous préparons la terre et l'être de demain, que nous sommes un enfantement et qu'au dernier jour nous assisterons, avec l'univers entier, à l'achèvement de l'œuvre.

On ne saurait, au début d'une histoire des hommes, éveiller de plus grandes pensées. J'aime à voir mettre, en face de nos luttes orgueilleuses, notre commencement et notre fin, ce qui nous a précédé et ce qui nous suivra sans doute. Les annales des âges antérieurs viennent nous assigner notre véritable place dans la création, et les hypothèses que l'on peut faire sur les âges futurs, sont un appel à la justice et au devoir, à la paix universelle.

M. Victor Duruy raconte, bouleversement par bouleversement, l'histoire des anciennes terres. Il étudie à la fois le monde et les êtres, suivant pas à pas la formation du sol et celle de l'homme. Chaque cataclysme apporte son fragment de continent, chaque race qui se montre apporte sa part de vie. Peu à peu, la France se forme, l'homme naît. Il a fallu des siècles et des siècles. Parfois, les terres s'abîmaient de nouveau au fond des océans, les créatures périssaient, la vie devenait languissante. Enfin, un peu avant le dernier déluge, la contrée que nous nommons la France prit la configuration qu'elle a maintenant, « l'homme parut et *Dieu se reposa.* »

Non, Dieu ne se reposa pas. Hier, aujourd'hui, à toute heure, il travaille en nous, autour de nous. La création continue, l'œuvre marche, grandit. Le labeur des mondes est éternel. Nous sentons la terre en enfantement tressaillir sous nos pieds, nous sentons la matière s'épurer en nous. Il y a encore de nouvelles contrées dans le sein de notre globe, il y a encore dans notre être, dans nos vagues aspirations et nos désirs d'infini, de nouveaux êtres plus purs et plus parfaits. C'est là une absurde croyance de croire que Dieu peut prendre du repos et qu'il vit, oisif, dans quelque coin du ciel, se contemplant dans notre image, satisfait de son œuvre et ignorant les besoins de perfection qui nous agitent nous-mêmes.

L'histoire des mondes antérieurs nous fait donc espérer des mondes futurs. Nous qui sommes le présent, nous devons puiser, je le répète, une grande force dans cette croyance, car si le passé nous abaisse au rang de créatures de transition, l'avenir promet à la terre dont nous faisons partie, un progrès indéfini dans la suite des âges.

L'homme est né, le sol français est formé. Dès lors, M. Victor Duruy aborde la seconde partie de son introduction, la description du sol. Il nous donne un plan en relief de la France, étudiant les montagnes, les vallées et les fleuves, décrivant la scène de ce théâtre gigantesque sur lequel il va tout à l'heure faire agir tout un peuple et le heurter au monde entier. D'abord, il s'occupe de l'intérieur; il décrit les Vosges et les Cévennes, la Seine et la Loire, ces montagnes et ces fleuves essentiellement français; puis il parcourt les plaines, la contrée entière. Le côté intéressant et original de ce travail, ce qui distingue cette étude d'un simple traité de géographie, c'est la continuelle relation que l'auteur établit entre la nature, la disposition du sol et l'histoire. Londres est une ville grise et triste, parce qu'elle a été bâtie dans un pays de marne et d'argile qui n'a fourni que de mauvais matériaux; Paris, au contraire, construit en pleine contrée de gypse et de pierre meulière, est toute blancheur et toute gaieté.

La région a ainsi partout influé sur les œuvres des hommes. M. Victor Duruy insiste surtout sur cette influence que les lieux ont eue sur un peuple. Il explique, la prospérité, la grandeur de la France par son merveilleux système de montagnes et de fleuves ; les montagnes y répartissent admirablement les eaux, les fleuves font d'une immense vallée une seule cité, selon le mot de Napoléon, qui disait que, de Paris au Havre, il n'y avait qu'une ville, dont la Seine était la grande rue. Les villes, d'ailleurs, ne sont pas jetées à l'aventure ; l'auteur montre qu'elles devaient être fondées où elles s'élèvent. Il nous donne ainsi un tableau raisonné de la France intérieure, cherchant dans la conformation du sol l'explication des faits, ou du moins tâchant de nous dire dans quelle mesure la scène a agi sur les établissements et sur les actes des personnages. On peut affirmer, sans crainte d'avancer un paradoxe, que, si la scène avait été autre, l'histoire aurait également changé en grande partie.

L'écrivain étudie ensuite les frontières : les Pyrénées, ces murs de granit « qui font que Berlin, Varsovie, même Saint-Pétersbourg, sont plus près de nous, malgré l'éloignement, que ne l'étaient naguère Saragosse, Madrid ou Grenade ; » les Alpes, tout aussi hautes et implacables, mais percées de nombreuses portes, montagnes géantes qui séparent à peine « la France et l'Italie, deux sœurs s'il y en eut jamais parmi les nations ; » le Jura, autre muraille inexpugnable, et cette plaine de malheur qui va de Lauterbourg à Dunkerque et qui a laissé passer toutes les invasions ; enfin, la longue ligne de nos côtes, du Var aux Pyrénées et de l'Adour à Dunkerque, les rochers d'Antibes, les bords terribles des golfes du Lion et de

Gascogne, les landes et les dunes, les sables et les récifs. Ici, le sol a encore fait l'histoire : les Pyrénées, les Alpes et le Jura ont vu grandir notre puissance à leur ombre; la plaie béante que la France a au nord l'a maintes fois conduite à l'agonie; nos côtes nous ont donné une des premières marines du monde, sans nous accorder cependant les ports magnifiques de notre voisine l'Angleterre. Un Français sent une véritable joie à suivre sur la carte les frontières de son pays, et le seul regret qu'il éprouve est de voir au nord la plaie béante. Les peuples nous doivent la ligne du Rhin, que la nature a certainement créée pour nous.

Le dernier chapitre du livre est le plus délicat et le plus discutable. M. Victor Duruy y étudie les régions naturelles et historiques, et y fait ce qu'il nomme la géographie morale de la France. Ici, nous sommes en pleine physiologie. L'auteur obéit à la direction générale des esprits de notre temps, qui cherchent dans le monde physique et matériel l'explication des faits moraux; il renouvelle les tentatives de M. Taine et de M. Deschanel. On ne saurait, d'ailleurs, avancer avec plus de prudence et de discrétion sur ce terrain glissant. Il explique d'abord la prépondérance de Paris par sa position géographique; il établit ensuite, à l'aide du même procédé, ce qu'il nomme les points obscurs et les points lumineux de la France. Personne, jusque-là, n'oserait l'accuser de système; par exemple, son explication de la prospérité commerciale de la Flandre est excellente : « Un pays, dit-il, qu'il fallut couper de canaux pour le rendre habitable, n'était pas favorable aux évolutions de la lourde cavalerie des seigneurs. » D'autre part, cette assertion que les montagnes de nos frontières nous donnent d'excellents soldats, tandis que nos côtes nous fournissent nos meilleurs marins, n'a rien de paradoxal et me paraît même un peu puérile. Mais l'écrivain va plus loin : il établit des ressemblances entre différents plateaux, entre différentes vallées ; il compare l'Auvergne à la Vendée, le bassin de la Seine au bassin de la Garonne, et il veut que ces pays, de natures et de terrains semblables, produisent des hommes semblables.

M. Victor Duruy frise là le système qui a été reproché si durement à l'auteur de l'*Histoire de la Littérature anglaise*. Il dresse toute une carte morale : le Midi produit des artistes, l'Ouest, au contraire, en est pauvre ; les architectes et les rédacteurs de nos coutumes viennent du Nord, les savants se trouvent un peu partout. Il en arrive même à écrire cette phrase, en parlant de nos provinces : « Toutes ont leur culture propre, et donnent à leurs habitants des usages et un caractère différents, même une constitution médicale particulière. » Et plus bas : « Changez le milieu où l'homme vit, et vous changerez, au bout de quelques générations, sa constitution physique, ses mœurs, avec bon nombre de ses idées. » M. Victor Duruy s'aperçoit alors qu'il va appeler sur sa tête les foudres des spiritualistes, et il se hâte d'apporter au système quelques restrictions. Il adoucit sa pensée. « Nous croyons, conclut-il, que les mœurs, par conséquent la tournure d'esprit et l'aptitude générale d'une population, dépendent, *pour le commun des hommes*, des circonstances physiques et morales au milieu desquelles ils naissent et vivent. Mais, si la foule se laisse docilement marquer d'une même empreinte, les hommes supérieurs résistent. » Ainsi, tout est sauvé ; la liberté de l'âme est conquise, — pour les hommes supérieurs. Ce ne sera plus que la masse, le peuple, qui obéira aux influences du sol; le génie naîtra et se développera en tous lieux, il sera indépendant de la terre. M. Victor Duruy est un homme prudent.

L'œuvre entière est une glorification de la France, et c'est surtout à ce point de vue qu'elle est saine et fortifiante. Il se dégage des pages un amour profond du pays, une admiration sans bornes pour sa beauté et sa puissance. La France est l'unité dans la variété ; elle est grande par l'admirable solidarité qui existe entre ses provinces et par sa position unique au monde. L'écrivain parle avec enthousiasme de ce sol français, qui a tous les terrains, tous les végétaux et tous les climats de la vieille Europe ; de ce peuple français, si divers de types et de tempéraments, qui vit de contrastes et de mutuelle dépendance. Nous sommes la grande route des idées entre le Nord et le Midi ; nous élaborons les pensées de tout un monde. De là viennent cette prépondérance intellectuelle et cette puissante nationalité dont M. Victor Duruy a cherché les causes en philosophe historien.

LES MORALISTES FRANÇAIS

(M. Prévost-Paradol)

Imaginez un salon à la décoration sévère, bronze et marbre noir, larges rideaux ne laissant entrer qu'une clarté douce et grave, tapis épais étouffant le bruit des pas. Ce salon est hexagone ; contre chaque paroi se trouve attaché un médaillon richement encadré. La main du peintre est une main souple et habile, exquise dans certains contours délicats, un peu raide et pédante dans certains autres. A parler au point de vue de l'art pur, je n'aime pas sa manière ; la couleur a je ne sais quelles pauvretés dans les lumières qui me font préférer les teintes plus ternes et plus vraies des ombres du tableau ; les lignes sont régulières, larges, un peu uniformes, sans aucune cassure qui égaye le regard. En somme, beaucoup de talent et pas assez de défauts.

Le salon n'est autre que l'œuvre que nous allons visiter ensemble : *les Moralistes français*, par M. Prévost-Paradol. Les médaillons portent, en lettres d'or, sur leurs cadres noirs, les noms de Montaigne, la Boétie, Pascal, la Rochefoucauld, la Bruyère, Vauvenargues.

Je vais de médaillon en médaillon. Chacun de ces visages me retient longtemps, éveillant dans ma tête un monde de réflexions. Je songe que la sagesse française est là, la sagesse officielle et dûment reconnue. Un frisson me glace à la pensée de tant de folie. Quel est le septième moraliste qui viendra juger ceux-ci et les convaincre de néant? Ils sont là, indifférents ou passionnés, simplement curieux des misères de Dieu et des hommes, ou secoués eux-mêmes par les horreurs de la vie; ils nous ont regardé passer, nous tous qui vivons de l'existence commune, nous jetant des paroles de dédain ou d'amitié; et, avec leur immense talent, ils n'ont réussi qu'à se montrer nos dignes frères. La vérité n'a pas fait un pas, leurs œuvres ne sont que de brillantes théories, de beaux morceaux de style qui tiennent en joie les lettrés. L'humanité, dans ces hommes exceptionnels, semble se révolter contre son ignorance; les autres hommes font galerie et regardent les transports de ces fous qui se fâchent de ne pas comprendre; puis, tout s'apaise, personne n'a compris, et cependant un nouveau venu risquera demain ses os sur la place publique et se donnera en spectacle à la foule.

La lecture des *Moralistes français* a produit en moi cette sorte de malaise que l'on éprouve à la vue d'un danseur de corde qui chancelle à chaque pas. On détourne la tête en frémissant, on craint de voir le malheureux tomber et venir se briser le crâne à vos pieds. A quoi bon ces sauts périlleux, lorsque l'on peut rester tranquillement assis à son foyer ; de tels exercices devraient être défendus par la police. Et, cependant, le spectacle a un attrait étrange, une fascination qui ramène vos regards sur cet homme en danger de mort. Il y a de la grandeur dans le sacrifice qu'une créature fait de sa vie. Lorsqu'un philosophe, un moraliste perd pied et se noie dans l'eau trouble qu'il a imprudemment remuée, la foule court sur le lieu du sinistre et prend une étrange volupté à entendre ses cris de désespoir ; on le plaint et on l'admire ; on se sent, comme lui, la folie de la mort ; on reste là, sur le bord du gouffre, demi penché, regardant avec un frémissement sauvage les derniers bouillonnements de l'eau.

Pauvres et chères créatures, celles qui souffrent pour l'humanité souffrante ! Tous nos moralistes n'ont pas eu ce tempérament excessif ; ils sont allés plus ou moins avant dans le désespoir ; mais tous ont également marché dans le doute, tous ont également conclu à leur aveuglement et à leur impuissance. C'est une marche funèbre, je vous assure, que celle de ces hommes intelligents et forts au début, insensibles ou saignants au bout de la carrière. Lorsqu'on s'est arrêté devant six d'entre eux et qu'on a lu sur leurs visages la même histoire de doute et de souffrance, on est tenté de tomber à genoux, les mains jointes, et de demander pardon en sanglotant.

Eh quoi ! toute la sagesse aboutit au « que sais-je » de Montaigne, à « l'abêtissement » de Pascal, à « l'égoïsme » de la Rochefoucauld. Ils déclarent avoir fouillé la nature humaine et affirment n'avoir trouvé que néant ou que passions mauvaises. Ces hommes, toutefois, sont les premiers d'entre nous ; ils nous dominent par leur génie, et nous devons les croire, au nom de l'intelligence. Même si notre esprit secoue le joug de leur puissant esprit, nous ne pouvons nous empêcher d'être profondément troublés par les terribles hypothèses qu'ils nous donnent comme des vérités. Quel va donc être l'effet de leurs œuvres sur l'âme de leurs lecteurs ?

Cet effet me paraît devoir être double. Il y a d'abord, pour les tempéraments inquiets, ce vertige que nous éprouvons toutes les fois que l'on nous prouve notre misère et notre folie ; pendant une heure, nous perdons notre orgueil, cet orgueil qui seul nous aide à vivre ; nous nous avouons notre nudité, nous nous sentons si seuls et si désespérés que les larmes nous montent aux yeux. C'est là l'impression mauvaise, l'impression décourageante, qui rend périlleuse la lecture des moralistes et des philosophes. Au fond, soyez certains que ces gens-là ne croient à rien ; leur foi elle-même est presque toujours une négation d'une des facultés de la nature humaine. L'incertitude éternelle dans laquelle ils vivent, n'est bonne qu'à troubler les âmes simples. Mais, à côté de ce découragement qu'inspirent ces grandes intelligences vaincues par l'inconnu, il y a un sentiment sain et fortifiant dans le spectacle de la lutte engagée, depuis le premier jour du monde, entre l'homme et la vérité ; il y a l'intime satisfaction de nous voir libres et courageux, toujours sur la brèche, avec la secrète espérance d'une victoire future. On se dit que ceux-ci ont été vaincus, mais on ajoute qu'ils ont combattu bravement ; qu'ils ont même arraché quelques lambeaux du voile de la vérité ; on se sent fier de leur lutte, fier même de leur défaite, défaite de Jacob terrassé par l'ange ; et, tout au fond de soi, on s'avoue que l'homme est un rude adversaire et qu'un jour peut-être il vaincra à son tour ; l'orgueil renaît, et l'on est consolé.

Lisons-les donc, ces moralistes qui nous déchirent et nous caressent à la fois. Ils nous versent le doute d'une main, le courage de l'autre ; ils se lèvent du milieu de la foule pour témoigner que la pensée de l'humanité veille toujours, ils nous émeuvent par le spectacle grandiose de leurs combats, et leur parole répond au plus profond de nos entrailles ; ils nous secouent, ils nous tirent du sommeil de la matière, en faisant passer dans notre chair des frissons glacés de terreur, des espérances folles de lumière et de vérité. Ils nous tiennent en haleine devant Dieu.

Les six médaillons de M. Prévost-Paradol sont sous mes yeux. Je m'arrête devant chacun d'eux et vous communique mon impression franche.

Le premier nous montre la face calme de Montaigne ; les yeux doux et bons, le sourire grave et un peu ironique par instants, le front large, la physionomie faite tout à la fois de curiosité et d'indifférence. C'est un vieil ami. J'ai vécu deux hivers avec lui, ayant son livre pour toute bibliothèque ; on ne saurait croire quel charme il y a, à ne fréquenter qu'une seule intelligence pendant deux années. Montaigne fait de l'art pour l'art, de la morale pour la morale ; il ne cherche à persuader personne ; c'est un simple curieux lâché dans les champs de l'observation et de la philosophie. Selon les heureuses expressions de M. Prévost-Paradol : « Il veut savoir, s'il se peut, ce que c'est « que l'homme, prêt à prendre son parti et à se con-« soler s'il l'ignore, bien plus à trouver dans cette « incertitude même je ne sais quel sentiment de pleine « indépendance et d'entier détachement. » Ses conclusions philosophiques sont celles d'un honnête homme qui désire vivre en paix avec lui-même ; il a reconnu notre néant et ne s'est pas fâché ; il a reconnu l'antipathie qui existe entre notre raison et la vérité, et il a tâché cependant de concilier les intérêts de Dieu et les nôtres : « Convenir, dit M. Prévost-« Paradol, de notre incertitude et en reconnaître les « causes, voilà, selon Montaigne, le dernier terme de « notre raison ; en prendre notre parti et vivre dans « la modération que l'incertitude conseille, voilà le « dernier effort de notre sagesse. »

On le voit, Montaigne n'est pas l'homme des décisions extrêmes ; pure question de tempérament ; il vit grassement dans le doute et y trouve une santé morale ; il s'y étale avec complaisance, y fait avec amour des miracles d'équilibre. Jamais le gouffre sur lequel il se trouve suspendu, ne lui arrache un cri d'effroi parti du cœur ; il a l'âme ainsi faite que la foi ou que la négation serait pour lui une souffrance, et qu'il se trouve seulement à l'aise dans un éternel balancement entre ces deux points opposés. Nous verrons tout à l'heure l'effet du doute dans l'âme de Pascal ; ce qui a fait la santé de l'auteur des *Essais*, a fait la mort de l'auteur des *Pensées*. Je ne puis ni ne veux donner ici une étude du génie de Montaigne ; M. Prévost-Paradol, pour la centième fois peut-être, vient de refaire cette étude avec une grande souplesse de style et de pensée. Je désire seulement, restant au point de vue où je me suis placé dans cet article, dire quelle me paraît devoir être l'influence des *Essais* sur l'esprit des lecteurs. Cette influence est à la fois très faible et très forte, bonne et mauvaise. On lit les *Essais* sans éprouver de grands troubles intérieurs ; l'allure calme, la tranquillité du moraliste, son indifférence suprême laissent en paix votre âme que pourrait effrayer la hardiesse de ses opinions. De là provient le charme pénétrant de Montaigne ; on devient peu à peu familier avec lui ; on aime à le rencontrer souvent, on sait que sa conversation n'aura rien d'amer, et qu'il parlera avec une audace extrême, sans cependant élever la voix et sans paraître souffrir les maux dont il vous entretiendra ; son excellente santé morale en fait un ami d'un commerce facile et agréable. Mais vous vous apercevez bientôt que la colère et le désespoir vaudraient mieux pour vos croyances que cette bonne humeur sceptique, que ce doute profond et souriant.

On se donne peu à peu à cet ami dont l'âme paraît si bien équilibrée ; il a la force de sa tranquillité, et vous persuade par cela même qu'il ne prêche pas ; il est si heureux de ne croire à rien qu'on finit par tenter ce bonheur de la certitude dans l'incertitude. Je me rappelle qu'au bout de quelques mois, je lui appartins tout entier ; je m'étais donné sans avoir eu conscience, et justement parce que rien ne m'avait averti, dans mes longues conversations, qu'il prenait possession de moi. Un seul cri de terreur échappé de ses lèvres, et j'aurais peut-être reculé. J'accuse hautement Montaigne de voler les cœurs. Je vois en lui le sceptique le plus à craindre, car il est le sceptique le mieux portant et le plus allègre. Toute la sagesse que le ciel lui avait accordée a été employée par lui à faire du doute une nourriture saine et d'une digestion facile.

Ce n'est pas quitter Montaigne que de passer à la Boétie. Ce dernier a le profil plus fier, plus énergique ; il y a de l'ardeur juvénile dans son regard, des croyances plus fermes dans son sourire. Les deux amis dorment aujourd'hui côte à côte dans la mémoire des hommes ; leur amitié a été si profonde, qu'elle leur a servi de linceul à tous deux, et les a faits presque d'égale taille sur la pierre de leur tombeau. Quel est le chef-d'œuvre de la Boétie ? Les quelques pages qu'il a laissées sur la servitude ou l'amitié dont il a été jugé digne de la part de Montaigne? Certes, il vit encore davantage par le chapitre où l'auteur des *Essais* parle de lui, que par le chapitre qu'il a écrit lui-même contre la tyrannie. La Boétie n'est pas, selon moi, un moraliste; il est, si l'on veut, un pamphlétaire et un poète. Mais personne n'osera reprocher à M. Prévost-Paradol de lui avoir donné asile dans son livre, au côté de Montaigne. On prend plaisir à retrouver partout ensemble deux hommes qui se sont aimés jusque dans leur intelligence. D'ailleurs, nous gagnons à ceci une étude remarquable, une critique plutôt, sur le traité *De la Servitude volontaire*. M. Prévost-Paradol étend l'horizon de la Boétie, et arrive à cette définition qui est excellente : « Être tenu éloigné de la liberté dont on est capable ou privé de celle dont on a joui, voilà les signes constants de la servitude. »

Je regrette de ne pouvoir expliquer plus au long les idées de l'auteur, qui est ici sur son véritable terrain. Certainement, la Boétie n'envisageait pas le sujet sous le même aspect. Son œuvre est le cri indigné d'un honnête homme à la vue de la lâcheté des courtisans et de la vanité cruelle du despote; un matin, la lumière s'est faite, et le voilà plongé dans le plus profond étonnement, parce qu'il a songé à cet effrayant prodige de plusieurs millions d'hommes se courbant sous le caprice d'un seul homme. Le traité *De la Servitude volontaire* est simplement une révolte du bon sens et de la dignité humaine.

Le médaillon suivant est celui de Pascal. Ici la face

est inquiète et tourmentée ; on sent sous le calme du regard une lutte de chaque minute, dans laquelle la victoire est achetée au prix des plus grandes souffrances. La croyance, dans cette pauvre âme déchirée, a été la fille du doute. Montaigne a pu se maintenir, paisible et fort, en plein scepticisme ; Pascal s'est jeté dans la foi qui l'a tué, parce que l'incrédulité le menaçait également de mort. Je ne connais pas de figure plus haute ni plus douloureuse. Nerveux à l'excès, il croit avec toute la fougue de son tempérament. Il se déchire lui-même ; il va toujours plus avant dans l'abîme de sa pensée. Il proclame le néant de la créature ; puis, épouvanté de l'ombre qu'il fait autour de lui, il demande à grands cris une lueur qui se refuse à ses yeux ; il nous conte avec des sanglots le drame terrible de la raison aux prises avec la foi. Je crains moins pour mon âme la lecture des *Pensées* que celle des *Essais* ; les cris de désespoir sont salutaires à entendre, et jamais je ne me donnerai à un homme qui ne se possède pas lui-même. J'ai pitié, je ne puis fraterniser. Une telle lecture peut m'émouvoir jusqu'aux larmes ; elle ne me convaincra jamais. Je tremblerai à la vue des immenses profondeurs qu'un mot va ouvrir sous mes pieds, mais je me rejetterai en arrière ; et, en aucun cas, je ne consentirai à me précipiter dans le gouffre, les yeux fermés. Je voudrais, en deux mots, au risque de passer pour une pauvre intelligence, dire l'effet que m'a toujours produit une page de Pascal. Je me suis senti effrayé de mon incrédulité, et plus encore de ses croyances ; il m'a donné des sueurs, en me montrant toutes les horreurs de mon doute, et cependant je n'aurais pas échangé mes frissons contre les frissons de sa foi. Pascal me prouve ma misère sans pouvoir me décider à partager la sienne. Je reste moi en tout ceci, bien que troublé et l'âme saignante. Le moraliste joue le rôle glorieux dont j'ai parlé, de l'homme en lutte avec Dieu ; il a donné au monde le spectacle d'un grand esprit trouvant, au milieu de ses erreurs, des cris sublimes de vérité. Il compte des milliers d'admirateurs, je ne puis croire qu'il ait des disciples.

La Rochefoucauld a l'abord froid et ironique ; sa physionomie n'inspire aucune sympathie ; on sent en lui un ennemi déclaré, un observateur persévérant qui ne vous étudie que pour vous prendre en faute. C'est un grand égoïste, non pas un égoïste bon enfant et naïf comme Montaigne, mais un égoïste qui semble se consoler de ses souffrances en analysant les souffrances des autres. Certes, il a eu ses larmes ; mais on ne trouve pas en lui la grandeur des désespoirs de Pascal ; on ne saurait le plaindre, car ses chagrins ne sont que les mesquines déceptions d'un ambitieux trompé dans ses espérances. La Rochefoucauld est un homme du monde qui, peu à peu, a perdu ses illusions en amour et en politique : il se montre chagrin, mécontent de tout ; lorsque la maladie le force à se retirer, il devient décidément misanthrope, et, cherchant alors un mobile aux actions des hommes, il les explique toutes par l'amour-propre ; sa morale est celle de l'égoïsme et de l'orgueil. M. Prévost-Paradol s'attache avec raison à nous montrer par où pèche son système. On ne peut nier que l'intérêt ne nous guide en toute chose ; mais il est des points extrêmes où l'intérêt prend les noms de sacrifice et de dévouement ; l'être s'élève au-dessus de lui-même et contente ses aspirations vers le bien et le beau, en faisant des actions nobles, dégagées de toutes basses préoccupations. La Rochefoucauld triomphe en confondant sans cesse l'égoïsme et la vertu, l'intérêt et le devoir ; il se plaît à ne montrer qu'un côté de la vérité, et, ce côté étant vrai, il nous abuse à force d'art et nous fait accepter, comme une certitude entière, une moitié, un tiers seulement de certitude. On ne saurait trop se défier de ce moraliste qui a toute la sournoiserie des gens chagrins. Heureusement, il n'a ni le charme qui attache, ni la passion qui émeut. C'est un grand talent qui s'est privé de toute affection, en niant la franchise des affections humaines.

Le cinquième médaillon est fin et délicat. M. Prévost-Paradol a compris qu'il s'adressait plus à un écrivain qu'à un penseur. L'étude qu'il a consacrée à la Bruyère est avant tout littéraire. Non pas que ce dernier ait manqué de profondeur dans ses observations, de largeur dans certains de ses aperçus ; mais il vaut surtout par le style, par la mise en scène, la nouveauté du tour. La Bruyère, selon sa propre expression, « ne tend qu'à rendre l'homme raisonnable, mais par des voies simples et communes. » Je trouve, pour ma part, cette phrase plus hardie que tous les effarements de Pascal, qui déclarait que la grâce frappait où elle voulait. Il est inutile que j'appuie ici sur le talent de l'auteur des *Caractères;* tout le monde connaît l'art excessif qu'il met à dramatiser la moindre de ses observations. Mais il est un point sur lequel M. Prévost-Paradol me paraît trop insister. Il assure que la Bruyère n'était pas un réformateur, et je le crois sans peine. Il ajoute qu'il était trop éloigné de la Révolution pour la pressentir, trop bien enchaîné lui-même à sa place, dans la hiérarchie sociale, pour croire qu'il fût jamais possible de la remanier de fond en comble. Tout cela est vrai. Mais j'aurais aimé à voir M. Prévost-Paradol dire que la Bruyère est déjà du XVIIIe siècle par la chaleureuse indignation qu'il éprouve à la vue des injustices sociales, par la clairvoyance qu'il a des maux de l'humanité. Certes, il n'a pas eu la prétention de préparer 93, mais malgré lui, il a presque commencé, avec Saint-Simon, qui en avait moins conscience encore, ce grand mouvement de réaction qui renversa l'ancienne monarchie, ébranlée par ses propres vices. Il a étudié les mœurs de la cour et en a tracé une satire où l'ironie est pleine d'audace et d'amertume; il parle de cette cour comme d'un pays lointain, non point tout à fait barbare, mais où l'ivrognerie, la débauche, une plate servilité, une fausse dévotion sont les moindres défauts; il raille jusqu'au roi lui-même, jusqu'à l'idole qui, dans sa chapelle de Versailles, recevait l'encens destiné à Dieu.

Somme toute, la Bruyère raille les hommes, mais sans les troubler ni leur donner des leçons de foi ou de scepticisme. Il cherche vraiment à nous rendre meilleurs, et essaye d'accomplir sa tâche de la façon la plus agréable possible. La lecture des *Caractères* fait réfléchir, sourire plus encore ; on s'émerveille des finesses, parfois des pensées profondes de l'écrivain ; on l'aime parce qu'il est sans parti pris, sans système, et qu'il se contente d'enseigner la vertu en peignant nos travers.

Le dernier portrait est celui de Vauvenargues. Le visage est fier, la tête un peu basse, comme sous le poids d'une disgrâce éternelle. On sent qu'il a souffert, comme la Rochefoucauld, des misères de l'ambition ; mais sa douleur est plus jeune, plus sympathique. Il ne s'est pas vengé des hommes en les déchirant ; il a réclamé, au contraire, les droits de la liberté humaine contre le fatalisme de Pascal, et a résumé, en quelque sorte, son œuvre et raconté sa vie dans ce titre qu'il a donné à une partie de ses écrits : « Aimer les passions nobles. » Vauvenargues, en somme, est une figure élégiaque, comparé aux cinq autres moralistes étudiés par M. Prévost-Paradol. Il y a une sorte de grâce douloureuse dans cet homme, qui « nous « raconte son ambition souffrante, et, en même temps, « son effort admirable et impuissant pour prendre « une bonne fois en dédain tous les biens qu'il eût « voulu conquérir. » Lui-même a écrit quelque part : « Si la vie n'avait point de fin, qui désespérerait « de sa fortune ? La mort comble l'adversité. » Son adversité fut comblée ; il mourut jeune, sans avoir le temps de faire cette fortune qui fut le tourment de sa vie. L'œuvre de Vauvenargues est courte et personnelle ; il a lutté plus contre la destinée que contre la vérité, on le lit sans entamer son âme, en donnant un regret et une affectueuse sympathie à cette triste et noble existence.

Les voilà donc tous les six, avec leurs physionomies diverses, ayant un même souci, mais différemment blessés dans la lutte qu'ils ont soutenue. Ils ont cherché à lire le livre sombre de la vie, ils ont voulu savoir le dernier mot de la destinée de l'homme. Leur recherche a été vaine ; ils n'ont rien trouvé, si ce n'est l'admiration de la postérité. Leur pensée a eu beau se grandir, elle n'a pu atteindre la vérité. Ce sont des géants d'intelligence devant lesquels nous nous inclinons ; mais ce ne sont pas des prophètes, et leurs paroles sont presque toujours vaines et mensongères. Je le répète, quel moraliste viendra juger ceux-ci et trouver enfin le mot de l'énigme divine ?

Je ne sais si je suis parvenu à vous donner une idée du livre de M. Prévost-Paradol. L'écrivain, en réunissant côte à côte les six moralistes français, a eu sans doute l'intention de nous offrir en quelques pages tout le fruit de l'observation et de la science de l'homme en France pendant deux siècles. J'ai cru ne pouvoir mieux faire que de vous présenter successivement les grandes figures qu'il a évoquées. D'ailleurs, je ne pense pas qu'il ait eu la prétention d'apporter dans le dessin de ces grandes figures de nouveaux traits oubliés par l'histoire ; il s'est contenté de prendre les mêmes modèles et de les copier d'un crayon fin et délicat, avec des lumières et des ombres nouvelles, de sorte que ces visages si connus ont, dans ses médaillons, un air de jeunesse et de fraîcheur qui pique la curiosité et fixe l'attention. On s'oublie à les regarder, on les prend pour des amis que l'on ne se connaissait pas ; puis la connaissance a lieu, et l'on reste charmé de la façon imprévue et neuve dont ils se sont présentés à vous.

M. Prévost-Paradol a fait suivre les six études que je viens d'examiner de quelques réflexions sur divers sujets. Je ne puis que citer les titres de ces chapitres, qui rappellent de loin certains chapitres des *Essais : De la Chaire à propos de la Bruyère, De l'Ambition, De la Tristesse, De la Maladie et de la Mort.* Là surtout l'écrivain donne sa note personnelle. Ce qui me paraît caractériser sa manière, c'est le talent qu'il possède de détailler avec art ses pensées ; il procède par longues phrases, un peu rondes et monotones, mais admirablement emmanchées les unes dans les autres. Les images sont rares et me paraissent ne pas faire assez corps avec le pur raisonnement. Mais les horizons sont toujours larges ; il y a, à chaque page, des échappées qui découvrent des coins de terre nouveaux. On éprouve une sorte de charme grave et austère à voyager en compagnie de cet esprit savant, qui fait pardonner les allures professorales de son langage par la hauteur de ses idées et la liberté de ses jugements.

LE SUPPLICE D'UNE FEMME

ET LES DEUX SŒURS

I

25 juin 1865

L'incident qui s'est produit à propos du *Supplice d'une Femme*, entre MM. de Girardin et Dumas fils, me paraît si plein d'enseignements, que je ne puis résister au désir d'en dire quelques mots à mon tour. Souvent je me suis demandé quel avenir était promis à notre théâtre ; je me suis inquiété des destinées de la forme dramatique, et j'ai vainement cherché parmi nos hommes habiles un homme franc et hardi. Aujourd'hui, une circonstance imprévue me permet de donner mon avis en pareille matière. Je désire prendre la question au point de vue purement général; il y a eu deux brochures publiées, et ce sont ces deux brochures que je vais examiner.

Même, je ne veux m'attacher qu'à une partie de ces brochures, la partie, pour ainsi dire, de dogme et de discussion littéraires. On trouve en elles une question personnelle aux auteurs et une question d'art intéressant tout le public intelligent. Je ne m'occuperai que de cette dernière. Je comprends parfaitement que M. de Girardin ait pensé devoir expliquer aux lecteurs quelles étaient les raisons qui lui avaient fait refuser la paternité d'une œuvre que tout le monde savait lui appartenir. Je comprends de même que M. Dumas fils, attaqué et mécontent des explications fournies par son collaborateur, ait répondu à ses explications par d'autres explications. Je ne vois simplement en ceci que deux hommes amenés par les circonstances à vider publiquement un différend qu'ils auraient, à coup sûr, préféré terminer dans la solitude du cabinet. Ils défendent leur dignité; ils tirent à eux l'opinion publique; en un mot, ils plaident leur cause et semblent dire tour à tour à la foule : « Puisque notre querelle n'est plus un secret et que de méchants bruits courent sur notre compte, voici notre querelle, nous nous accusons tout haut, nous nous fâchons en pleine place publique, écoutez-nous et jugez-nous. »

Tout au fond de moi, je juge peut-être MM. de Girardin et Dumas fils; je pourrais dire quel est celui des deux qui s'est montré le plus digne et le plus délicat, bien que l'affaire soit terriblement embrouillée et qu'il soit difficile de savoir à quoi s'en tenir devant les affirmations contraires de deux hommes honorables. Mais si ces messieurs en ont appelé à la foule, je crois qu'ils ont désiré que chacun se fît une opinion et la gardât pour lui. Ce n'est pas mon devoir de critique que de me prononcer dans une question de délicatesse. Je sens que la partie personnelle de leur procès ne m'appartient pas, car je croirais faire preuve d'un étrange mauvais goût, en disant à l'un ou à l'autre qu'il n'a pas agi d'une façon digne. On ne doit donc que lire, juger et se taire ; il m'est permis ici de regretter la querelle, il ne m'est pas permis de la discuter. Je ne puis et ne veux, je le répète, examiner que la question littéraire soulevée par les brochures.

Il est nécessaire, avant tout, de bien poser cette question, ainsi que je la comprends. M. de Girardin dit à M. Dumas fils : « Je vous ai donné des caractères et des développements, je vous ai remis une œuvre vraie et logique, et vous me rendez une pièce dont les personnages sont effacés et les scènes adoucies, un drame de convention qui n'a plus que la vérité misérable des planches. » M. Dumas fils répond : « Votre pièce était dangereuse et impossible, elle aurait été sifflée, et je l'ai fait applaudir, j'ai mis assez de talent pour en faire un grand succès, remerciez-moi. »

J'avoue, pour ma part, que ce n'est pas là répondre. Ce que j'ai cherché dans la brochure de M. Dumas fils et ce que je n'y ai pas trouvé, c'est une critique, une suite d'arguments qui prouvât en règle que M. de

Girardin ne lui avait donné ni caractères ni développements, et que l'œuvre qu'il lui avait remise n'était ni vraie ni logique. A peine dit-il en un endroit, sans appuyer d'ailleurs sur ce point capital, que les caractères ne se soutenaient pas. Il ne fallait pas, selon moi, répondre : « Vous m'avez fourni de la vérité, je vous rends de l'habileté. » Mais il fallait crier bien haut : « Votre logique et vos caractères ne valaient rien, et je les ai remplacés par des caractères plus vrais et une logique plus rigoureuse. » M. de Girardin, recherchant la collaboration de M. Dumas fils, déclarait par là même qu'il trouvait sa pièce mal faite; il la confiait simplement à un habile metteur en scène, — je suis certain que telle était sa pensée, — et il le priait de faire les changements que les planches exigeaient. Mais jamais il n'a pu avoir la pensée de s'adjoindre quelqu'un qui dénaturât complètement son œuvre, qui en créât une nouvelle de toutes pièces. Il tenait à son drame, bon ou mauvais; il désirait conserver son idée entière. Devant le drame nouveau, il était en droit de garder l'anonyme et de demander à son collaborateur ce qu'il avait fait de ses personnages. C'est alors que le collaborateur paraît éluder la question : « Vos personnages, dit-il, étaient périlleux et impossibles, j'ai préféré les remplacer par de charmantes petites poupées qui font la joie de la foule. » Je répète que ce n'est pas là répondre et qu'il était nécessaire, avant tout, de montrer combien la nouvelle pièce était plus vraie et plus forte que la pièce sacrifiée.

Je ne défends nullement ici M. de Girardin. Je n'ai pas encore dit que l'œuvre qui lui appartient soit bonne. Je tiens seulement à établir que cette œuvre, fût-elle détestable, M. Dumas fils aurait dû ou refuser la collaboration ou mieux comprendre la pièce de l'auteur, et, en tous cas, s'en tenir simplement au rôle que ce dernier désirait lui voir jouer. D'ailleurs, M. Dumas fils aura raison devant le public; il a pour lui le succès, l'esprit et la convention, trois grandes puissances. Sa brochure est leste et méchante, écrite de verve et tout à fait convaincante. Ce n'est pas M. de Girardin qui a cette habileté de plume; il pense juste, mais il ne flatte pas l'esprit de ses contemporains; sa préface, d'ailleurs, a l'immense tort de renfermer des idées neuves, et cela seul le condamne aux rires des honnêtes gens. La question est jugée, je le sais; sur dix personnes, neuf raillent agréablement M. de Girardin. Je ne viens pas juger à nouveau un procès si compromis; je désire seulement dire mon mot en cette affaire, et je demande pardon à l'avance aux personnes qui peuvent ne pas être de mon opinion.

Voici tout le procès, tel que je le comprends : d'un côté, un novateur, un penseur qui n'a pas l'expérience des planches et qui fait une tentative pour y porter la vérité brutale et implacable, le drame de la vie avec tous ses développements et toutes ses audaces; de l'autre côté, un auteur dramatique de mérite, un maître qui a remporté de grands succès, un homme habile et expérimenté, qui déclare que la tentative est maladroite, que la vérité brutale et implacable est impossible au théâtre et qu'on ne saurait y jouer le drame de la vie dans sa réalité. Je le déclare, avant tout, je suis *a priori* pour le penseur, le novateur; mon instinct me pousse à applaudir les esprits avides de franchise.

La question me semble admirablement posée, et je ne sais si l'on en voit bien les conséquences. Il s'agit nettement de savoir ce que deviendra notre théâtre, si l'on pourra appliquer à la scène cet amour d'analyse et de psychologie qui nous donne en ce moment une génération nouvelle de romanciers. L'homme pratique, l'auteur qui connaît son public, M. Dumas fils, déclare que l'entreprise est insensée et que tout drame vrai, n'obéissant pas à certaines conventions, sera sifflé impitoyablement. L'homme théorique, au contraire, l'auteur dramatique d'occasion qui ignore l'art de mentir à propos, M. de Girardin, croit que la vérité subjuguera la foule, la serrera si fortement à la gorge, qu'elle étouffera les sifflets dans les pleurs. Moi, je pense que M. Dumas fils a malheureusement raison: mais j'admire M. de Girardin et je me plais à espérer par instants que sa tentative réussira.

M. Dumas fils, aujourd'hui, est dans le succès et l'habitude. Les sens d'un homme comme lui, qui a vécu dans ce monde de carton que l'on appelle le théâtre, doivent forcément être émoussés; il n'a plus conscience de la convention, ou, du moins, il lui obéit sans révolte. Malgré toute la force âpre de quelques-unes de ses œuvres, il a le respect du public, il le connaît et n'ose pas trop lui déplaire. C'est donc, jusqu'à un certain point, le public qui fait ses pièces ; ce n'est pas la vie, la vérité. Sans doute, la foule pour laquelle on écrit a le droit de refuser ce qui la choque, et, quand on travaille pour elle, il faut la consulter. L'œuvre produite dans ces conditions est une œuvre de vérité moyenne, adoucie toujours, flatteuse et surtout coulée dans le moule accepté. Toute assemblée nombreuse a du respect humain, une sorte de timidité niaise. J'ai vu au théâtre rougir des viveurs en entendant un mot leste. Il y a dans une salle de spectacle, dans cet amas d'hommes, de femmes et d'enfants de tous caractères et de toutes moralités, une pudeur mal comprise, un besoin de mensonge, de vertu et de grandeur fausses qui poussent les spectateurs à protester, lorsque l'auteur ose être vrai et fouiller hardiment la vie. Cette pensée que le public fait la pièce est si juste, que nous voyons chaque génération d'auteurs dramatiques avoir ses audaces et ses timidités. Il y a dans Molière une liberté de langage que nous ne supporterions plus ; il y a dans notre théâtre contemporain des études vulgaires et franches que le dix-septième siècle aurait sifflées.

Pour moi, ce fait est profondément regrettable ; je ne puis m'accoutumer à cette idée qu'une œuvre d'art dépende d'une mode, du plus ou moins d'hypocrisie d'une époque. Je proteste contre ce sentiment étrange qui nous fait accepter dans la solitude du cabinet le roman le plus risqué, et qui nous pousse à la révolte, à la moindre scène forte et vraie que nous voyons à deux ou trois mille. Nous voulons de la vérité brutale, de la franchise impitoyable, lorsque nous sommes seuls ; dès que nous sommes plusieurs, nous avons sans doute honte de nous-mêmes et nous aimons qu'on nous flatte, qu'on mente, qu'on voile tout ce que notre nature a d'emporté et de mauvais. De là naît ce que l'on nomme l'expérience de la scène ; l'expérience de la scène consiste à savoir mentir, à savoir donner au public le faux qui lui plaît. C'est tout un métier ; il y a mille petites rouerics, mille sous-entendus, mille adoucissements ; on finit par connaître les personnages sympathiques, les situations aimées, les mots à effet. Dès lors, dès que l'on sait tout cela, on entre en plein dans la convention et la banalité ; le talent surnage quelquefois, mais il n'y a plus jet spontané. On est à la merci d'un public qui ne vous permet pas de lui dire tout ce que vous savez et qui vous force à rester médiocre. Entre les derniers venus, M. Dumas fils est un de ceux qui ont le plus osé ; mais, je le répète, il doit en être arrivé forcémen au respect des décisions du public et peut-être même aux croyances de la foule en matière théâtrale.

Maintenant, imaginez un homme qui n'a pas du tout l'expérience des planches. Il ignore le public, écrit dans son cabinet, pour lui-même, et croit naïvement que ce qui le contente, lui penseur isolé, va être accepté avec enthousiasme par tout un peuple. Il ne se soucie pas des mille et une ficelles du métier ; il procède carrément, sans rien adoucir, sans rien sous-entendre, sans s'inquiéter des sympathies de la foule. Il désire seulement être vrai, logique et puissant. Il compose ainsi une pièce qui fait hausser les épaules aux hommes du métier, une pièce toute franche, toute maladroite. Je vous demande un peu l'effet que va produire une pareille œuvre devant le public dont je parlais tantôt. Je suis certain que le drame tombera à plat, et que le malheureux auteur servira pendant un mois aux gorges chaudes de la France entière.

Et cependant, absolument parlant, quelle sera l'œuvre forte et originale, de l'œuvre habile ou de l'œuvre vraie? Je l'ai dit, j'ai tellement foi dans la réalité, que par instants je me prends à espérer, comme M. de Girardin, qu'une action logique et franche pourra, à un moment donné, saisir la foule à ce point qu'elle lui fera oublier son culte pour le convenu et le banal. Ce jour-là, les gens habiles seront vaincus; ils n'auront plus la suprême ressource de répondre à ceux qui les accuseront de banalité : « Nous sommes bien forcés de contenter le public, nos défauts sont ceux de la foule et non les nôtres. » On leur répondra que ce sont eux qui maintiennent le théâtre dans la routine, en se laissant, crainte d'une chute, guider par le public au lieu de le guider.

Lorsque les hommes pratiques déclarent une pièce dangereuse, il faut entendre qu'elle peut être sifflée. On ne dit point qu'elle ne soit pas vraie, qu'elle manque de talent. On dit simplement : « Elle est dangereuse, » et on se hâte de la rendre innocente, de la museler, de la mettre à la dernière mode, afin que les spectateurs, en reconnaissant une vieille amie, soient disposés à lui faire bon accueil. On ne saurait croire combien le monde théâtral est différent du monde réel. Prenez n'importe quelle œuvre dramatique, et examinez-la : vous serez surpris, en réfléchissant, d'avoir pu croire un instant à un monde si étrange. C'est là ce monde ridicule et impossible dont il faut faire un apprentissage, si on veut être un auteur dramatique accepté. Dès lors, on n'écrit plus des pièces dangereuses, on écrit des pièces que le talent grandit quelquefois, mais qui se meuvent dans un cercle adopté.

Je crois inutile d'examiner maintenant les trois versions du *Supplice d'une Femme*. J'avoue qu'en elle-même la pièce m'importe peu. Que M. de Girardin soit un maladroit, que M. Dumas fils soit un homme habile, là n'est pas le point intéressant. Je préfère rester dans la généralité, et je crois avoir eu raison de prendre l'affaire de haut et de l'avoir changée en une question de principes dramatiques. Je ne puis descendre au cas particulier, ayant envisagé l'avenir tout entier de notre théâtre. Dans nos temps de pièces amusantes et lestement tournées, j'ai cru comprendre que M. de Girardin faisait hardiment une tentative qui pouvait ouvrir de nouveaux horizons à notre littérature. Ces tentatives répondaient justement à une pensée que j'avais depuis longtemps et que je formulerai sous ce titre : *De la réalité au théâtre*. On s'expliquera ainsi que j'aie pris instinctivement le parti de M. de Girardin, sans même vouloir juger sa pièce, en pure théorie et en dehors de tout exemple.

Je ne puis, en finissant, m'enpêcher de lui souhaiter bon courage et bonne chance au sujet de la pièce annoncée par lui sous le titre des *Deux Sœurs*. Il faudrait montrer une fois pour toutes au public que la vérité seule est grande, et que l'art n'est fait que de vérité.

II

16 septembre 1865.

Je viens maintenant, en critique de la dernière heure, dire mon avis sur les *Deux Sœurs* et sur les orages que cette œuvre a soulevés. Nous sommes en plein apaisement : l'auteur a publié une préface conciliante, la petite presse a changé de hochet, la grande procède à d'autres condamnations, la pièce elle-même ne tient plus les applaudissements et les sifflets en haleine. C'est le moment de porter un jugement définitif, de mettre une dernière fois en question l'auteur et la pièce, la critique et le public. Imaginez que je suis un curieux qui a tout écouté et qui éprouve une furieuse démangeaison de dire ce que personne n'a dit, de résumer les débats, d'écrire la conclusion de cette singulière histoire. Si j'entretiens encore les lecteurs de cette légende, d'une aventure qui a un grand mois de date, c'est que j'espère, non pas apporter aux débats quelques bons arguments, mais tirer une morale de mes appréciations et en finir une fois pour toutes en criant bien haut ce que je crois être la vérité. J'ai parlé du *Supplice d'une femme*, je dois parler des *Deux Sœurs*.

Avant d'examiner la pièce, je m'occuperai de la critique, de ce public des premières représentations qui a accueilli l'œuvre d'une façon si bruyante. Ce public est étrangement mêlé ; il y a là des gens étrangers à toute querelle littéraire, il y a des journalistes, des amis, des hommes instruits et du meilleur monde, attirés par la notoriété plus ou moins grande du nom de l'auteur. La salle, ainsi composée, est intelligente et fine, apte à goûter dans leur saveur les fruits les plus délicats de l'intelligence ; je ne dis pas que cette assemblée n'ait point une préférence marquée pour les vaudevilles épicés et les comédies sentimentales de notre époque, mais je ne lui fais pas non plus l'injure de la croire insensible aux belles et fortes choses. Donc, elle était parfaitement capable de comprendre et d'applaudir *les Deux Sœurs*. Elle a ri et murmuré devant ce drame que, sans le juger encore, je trouve poignant et énergique. Il doit y avoir une cause à ces rires et à ces murmures du premier jour. J'écarte la pensée d'une cabale, dans l'acception stricte de ce mot ; il serait puéril de croire que ces deux milliers de personnes se sont entendus, ont conspiré dans quelque coin perdu pour venir assassiner une pauvre pièce. Lorsque M. de Girardin a parlé de cabale, il a donné certainement un autre sens à ce mot ; il a entendu la cabale tacite, magnétique, si je puis m'exprimer ainsi, celle qui naît du sentiment commun. Il y a eu certainement cabale, si l'on veut dire par là que la salle était très mal disposée pour l'auteur, qu'elle souhaitait un insuccès, que, sans en avoir conscience peut-être, elle se trouvait là pour rire, pour aider à la chute. Je m'explique.

Je suppose que le public qui a murmuré aux *Deux Sœurs* se soit trouvé exactement le même que le public qui a applaudi *le Supplice d'une femme*. Vous voyez que je parais me rendre la besogne franchement difficile. Au Théâtre-Français, la salle est pleine, on sait que la pièce est d'un débutant, et que ce débutant est M. Émile de Girardin ; on applaudit à tout rompre. Au Vaudeville, trois ou quatre mois après, les mêmes spectateurs, devant une seconde pièce du même auteur, se moquent, haussent les épaules, se mettent à siffler. Evidemment, la pièce est mauvaise. Point du tout. Seulement les conditions de succès ont changé, il y a eu, pendant les quelques mois d'intervalle, toute une petite révolution qui devait forcément amener la chute du second drame.

Je voudrais pouvoir analyser avec délicatesse les divers sentiments des spectateurs qui se trouvaient au Vaudeville, le 12 août. Ces mêmes gens qui étaient allés au Théâtre-Français sans arrière-pensée, désireux d'applaudir, avaient certainement, le 12 août, une clef dans leur poche, se promettant de saisir la moindre inhabileté pour commencer le tapage. Ils étaient agacés par la personnalité envahissante de M. de Girardin; en France, on a la moquerie facile pour les esprits personnels, qui ont la singulière manie d'avoir du talent et l'inexorable naïveté de chercher et d'appliquer des idées neuves. L'auteur était bien ridicule en effet; il voulait exploiter une nouvelle veine dramatique; il tentait courageusement d'accomplir sans apprentissage une rude besogne; il avait la sottise profonde de tenir à ses pensées; il venait de faire toute une campagne pour les défendre et leur assurer la victoire. Un tel homme méritait d'être sifflé d'importance, il devenait gênant, il prenait trop de place. Donc, en premier lieu, la salle était irritée, portée à railler cet homme qui lui semblait bien trop vaniteux. Mais le grand crime se trouvait surtout dans la rare imprudence d'un journaliste, d'un simple publiciste, qui se permettait de faire une pièce de théâtre, cette chose terrible. Ceux qu'on nomme les princes de la critique, certains de ces gens autorisés qui chaque lundi émettent leurs oracles, fruits d'une longue expérience, déclaraient qu'ils n'avaient jamais rien vu de pareil et que cela devait être atroce. Toute la petite presse se tenait les côtes. Rien n'était plus comique, en vérité, que cette loyale et franche bataille livrée par une main puissante aux idées reçues et immuables.

Ce qui m'a navré dans cette histoire, c'est l'accueil ironique et brutal à la fois que nous avons fait à la tentative d'un homme de talent. Admettons que l'œuvre soit médiocre, elle n'en est pas moins un essai sérieux, tenté avec conscience dans le but d'agrandir l'horizon dramatique, et qui dès lors méritait une étude calme, un jugement motivé. L'art seul était en question, et non les personnes. Si l'auteur même avait donné l'exemple, la critique ne devait pas l'imiter; elle avait la seule mission de déclarer la pièce, la tendance bonne ou mauvaise. Il y a eu effarement et risée ; je n'ai pas lu un seul compte rendu qui attaquât le drame de front; j'ai trouvé beaucoup de plaisanteries plus ou moins spirituelles, quelques critiques de détail justes et convenables, mais pas une appréciation entière, convaincue de la pièce. Cela m'a fait songer que ces gens d'expérience qui se plaignent de la longueur des scènes, de la brutalité du dénoûment, ont une singulière façon d'employer leur expérience : ils se pâment devant un vaudeville ; ils discutent sérieusement trois méchants actes, et, lorsqu'ils ont devant eux une œuvre forte, peut-être étrange et inexpérimentée, ils s'ingénient à y trouver des sujets de moquerie. Serait-ce qu'ils ont trop d'expérience, que les couplets les ont gâtés, qu'ils ont une telle habitude de la convention et de la banalité, que tout détail vrai leur paraisse d'une gaieté folle ?

Je voudrais en finir avec cette question de l'expérience des uns et de l'inexpérience des autres. Ma foi, en cette matière, est qu'un homme inexpérimenté vaut souvent deux hommes expérimentés. Il s'agit d'avoir du talent, oui ou non, d'avoir son mot à dire et de le dire franchement. Qu'importent les quelques bégayements du début; ils ont plus de grâce et plus de loyauté que cette perfection désespérante de la médiocrité. Je suis pour les hommes courageux qui se sentent l'audace de tout, qui écriraient aussi bien un roman qu'une pièce de théâtre, un feuilleton qu'une élégie, et qui trouveraient moyen de se mettre tout entiers dans la moindre page sortie de leur plume. Je suis pour les hommes courageux qui ont la brutalité du vrai, qui enjambent les règles reçues, qui ne savent pas et qui imposent cependant leurs idées, parce que ces idées ont une grande force de volonté. Je suis enfin pour les hommes courageux qui sont vaillants dans la lutte, qui payent de leur personne, qui ont un grand dédain pour la foule des railleurs.

On s'imagine maintenant les murmures du public, lors de la première représentation. Il y avait là un mélange bizarre de sentiments : l'étonnement causé par les allures nouvelles et irrégulières du drame, la répugnance du vrai, le désir intime de voir tomber la pièce, le besoin d'un peu rire de l'auteur. Mêlez tout cela, ajoutez mille petits préjugés, mille petites influences indirectes, et vous obtiendrez cet esprit d'hostilité très évidente avec lequel on a écouté *les Deux Sœurs*. Qu'on ne dise pas : l'œuvre est tombée parce qu'elle était radicalement mauvaise. Mais qu'on dise : l'œuvre est tombée parce qu'elle déplaisait au public, parce qu'elle était trop forte pour lui, et que ce bon public, nourri de grivoiseries et de parades, ne peut digérer encore une nourriture, mal servie et mal apprêtée peut-être, mais saine et savoureuse. Un soir, on a sifflé *les Deux Sœurs*, on a applaudi à tout rompre un acte de grosse plaisanterie que l'on jouait pour la première fois. Je ne veux pas parler de cet acte, qui peut être très drôle et amuser certaines gens; mais je dis hautement qu'il est indigne d'un public intelligent d'accueillir avec enthousiasme une véritable parade, et de se moquer d'une tentative sérieuse qui importe à l'avenir de notre théâtre. Les critiques du lundi, ceux qui avaient été les plus durs pour le drame de M. de Girardin, ont trouvé quelques mots d'éloge en parlant du petit acte drôle. Les critiques du lundi faisaient donc partie de la manifestation? Le soir même de cette manifestation honteuse, un des pistolets du dénoûment a raté. Vous pensez quels rires et quels sifflets. Là est toute la morale de l'aventure. En France, faites un chef-d'œuvre, mais priez le chef des accessoires de bien veiller à l'amorce de vos pistolets. M. de Girardin a l'immense tort de ne pas connaître son public, et de le traiter en grand garçon, lorsqu'un hochet le contente.

Que veut-il, après tout, ce débutant, cet auteur dramatique nouveau-né. Il est las des habiletés du jour, las des banalités, et il veut tenter à la scène l'examen des grands problèmes sociaux. On lui dit que le théâtre n'est qu'action et émotion, et il peut répondre qu'il le sait bien, que ses personnages agiront et seront assez vivants pour toucher et émouvoir. Ce dont il ne veut plus, c'est la peinture étriquée d'un travers du jour, c'est la comédie d'intrigue, où la grande question est de savoir si M. A... épousera mademoiselle B... ; c'est tout ce théâtre contemporain, mélodrames et vaudevilles, pièces prétendues littéraires et tableaux vivants, ce pauvre théâtre qui ne compte qu'une demi-douzaine au plus d'œuvres fortes. Ce dont il veut, c'est l'étude franche du cœur humain, c'est le drame vivant qui naît des fatalités sociales, c'est la moralisation indirecte par l'exposé logique et puissant de la vérité, c'est le théâtre agrandi, le théâtre doté de mille sujets nouveaux. On feint de ne pas entendre, on s'attaque à l'auteur dramatique, on ne parle pas du novateur, de l'homme qui cherche à ouvrir une voie. Parlez de l'idée ; condamnez l'application, si elle vous semble malheureuse ; mais prononcez-vous sur la nécessité de renouveler notre théâtre, et sur l'utilité qu'il y aurait à s'adresser à la réalité humaine ; dites s'il y a une féconde source d'émotions et d'action dans l'étude des problèmes sociaux réduits en drame, étudiés dans la vie de chaque jour, dans les rapports que les hommes ont entre eux. Vous n'êtes pas si riches pour que vous fermiez les yeux et les oreilles. Il s'agit de conclure, de savoir si des tentatives d'originalité et de nouveaux sujets ne sont pas nécessaires, oui ou non ; il ne s'agit pas d'applaudir le *Supplice d'une Femme*, ni de siffler *les Deux Sœurs*. J'aurais voulu qu'un de ces hommes d'expérience traitât la question à ce point de vue. Il m'aurait peut-être converti à aller huer le drame. Mais, tant qu'on ne me prouvera pas qu'une œuvre médiocre, faite selon les règles, est préférable à une œuvre toute libre, toute imparfaite, mais tâchant d'ouvrir de nouvelles voies, j'applaudirai d'instinct cette dernière, je la défendrai, j'irai jusqu'à la trouver excellente. Je suis écœuré de médiocrité, j'ai en horreur les plaisanteries clichées, les jugements tout faits, les petitesses de l'esprit. J'ai besoin d'un homme qui pense en homme.

Je n'ai vu la pièce qu'à la seizième représentation. La soirée a été calme. Je me suis trouvé devant une action simple, rapide, logique, qui m'a paru d'une rare puissance et qui m'a causé une profonde émotion. Après tout, je suis peut-être sans expérience, comme l'auteur; on dira que j'ai peu l'habitude du théâtre et que je me suis laissé gagner trop facilement par l'angoisse de cette lutte entre deux hommes qui ne peuvent sortir que par la mort d'une situation terrible. L'histoire est franche. Elles sont deux femmes : l'une, Cécile, le cœur paisible et droit, ferme dans le devoir et la volonté, a épousé un vieillard goutteux et impotent, qui récompense sa fidélité en lui créant une vie déserte et sombre; l'autre, Valentine, a la chair faible, le cœur violent et passionné; elle n'aime plus son mari qui l'adore et cherche à la rendre heureuse, elle aime ailleurs. Voilà le drame dans sa dualité; le drame poignant et silencieux, plus effroyable peut-être, entre Cécile et ce vieux débauché qui n'a réussi qu'à lui donner de nouveaux tourments, en la rendant mère d'une pauvre petite fille scrofuleuse et mourante; puis le drame scandaleux, le drame au grand jour, entre Valentine et son mari, Robert, entre Robert et Armand, l'amant de Valentine. Un jour, les deux hommes se trouvent en présence, l'amant et le mari, sachant tout, acculés tous deux dans cette position effroyable que leur font leurs cœurs, les lois, les mœurs du pays qu'ils habitent. Ils sont comme en dehors du monde, face à face, et ils comprennent qu'ils n'ont plus qu'à mourir. Ils meurent donc, et la leçon est complète.

Ce qui a révolté le public, c'est que cette histoire, ces personnages sont trop vrais. On a eu l'impudente hypocrisie de feindre le doute sur l'existence de Valentine dans le monde réel. Ouvrez les yeux, pauvres aveugles; l'adultère est ici et là, partout; les larrons d'honneur sont toute une foule. Il est vrai que vous trouverez fort peu de Cécile. Sauf cette jeune femme qui tient ses deux mains serrées sur son cœur pour l'étouffer, tous les personnages sont mauvais, gâtés par le milieu où ils vivent. Armand, qui a le courage de la mort, n'a pas le courage de son amour; il est lâche devant Valentine qui s'est donnée à lui. Robert punit Armand d'un crime qu'il a commis dix fois lui-même. Les maris et les amants qui se trouvaient dans la salle n'ont pas voulu se reconnaître, et ils ont murmuré.

Les gens d'expérience ont déclaré que ce n'était pas là une pièce, mais un fait-divers dialogué ? Je ne comprends pas bien. Est-ce que tout drame n'est pas un événement de la vie mis en dialogue. Il y a des règles, dites-vous, pour faire une bonne pièce. Il n'y a pas de règles pour émouvoir, pour s'adresser à la raison et au cœur. J'accorde que la pièce de M. de Girardin aurait pu être mieux équilibrée; certaines scènes auraient gagné à être plus courtes; des détails manquent, des détails sont de trop. J'accorde tout cela, mais là n'est pas la question. Le drame existe-t-il ou n'existe-t-il pas? Comment se fait-il que vous, gens d'expérience qui prétendez connaître les roueries du métier, vous donniez tant d'importance à de simples questions de facture? Cherchez l'idée, voyez si elle est dramatique, ne venez pas dire que le drame n'est qu'un fait-divers, attendu qu'un fait-divers peut parfaitement être un drame complet. Le talent, pour vous, consiste à rendre ce fait-divers scénique; il consiste pour moi à choisir, à inventer le fait-divers, à prendre le sujet le plus puissant et le plus humain, et à jeter bravement ce sujet sur la scène, avec maladresse peut-être, mais avec énergie et volonté? Nous avons assez de faiseurs habiles, pour souhaiter un maladroit qui sache créer.

Ce Donzac, cette Louise Campbel, les deux personnages secondaires qui ont déplu, ne sont certainement pas meilleurs que les personnages secondaires des pièces applaudies, mais ils ne sont pas plus mauvais. Quant au dénoûment, il a égayé le public; ces morts fatales ont paru prodigieusement comiques. Quant à moi, j'avoue que les deux coups de pistolet me contentent pleinement. Le quatrième acte était inutile, et l'auteur a bien fait de le supprimer. Toute la pièce marche au meurtre et au suicide de la fin; les règles, je crois, ne prescrivent pas autre chose; un dénoûment n'est jamais que le résultat nécessaire d'une action. La leçon est terrible pour Valentine, terrible pour le public, et je jurerais, quoi qu'on dise, que bien des spectateurs et bien des spectatrices ont été troublés par cette pièce qui met en scène un des drames intimes les plus fréquents de nos jours.

En somme, je m'explique parfaitement la chute des *Deux Sœurs*. La pièce est tombée plus par le public que par elle-même. Pour faire passer cette vérité brutale, il aurait fallu l'envelopper dans du papier doré, avec une jolie petite devise de mirliton. Et voilà pourquoi un drame qui contient des situations puissantes, qui, je le répète, m'a paru plein d'une émotion forte, a sombré dans l'esprit de vaudeville, dans l'amour des choses admises, dans l'hostilité inconsciente d'un public venu pour assister à un insuccès.

On n'a pas besoin de conseiller le courage à M. de Girardin. Il est de ces hommes que les chutes grandissent, que les polémiques rendent plus âpres et plus jeunes. Il a voulu dans le *Supplice d'une Femme*, dans la première version, étudier le pardon accordé par le mari à la femme coupable ; il a voulu dans les *Deux Sœurs* examiner le duel entre le mari et l'amant, et en montrer l'impossibilité ; dans une troisième pièce qu'il annonce, il montrera l'assassinat permis, excusé par la loi, lorsque l'époux outragé surprend l'épouse et le complice en flagrant délit. Je ne sais si l'auteur réussira à apaiser le public irrité contre lui ; je lui souhaite une telle volonté, une telle réalité, qu'il y ait mauvaise grâce à se refuser à l'émotion et aux applaudissements. D'ailleurs, qu'il en soit certain, il a jeté les graines d'une semence qui germera. Si je n'applaudissais le drame des *Deux Sœurs* pour lui-même, je l'applaudirais pour les pièces justes et vraies qui en naîtront tôt ou tard.

ERCKMANN-CHATRIAN

J'aime à considérer chaque écrivain comme un créateur qui tente, après Dieu, la création d'une terre nouvelle. L'homme a sous les yeux l'œuvre divine; il en étudie les êtres et les horizons, puis il essaie de nous dire ce qu'il a vu, de nous montrer dans une synthèse le monde et ses habitants. Mais il ne saurait reproduire ce qui est dans sa réalité; il n'a aperçu les objets qu'au travers de son propre tempérament; il retranche, il ajoute, il modifie, et, en somme, le monde qu'il nous donne est un monde de son invention. C'est ainsi qu'il existe, en littérature, autant d'univers différents qu'il y a d'écrivains; chaque auteur a ses personnages qui vivent d'une vie particulière, sa nature dont les paysages se déroulent sous des cieux étrangers.

Dès qu'un écrivain de quelque mérite a écrit huit à dix volumes, il est aisé de déterminer quel monde nouveau nous est donné. Le critique ne tarde pas à découvrir le lien de parenté unissant entre eux les êtres qui se meuvent dans ces huit ou dix volumes; il a vite sondé leur organisme, fait l'anatomie de leur âme et de leur corps, et, désormais, chaque fois qu'ils passeront devant lui, il les reconnaîtra sûrement, à certains signes caractéristiques, défauts ou qualités. De même, les horizons n'auront bientôt plus de secrets pour lui. Le critique assistera ainsi à la vie d'une création dont il pourra juger la grandeur et la réalité, en la comparant à la création de Dieu.

Pour me faire mieux comprendre, je citerai la *Comédie humaine*, de Balzac. Cet homme de génie dut, à un certain moment, regarder autour de lui et s'apercevoir qu'il avait des yeux excellents, allant droit à l'âme, fouillant les consciences, saisissant admirablement aussi les grandes lignes extérieures, voyant tout à la fois et le dedans et le dehors de la société contemporaine. A son appel, un monde entier sortit de terre, un monde de création humaine, n'ayant pas la grandeur du monde de Dieu, mais lui ressemblant par tous les défauts et par quelques-unes des qualités. Il y a là une société complète, depuis la courtisane jusqu'à la vierge, depuis le coquin suant le vice jusqu'au martyr de l'honneur et du devoir. La vie de ce monde, il est vrai, est factice parfois; le soleil ne s'y joue pas librement; on étouffe dans cette foule où l'air manque; mais il s'en échappe des cris de passion, des sanglots et des rires d'une telle vérité humaine, que l'on croit avoir devant soi des frères en douleur et que l'on pleure avec eux.

Ayant à examiner aujourd'hui les œuvres d'un écrivain dont le nom a acquis, dans ces derniers temps, une juste renommée, je crois devoir m'inquiéter, avant tout, du monde qu'il a créé. J'espère que cette méthode critique m'aidera puissamment à communiquer au public les résultats de mon analyse, à lui faire connaître dans son entier le talent que j'ai à juger.

Le monde d'Erckmann-Chatrian est un monde simple et naïf, réel jusqu'à la minutie, faux jusqu'à l'optimisme. Ce qui le caractérise, c'est tout à la fois une grande vérité dans les détails purement physiques et matériels, et un mensonge éternel dans les peintures de l'âme, systématiquement adoucies. Je m'explique.

Erckmann-Chatrian n'a pas écrit de romans, si on entend par ce mot une étude franche et hardie du cœur humain. La créature chez lui est une poupée faisant aller les bras et les jambes avec une merveilleuse perfection. Cette poupée sait pleurer ou sourire au moment voulu; elle parle sa langue avec justesse, elle vit même d'une vie douce et lente. Faites défiler devant vos yeux une dizaine de ces pantins, et vous serez frappé de leur ressemblance morale. Chacun d'eux a, il est vrai, les gestes de son âge et de son sexe; mais tous, jeunes et vieux, hommes et femmes, ont le même cœur, la même naïveté, la même bonté. Sans doute, çà et là on trouve un coquin; mais quel pauvre coquin, et comme on voit que l'auteur n'est pas habitué à peindre de telles natures! Là est, selon moi, la grande lacune dans le monde d'Erckmann-Chatrian. Il n'y a pas création d'âmes différentes, et, par conséquent, lutte entre les passions humaines. L'écrivain a pétri de ses mains un personnage suivant ses instincts, et ce personnage, à l'aide de quelques légères modifications, lui a servi à peupler tous ses livres. D'ailleurs, l'être lui importe peu; le drame n'est pas dans la créature, mais plutôt dans les événements. Dès lors, on comprend cette insouciance des individualités. Les figures qu'il crée sont surtout remarquables par leur vérité physique; elles agissent toutes sous l'empire d'un sentiment simple et nettement accusé; en un mot, elles sont surtout là pour supporter ou déterminer une action. Mais jamais l'auteur n'étudie la créature pour elle-même, jamais il ne va jusqu'à son âme, afin d'en analyser les désespoirs et les espérances. Lorsqu'il risque l'étude d'un cœur, il semble perdre tout à coup la finesse d'observation qu'il possède à l'égard des détails extérieurs; il est poussé fatalement à faire une peinture fade et doucereuse, d'une grande bonhomie, si l'on veut, mais radicalement fausse dans sa généralité. Son monde n'est pas assez mauvais pour vivre de la vie réelle.

Placez maintenant dans une nature **vraie et énergiquement peinte** ces poupées taillées en plein bois, tantôt avec une délicatesse exquise, tantôt avec une grande largeur de ciseau, vous aurez dans son ensemble le monde d'Erckman-Chatrian, tel qu'il s'est montré à moi. Monde consolant d'ailleurs, pour lequel on ne tarde pas à se sentir une profonde sympathie. On aime ces êtres pâles et souriants, ces types de bonté, de souffrance, de grandeur morale ; on les aime dans leur tranquillité sainte, dans leur naïveté d'enfant. Ils ne vivent pas de notre vie, ignorent nos passions. Ce sont des frères plus purs, plus tendres que nous, et, à les regarder, nous gagnons en douce impression ce que nous perdons en réalité. Je me refuse à croire que ce sont là des hommes ; mais je me plais à vivre quelques heures avec ces merveilleux pantins tout à la fois plus grands que moi par leur perfection, plus petits par leur mensonge. Puis, quel beau pays que le leur, et ici quelle vérité dans les horizons! Dans nos théâtres, ce sont les campagnes qui sont de carton et de bois ; ici, ce sont les personnages. Les champs vivent, pleurent et sourient ; le soleil luit largement, et la grande nature s'étale avec puissance, admirablement résumée en quelques traits justes et forts. Rien ne saurait rendre la sensation singulière que m'a fait éprouver ce mélange bizarre de mensonge et de vérité ; je l'ai dit, il y a là l'inverse de l'effet produit par notre monde théâtral. Imaginez des automates se promenant au milieu de la création de Dieu.

La vérité des détails physiques et matériels ne suffirait pas pour rendre grandes les œuvres d'Erckmann-Chatrian ; il y a un autre mérite en elles. Ces pantins dont je viens de parler seraient de pauvres bonshommes, s'ils ne savaient que reproduire mathématiquement nos gestes et les inflexions de notre voix. Mais, à défaut de cœur, l'auteur leur a donné une pensée morale. Ils marchent poussés par un souffle puissant de justice et de liberté. Dans toute l'œuvre circule un air sain et fortifiant. Chaque livre est une idée ; les personnages ne sont que les différents arguments qui se combattent, et la victoire est toujours la victoire du bien. C'est ce qui explique la faiblesse de l'élément romanesque ; l'écrivain est d'une gaucherie remarquable lorsqu'il touche aux passions ; il ne sait rien imaginer de mieux qu'un amour frais et souriant, délicat, il est vrai, mais d'une douceur trop égale. Lorsque, au contraire, il s'agit de réclamer les droits de la liberté humaine, alors, n'ayant plus à s'inquiéter de nos cœurs, il se sert de nous comme de jouets, il dédaigne l'individualité de l'être, il écrit son plaidoyer, sorte de dissertation historique et philosophique dans laquelle le personnage n'est plus qu'un type ou qu'une machine à joies ou à douleurs, à blâme ou à approbation.

Le fantastique joue aussi un grand rôle dans les œuvres d'Erckmann-Chatrian. Ce premier amour pour les histoires merveilleuses explique un peu le dédain de l'auteur pour l'étude vraie de l'homme. D'ailleurs, les récits du monde invisible acquièrent chez lui plus de puissance par la qualité qu'il possède de peindre dans sa réalité le monde visible. Il va par delà la vie, et l'on ne sait l'instant où il quitte la veille pour le rêve. La vérité des observations se continue même dans ce qui n'existe pas. Toutefois, le personnage est encore ici un pur caprice, un croquemitaine lorsqu'il veut être méchant, un petit saint lorsqu'il veut être bon. Il est évident que l'auteur, en pleine fantaisie, s'est encore moins inquiété de la réalité humaine. Sans doute, il peint une des faces de notre âme, mais il y a un tel parti pris et une telle monotonie dans cette peinture, que les héros finissent par être fatigants. Erckmann-Chatrian, et dans ses contes fantastiques, et dans ses récits historiques, a refusé le drame humain, en négligeant de mettre aux prises les sentiments et les personnalités.

Ce n'est pas sans intention que j'ai tout à l'heure nommé Balzac. J'ai choisi notre plus grand romancier, non pas pour écraser l'auteur que je juge, mais pour mieux faire ressortir le genre de son talent, en opposant ce talent à un talent complètement différent. Il me déplairait que l'on vît dans mon choix cette manœuvre critique peu délicate qui consiste à se servir d'un grand mérite pour nier un mérite moindre. On comprend quel abîme sépare le monde de Balzac du monde d'Erckmann-Chatrian, et je puis me faire mieux entendre en rapprochant ces deux créations.

Nous avons, d'une part, toute une société, un peuple ondoyant et divers, une famille humaine complète dont chaque membre a des allures particulières, un cœur qui lui appartient. Cette famille habite la France entière, Paris et la province ; elle vit la vie de notre siècle, souffre et jouit comme nous, est, en un mot, l'image de notre propre société. L'œuvre a la sécheresse d'une analyse exacte ; elle ne prêche ni n'encourage ; elle est uniquement le compte rendu brutal de ce que l'écrivain a observé. Balzac regarde et raconte ; le choix de l'objet sur lequel tombent ses regards lui importe peu, il n'a que le souci de tout regarder et de tout dire.

D'autre part, nous avons un groupe choisi d'âmes tendres. Tous les vivants de ce monde tiennent dans le creux de la main : un garçon naïf et amoureux, une fillette fraîche et souriante, un bon vieux moraliste et paterne, une bonne vieille grondeuse et dévouée, puis quelque beau sentiment personnifié dans une figure héroïque. Ce petit peuple vit dans un petit coin de la France, dans le fond de l'Alsace, ayant des mœurs d'une autre époque et vivant une vie qui n'est pas la nôtre. Il est en plein âge d'or. Les vieux travaillent, boivent et fument ; les jeunes sont soldats, musiciens ou fainéants ; les filles, servantes d'auberges, fermières ou bourgeoises, sont des modèles d'ordre et de propreté, aimant dans toutes les conditions et ne trompant jamais. Aucun de ces êtres n'est secoué par nos passions ; ils habitent à des millions de lieues de Paris, et vous ne trouverez en eux rien de moderne.

Peut-être certains de ces bonshommes sont-ils d'excellentes études de paysans et d'ouvriers alsaciens ; sans doute des modèles ont posé ; mais de pareils portraits ne peuvent être que des curiosités d'artiste, et, lorsqu'ils emplissent onze volumes, ils ennuient par leur monotonie ; on regrette l'entêtement mis par l'écrivain à ne nous montrer qu'un petit coin d'une société, lorsqu'il pourrait nous montrer cette société tout entière. Chaque récit semble une légende que raconterait un enfant, avec son parler naïf et son âme candide ; tout y est pur et simple, tout pourrait sortir d'une bouche de douze ans. On devine ce que devient notre monde fiévreux en passant par une telle innocence. Les créatures qui peuplent ces histoires adoucies ont une blancheur particulière. Et même, au risque de me contredire, je finis par m'apercevoir qu'il n'y a pas là plusieurs êtres, à proprement parler, qu'il n'y a pas un monde, mais une créature unique et typique, faite de douceur, de simplicité et de justice, d'un peu d'égoïsme peut-être, qui engendre tous les personnages en changeant d'âge, de sexe et d'attitude. Hommes et femmes, jeunes et vieux sont une même âme. Balzac a résumé les passions en fortes individualités. Erckmann-Chatrian a délayé deux ou trois sentiments en plusieurs douzaines de poupées coulées dans le même moule.

Je ne puis donner le nom de romans aux ouvrages d'Erckmann-Chatrian. Ce sont des contes, si l'on veut, des légendes, des nouvelles, et encore des récits historiques, des scènes détachées de la vie militaire. Il m'est aisé maintenant de dire un mot de chacun d'eux et de justifier ainsi par des exemples le jugement que je viens de porter.

Pour plus de clarté, je diviserai en deux catégories les onze volumes qu'Erckmann-Chatrian a déjà produits : les contes proprement dits et les récits historiques.

II

Il y a, dans l'œuvre, jusqu'à trois volumes de contes fantastiques : les *Contes fantastiques*, les *Contes des bords du Rhin* et les *Contes de la Montagne*. C'est là, selon moi, la partie faible. La qualité la plus saillante que l'auteur y ait déployée est cette précision de détails dont j'ai parlé, qui ne permet pas au lecteur de fixer le point juste où la veille cesse, où le rêve commence. Mais ces récits ne valent ni ceux d'Edgard Poë, ni même ceux d'Hoffmann, les maîtres du genre. Le conteur américain a, dans l'hallucination et le prodige, une logique et une déduction mathématique autrement puissantes ; le conteur allemand a plus de verve, plus de caprice, des créations plus originales. En somme, les contes d'Erckmann-Chatrian sont des légendes délicatement travaillées, dont le principal mérite est une couleur locale très réussie, mais fatigante à la longue. On dirait de ces estampes au dessin archaïque, enluminées naïvement, un peu effacées par le temps. Sans doute il y a des inventions ingénieuses, des fantaisies philosophiques finement paradoxales, il y a des histoires où le terrible et l'étrange ont une grande allure d'un effet saisissant et profond. Toutefois, dans ce domaine de l'imagination pure, l'œuvre, pour être vraiment remarquable, demande des qualités supérieures. Je suis loin de nier le talent d'Erckmann-Chatrian en ce genre difficile, et je reconnais même qu'il est un des rares écrivains qui ont réussi de nos jours le conte fantastique. Mais comme il a écrit ensuite des pages meilleures et plus personnelles, il est permis au critique de passer rapidement, sans grands éloges, sur ces œuvres de début qui, certes, ne promettaient pas les récits historiques publiés plus tard. Je ne puis analyser aucun de ces contes très courts et très nombreux, dont quelques-uns, je le répète, méritent de fixer l'attention. Nos fils les liront avec plaisir, surtout parce qu'ils sont de l'auteur de *Madame Thérèse*.

Les *Confidences d'un Joueur de clarinette* se composent de deux récits : la *Taverne du Jambon de Mayence* et les *Amoureux de Catherine*. Ici j'admire, je ne puis mentir à mon émotion, à la saine et douce sensation qui me pénètre. Ce sont deux nouvelles, si discrètes et si naïves, que je n'ose y toucher, crainte d'en faner les couleurs et d'en dissiper les parfums. L'une est l'histoire d'un pauvre diable de musicien qui aime et qui perd son cher amour. L'autre, peut-être plus pénétrante encore, est le récit des tendresses d'un jeune maître d'école pour la belle Catherine, la riche cabaretière. Au dénoûment, Catherine plante là tous les gros bonnets du pays et va donner un baiser au maître d'école, lui apportant sa richesse et son amour en récompense de ses longs regards rêveurs. Cette histoire est certainement la plus émue qu'ait écrite Erckmann-Chatrian ; pour moi, c'est là son chef-d'œuvre de sentiment. Il y a mis sa personnalité, cette personnalité que je me suis efforcé d'analyser, sa douceur, sa bonhomie et sa naïveté, son souci des détails, sa santé plantureuse et riante. Le jour où il a écrit les *Amoureux de Catherine*, il a donné le dernier mot de ce que j'appellerai sa première manière. Le cadre étroit, les justes proportions accordées à cette nouvelle, en font la perle de la collection, en ne lui laissant que l'importance nécessaire et en la faisant bénéficier de toute sa modestie.

J'aime peu l'*Illustre docteur Mathéus*. Cette histoire d'un savant qui s'en va par monts et par vaux, prêchant la *Palingénésie*, traînant sur ses talons le ménétrier Coucou Peter, est une fantaisie littéraire et philosophique, qui aurait pu donner lieu à une vingtaine de pages agréables ; délayée en un volume, elle rappelle trop *Don Quichotte* et semble vouloir prendre une importance qu'elle ne saurait avoir. Elle contient de jolis détails, mais elle pèche par cette monotonie que j'ai reprochée à Erckmann-Chatrian, elle prouve que l'écrivain reste un conteur, quelle que soit la longueur de ses ouvrages.

C'est surtout dans *l'Ami Fritz* que cette vérité est frappante. Une nouvelle est une nouvelle, qu'elle ai cinquante pages ou qu'elle en ait trois cents. *L'Ami*

Fritz est une nouvelle de trois cents pages qui gagnerait à être réduite au moins de deux tiers. L'auteur a eu le bon esprit de donner de justes dimensions aux *Amoureux de Catherine*, et il a écrit un petit chef-d'œuvre. A-t-il espéré écrire un roman en élargissant le cadre sans y mettre une action plus large, plus approfondie? On tolère la simplicité, l'observation superficielle, la répétition des mêmes gestes et des mêmes paroles, lorsqu'on ne doit vivre que quelques minutes avec un livre. Mais lorsque le récit prend l'espace suffisant à une œuvre sérieuse et complète, on est fâché de ne trouver qu'une bluette. Les qualités se changent forcément en défauts. Ainsi, pour emplir tout un volume, nous avons l'histoire d'un célibataire, Fritz Kobus, un bon vivant qui a horreur du mariage et qui est converti au dénoûment par les yeux bleus de la petite Suzel, la fille de son fermier. Le sujet étant trop mince, l'auteur s'attarde en longues descriptions; il refait le tableau qu'il a fait cent fois, il vous montre tout ce peuple alsacien, ivrogne et travailleur, que nous connaissons maintenant aussi bien que lui. Si encore il étudiait humainement la lutte entre l'égoïsme et l'amour de Fritz ; mais ce Fritz est un grand enfant que je ne puis prendre au sérieux. Il aime Suzel comme il aime la bière. Je ne vois dans l'œuvre qu'une fantaisie sentimentale et puérile, trop en dehors de mon âge et de moi-même pour pouvoir m'intéresser. Elle mérite un sourire.

J'ai gardé *Maître Daniel Rock*, car cette œuvre-là est grosse de révélations sur le talent d'Erckmann-

Chatrian. Maître Daniel est un forgeron, un amant du passé qui vit dans l'amour des choses d'autrefois. Entouré de ses fils et de sa fille, il se retire pas à pas devant l'esprit moderne qui monte et détruit ses chères croyances. Au dernier jour, désespéré et sentant la victoire lui échapper, il forge des piques de fer ; puis il va avec ses fils attendre un train sur une voie ferrée que l'on vient d'ouvrir ; ils attaquent la locomotive qui passe sur eux et qui broie leurs corps. C'est ainsi que le progrès écrasera les anciennes ignorances. Sans doute, comme homme, Erckmann-Chatrian est pour l'esprit moderne ; mais, comme artiste, il est malgré lui pour le passé. Son maître Daniel est un colosse, une grande figure amoureusement travaillée, tandis que l'ingénieur qu'il lui oppose est un pantin ridicule. Nous touchons, ici, au secret du talent de l'écrivain.

Je puis affirmer maintenant qu'Erckmann-Chatrian connaît et aime tous les grands sentiments de notre âge, mais qu'il ignore et dédaigne l'homme moderne. Il est seulement à l'aise avec les géants d'autrefois ou les habitants naïfs d'une province perdue ; il ne saurait toucher à notre monde parisien. S'il lui arrive, par malheur, de mettre en scène un de nos frères, il ne sait ni le comprendre ni le peindre. En un mot, il est l'homme de la légende, il refuse le roman contemporain.

Lorsqu'il veut exalter quelque grande pensée moderne, il n'a garde de choisir ses personnages dans notre société, mais il va choisir quelque héros de conte bleu ; il crée de toutes pièces une figure allégorique, il emploie comme il peut son monde alsacien. Ainsi, nous assistons à ce singulier spectacle dont j'ai parlé, de créatures étrangères à notre vie et animées cependant des sentiments de l'époque. Je le répète, ces créatures sont des poupées qui représentent des pensées et non des cœurs.

III

Dans les quatre volumes qui me restent à examiner. Erckmann-Chatrian a étudié notre histoire à une époque grandiose et sanglante, à l'heure de nos plus grandes gloires et de nos plus grands châtiments. L'enseignement qui se dégage de ces livres peut être exprimé par ce précepte : « Ne faites pas aux autres ce que vous ne voulez pas que l'on vous fasse. » C'est-à-dire restez tranquilles à vos foyers, ne portez pas le fer et le feu chez vos voisins, ou les voisins viendront à leur tour ravager vos champs et s'asseoir dans vos villes. L'auteur montre les peuples aux prises; il fait un tableau horrible de la guerre, et il réclame par là la paix universelle; il demande qu'on laisse le paysan à la charrue, l'ouvrier à son outil. Il n'a d'ailleurs tiré aucun autre parti de l'époque historique qu'il a choisie ; il y a vu seulement une grande effusion de sang, des morts et des blessés, et il a demandé grâce pour les humbles et les travailleurs. C'est là de l'histoire populaire, naïve, égoïste, ignorante des grands courants supérieurs, s'attachant surtout à l'effet et ne montant jamais à la cause. Les gens instruits pourront reconstruire la France à l'aide de la peinture d'une petite ville ; mais je doute que le peuple, pour lequel les livres semblent écrits, y prenne des leçons justes et vraies. Il les lira avec intérêt, trouvant en eux les sentiments qui l'animent, l'amour de la patrie mêlé à l'amour de la propriété, les instincts de violence et le besoin de repos, la haine du despotisme et l'élan vers la liberté. Mais il n'y apprendra pas l'histoire, cette science sévère ; il condamnera les événements, sans les comprendre, emporté seulement par sa sensibilité et par son égoïsme.

Il y a deux faces bien distinctes dans les ouvrages dont je parle : une partie romanesque d'une grande faiblesse, une partie descriptive admirable.

La méthode d'Erckmann-Chatrian est simple : il prend un enfant et lui fait conter une bataille qui a eu lieu devant lui ; il écrit les mémoires d'un soldat et il décrit seulement les scènes auxquelles ce soldat a assisté. Il arrive ainsi à une puissance de description extrême ; il ne s'égare pas dans l'aspect de l'ensemble, il concentre toutes ses forces d'observation sur un point, et il réussit à nous donner un tableau exact, grand comme la main, qui, par une force merveilleuse, nous fait deviner tout ce qui devait l'entourer. Il n'est pas jusqu'à la naïveté du récit qui ne soit ici un attrait de plus ; la vérité brutale des détails, l'impitoyable réalité prend je ne sais quel air de franchise qui en grandit encore l'horreur. Puis, dès que l'auteur en revient aux amours de ses héros, toute sa force l'abandonne, il balbutie, sa main tremble et il ne trouve plus un seul trait énergique. Ses œuvres gagneraient à n'être que de simples annales, une suite de tableaux détachés.

Je veux analyser les quatre ouvrages selon leur ordre historique, et non selon leur date de publication. Tous quatre se tiennent, se suivent et s'expliquent.

Madame Thérèse est le chef-d'œuvre de la seconde manière d'Erckmann-Chatrian, de même que les *Amoureux de Catherine* est le chef-d'œuvre de la première. Ici il y a presque roman. La partie descriptive et la partie romanesque ne font qu'une et constituent par leur union un véritable livre. Tout est pondéré, rien ne domine, et cet équilibre exquis des divers éléments d'intérêt contente le cœur et l'imagination. L'œuvre est vraiment originale ; elle est une création, le fruit mûr et savoureux d'une personnalité douce et forte à la fois. Elle a, en un mot, le mérite d'être l'expression la plus nette et la plus complète d'un tempérament. La naïveté y sied à merveille, car le récit sort de la bouche d'un enfant ; les combats y ont une allure franche et généreuse, car ce sont les combats d'une nation libre qui est encore riche de sang et de courage ; l'amour y est grand, sinon vivant, car il naît dans la poitrine d'une fille héroïque, un des types les plus nobles de l'écrivain. Heureuses les œuvres qui viennent au monde dans la floraison du talent de leur auteur !

Puis, quel héroïsme, quel pàtriotisme, quels souffles larges et puissants ! Madame Thérèse est tout à la fois la France et la liberté, la patrie et le courage. Cette jeune femme qui suit aux frontières son père et ses frères, qui tombe blessée dans un petit village des Vosges, et qui, sauvée par le docteur Jacob Wagner, l'épouse au dénoûment, c'est la jeune liberté qui défend le sol et s'unit au peuple. L'heure est solennelle dans notre histoire, lorsque les peuples menaçaient nos libres institutions acquises aux prix de tant de larmes. La défense alors était sacrée, la guerre devenait sainte. Erckmann-Chatrian est ici pour les combats ; il verse le sang avec un enthousiasme qui est presque un applaudissement. Tout me plaît dans *Madame Thérèse*, la jeunesse et l'ardeur, la bonhomie et l'élan, les tableaux d'intérieur qui font mieux valoir les scènes guerrières, même les personnages secondaires, ces éternels Alsaciens qui sont ici à leur véritable plan. Je le répète, ce livre est un chef-d'œuvre par l'admirable harmomie des parties, par le juste mélange des éléments qui le composent.

Dans l'*Histoire d'un Conscrit de* 1813 et dans *Waterloo*, l'époque historique a changé ; l'Empire en est à ses derniers râles. Le premier de ces livres nous conte les batailles de Lutzen et de Leipsick, lorsque les nations, fatiguées de nos conquêtes, s'unirent et nous demandèrent compte du sang versé ; le second est le récit de l'écroulement du colosse, l'acte suprême de cette sanglante tragédie qui rejette Napoléon à l'exil et à la mort. Ici la partie descriptive et historique, la peinture des batailles est plus navrante, plus énergique encore que dans *Madame Thérèse*. L'écrivain a trouvé des couleurs admirables de vérité et de vigueur pour peindre cette lutte dernière d'un homme contre tous les peuples ; il a rencontré, dans la simplicité et dans la réalité, des accents déchirants et nous a donné, par fragments, le poème épique moderne. Je ne saurais trop louer Erckmann-Chatrian sur cette partie de son œuvre, moi qui me montre si sévère pour les autres parties.

Les deux livres sont en quelque sorte les mémoires du fusilier Joseph Bertha, l'ouvrier horloger, le pauvre boiteux que la conscription prend et jette aux hasards de la guerre ; ils nous content la douleur qu'il éprouve à quitter sa chère Catherine et son maître, le bon et sage M. Goulden, ses combats, ses blessures et ses souffrances, ses pensées et ses tristesses. Nous le suivons dans ses campagnes, sur les champs de bataille, et c'est là que l'œuvre est admirable. Il y a création réelle, et la guerre est rendue dans toute sa sombre et grandiose vérité.

Ce soldat, lorsqu'il se bat, qu'il espère ou qu'il pleure, n'est plus une poupée ; c'est un ouvrier, un simple d'esprit, un égoïste, si l'on veut, qui se révolte de servir lorsque la loi devait l'exempter. Il nous conduit à la victoire, à la défaite, à l'hôpital et à l'ambulance, dans les champs humides et glacés, dans les enivrements du combat et dans les mornes terreurs de la retraite, — et sa parole naïve et triste ne nous permet pas de douter de sa franchise. Tout est vrai, car le mensonge ne saurait avoir cette émotion ni cette terrible exactitude. C'est la gloire du capitaine jugée par le soldat. Le sang coule, les entrailles se répandent, les cadavres emplissent les fossés ; puis, parmi les morts, dans la plaine rouge et navrante, passe par instants une rapide apparition, Napoléon, gris et froid, pâle au milieu de la pourpre du combat, la face éclairée comme par la lumière blanche des baïonnettes. Je ne connais pas de plus beau plaidoyer contre la guerre que ces pages émouvantes. Mais quelle pauvreté dans la partie romanesque ! comme ces ouvrages sont mal agencés et mal distribués !

Ce n'est plus l'heureux équilibre de *Madame Thérèse ;* il n'y a plus de livre, mais seulement de beaux fragments. Les amours de Joseph Bertha et de Catherine sont puériles ; ils se mêlent gauchement à la trame du récit. Dans *Waterloo* surtout, cette complète séparation des deux éléments est très sensible. Le volume est séparé en deux parties : la première qui se passe en pleine idylle, la seconde en pleine épopée. Pendant cent cinquante pages, nous assistons aux soupirs et aux sourires de Joseph et de Catherine, aux sages discours de M. Goulden ; pendant cent cinquante autres pages, nous courons les champs de bataille. Il y a là deux histoires. L'ouvrage pèche par un manque d'harmonie. Je préfère, à ce point de vue, l'*Histoire d'un Conscrit de* 1813, où le récit commence plus vite.

Enfin, le *Fou Yégof* est un épisode de la grande invasion de 1814, la suite naturelle de *Waterloo*. Ce récit, écrit le premier, me paraît plus faible que les autres ; il contient d'excellentes peintures de combats, mais il s'y mêle un fantastique mal réussi et des velléités de roman d'aventures qui me gâtent cette belle simplicité qui est le talent même d'Erckmann-Chatrian. On dirait un mauvais pastiche des contes de Walter Scott. Les grandes figures que l'auteur y fait mouvoir sont des figures purement légendaires ; nous n'avons même plus ces braves Alsaciens que leur belle humeur rend parfois supportables. Les personnages se perdent dans le songe, et c'est grâce à quelque description vigoureuse et technique que les événements prennent une date.

IV

J'ai voulu seulement étudier, en toute franchise et en toute hardiesse, la personnalité, le tempérament d'Erckmann-Chatrian ; j'ai voulu faire l'anatomie littéraire d'un artiste qui a déjà beaucoup produit et qui a réussi à fixer l'attention publique. Mais je déclare, malgré mes restrictions, que cet auteur m'est très sympathique. L'importance que j'ai donnée à cette étude prouve le cas que je fais d'un écrivain sincère et consciencieux dont les ouvrages sont pleins de pages justes et vraies.

Si j'ai été trop sévère, j'ai péché par ignorance. Je ne connais pas ce monde alsacien qui emplit l'œuvre ;

il se peut qu'il existe, qu'il ait trop de naïveté, trop de douceur, et que chez lui tous les hommes se ressemblent moralement, presque physiquement. Erckmann-Chatrian est de cette bienheureuse contrée où règne encore l'âge d'or ; il en a parlé savamment. Quant à moi, mes instincts ne me permettent pas d'accepter de tels personnages, lorsqu'ils doivent être éternels. Je ne puis, après avoir vécu en bonne intelligence avec Germinie Lacerteux, me sentir à l'aise avec l'ami Fritz.

Si Erckmann-Chatrian consentait à changer ses poupées pour des personnes vivantes, nous serions les meilleurs amis du monde. Je me trouve si bien dans ses campagnes, je respire si largement dans les horizons qu'il ouvre ! Il est vrai dans le détail, il peint avec largeur et énergie, il a un style simple, peut-être un peu négligé ; en un mot, je n'aurais pas assez d'éloges pour lui, s'il se décidait à étudier les hommes de nos jours dont il prend les sentiments pour les donner à des pantins.

On me dit qu'Erckmann-Chatrian travaille en ce moment à un récit en faveur de l'instruction obligatoire. Voilà un beau sujet pour prêcher. Je tremble de voir reparaître les Alsaciens. La société moderne est là qui attend ses historiens. Pour l'amour de Dieu, quittez l'Alsace et étudiez la France, étudiez l'homme moderne tel qu'il est, étudiez ses pensées et ses besoins, et surtout n'oubliez pas son cœur.

M. H. TAINE ARTISTE

Chez tout historien, tout philosophe, il y a un littérateur, un artiste, s'accusant dans ses œuvres avec un relief plus ou moins puissant. C'est dire qu'il y a un homme, un tempérament fait d'esprit et de chair, qui voit à sa façon les vérités philosophiques et les faits historiques, et qui nous donne ces vérités et ces faits tels qu'il les perçoit, d'une façon toute personnelle.

Je veux, aujourd'hui, dégager l'artiste de la personnalité de M. Taine, historien, critique et philosophe. Je veux n'étudier en lui que la face purement littéraire et esthétique. Ma tâche est de connaître son tempérament, ses goûts et ses croyances artistiques. J'aurai ainsi à l'envisager dans ses œuvres et dans la philosophie qu'il s'est faite de l'art. Je sens que souvent, malgré moi, j'aurai affaire au penseur; tout se tient dans une intelligence. Mais je ne remonterai jamais au philosophe que pour mieux expliquer l'artiste.

On a fait grand bruit autour de M. Taine, critique et historien. On n'a vu en lui que le révolutionnaire, armé de systèmes, venant porter le trouble dans la science de juger le beau. Il a été question du novateur qui procédait carrément par simple analyse, qui exposait les faits avec brutalité, sans passer par les règles voulues et sans tirer les préceptes nécessaires. A peine a-t-on dit qu'il y avait en lui, avant tout, un écrivain puissant, un véritable génie de peintre et de poète. On a semblé sacrifier le littérateur au penseur. Je ne désire pas faire le contraire, mais je me sens porté à admirer l'écrivain aux dépens du philosophe, et j'essayerai ainsi de compléter la physionomie de M. Taine, déjà si étudié comme physiologiste et comme positiviste.

Un système philosophique m'a toujours effrayé. Je dis système, car toute philosophie, selon moi, est faite de bribes ramassées çà et là dans les croyances des anciens sages. On se sent le besoin de la vérité, et, comme on ne trouve la vérité entière nulle part, on s'en compose une pour son usage particulier, formée de morceaux choisis un peu partout. Il n'est peut-être pas deux hommes qui aient le même dogme, la même foi. Chacun apporte un léger changement à la pensée du voisin. La vérité n'est donc pas de ce monde, puisqu'elle n'est point universelle, absolue. On comprend mon effroi, maintenant : c'est une chose difficile que de pénétrer les secrets ressorts d'une philosophie individuelle, d'autant plus que le philosophe a presque toujours délayé sa pensée dans un grand nombre de volumes. J'ignore donc quelle peut bien être la vraie philosophie de M. Taine ; je ne connais cette philosophie que dans ses applications. Derrière le système littéraire et esthétique de l'auteur, il y a certainement une croyance qui lui donne toute sa force, mais aussi toutes ses faiblesses. Il a dans la main un outil puissant, dont on ne voit pas bien le manche ; cet outil, comme tous ceux que se créent les hommes, lorsqu'il est dans la vérité, pénètre profondément et fait une besogne terrible ; mais, lorsqu'il est dans l'erreur, il porte à faux et ne fait que de méchant travail.

Nous verrons cet outil à l'œuvre. C'est justement de l'ouvrier dont je parlai, de sa main rude et forte qui taille en plein chêne, cloue ses jugements, construit des pages solides et sobres, un peu âpres.

M. Taine n'est pas l'homme de son temps ni de son corps. Si je ne le connaissais, j'aimerais à me le représenter carré des épaules, vêtu d'étoffes larges et splendides, traînant quelque peu l'épée, vivant en pleine Renaissance. Il a l'amour de la puissance, de l'éclat ; il semble à l'aise dans les ripailles, parmi les viandes et les vins, au milieu des réceptions de cour, en compagnie de riches seigneurs et de belles dames étalant leurs dentelles et leurs velours. Il se vautre avec joie dans les emportements de la chair, dans toutes les forces brutales de l'homme, dans la soie comme les guenilles, dans tout ce qui est extrême. C'est le compagnon de Rubens et de Michel-Ange, un des lurons de la *Kermesse*, une de ces créatures puissantes et emportées tordant leurs membres de marbres sur le tombeau de Médicis. A lire certaines de ses pages, on s'imagine un grand corps riche de sang et d'appétits, aux poings énormes, une opulente nature menant une vie de festins et de fêtes, mettant sa joie dans la splendeur insouciante de son luxe et dans la conscience de sa force herculéenne.

Et cependant, tout au fond, il y a de la fièvre. Cette santé plantureuse est factice; cet amour du luxe large et magnifique n'est qu'un regret. On sent que l'auteur est notre frère, qu'il est faible et nu, qu'il appartient bien à notre siècle de nerfs. Ce ne peut être là une nature sanguine, c'est un esprit malade et inquiet, qui a des aspirations passionnées vers la force et la vie libre. Il y a un côté maladif et souffrant dans les peintures grasses et hautes en couleur qu'il nous donne. Il n'a pas le bel abrutissement de ces Saxons et de ces Flamands dont il parle avec tant de complaisance; il ne vit pas en paix dans sa graisse et dans sa digestion, riant d'un rire épais. Il vit de notre vie nerveuse et affolée, il frissonne, il a l'appétit léger et l'estomac étroit, il porte le vêtement sombre et étriqué de notre âge. Et c'est alors qu'il se plaît à parler de mangeaille et de manteaux royaux, de mœurs brutales et d'existence luxueuse et libre. Il se lâche en aveugle dans ces jours d'autrefois où s'étalaient les beaux hommes, et il me semble l'entendre, tout au fond, se plaindre vaguement de lassitude et de souffrance.

Par un constraste étrange, il y a encore un autre homme en lui, un homme sec et positif, un mathématicien de la pensée, qui fait le plus singulier effet à côté du poète prodigue dont je viens de parler. L'éclat disparaît; par instants, le froissement des belles étoffes et le choc des verres s'éteignent; la phrase, resserrée et raide, n'est plus que le langage d'un démonstrateur qui explique un théorème. Nous assistons à une leçon de géométrie, de mécanique. La carcasse de chacune de ses œuvres est ainsi fortement forgée; elle est l'ouvrage d'un mécanicien impitoyable, qui ajuste chaque pièce avec un soin particulier, qui dresse sa charpente selon des mesures exactes, ménageant de petits casiers pour chacune des pensées, et liant le tout avec des crampons puissants. La masse est effrayante de solidité. M. Taine est d'une sécheresse extrême dans le plan et dans toutes les parties de pur raisonnement, il ne se livre, il n'est poète que dans les exemples qu'il choisit pour l'application de ses théories. Aussi dit-on de ses livres qu'ils fatiguent un peu à la lecture; on voudrait plus de laisser-aller, plus d'imprévu; on est irrité contre cet esprit altier, qui vous ploie brutalement à ses croyances, qui vous saisit comme un engrenage et vous attire tout entier, si vous avez le malheur de vous laisser pincer le bout des doigts. Le poète n'est plus ; on a devant soi un esprit systématique, qui obéit à une idée unique et qui emploie toute sa puissance à rendre cette idée invincible.

Ouvrez n'importe quel livre de M. Taine, et vous y trouverez les trois caractères que je viens de signaler ; une grande sécheresse, une prodigalité sanguine, une sorte de faiblesse fiévreuse. Qu'il donne une relation de voyage, qu'il étudie un écrivain, qu'il écrive l'histoire d'une littérature, il reste le même, sec et rigide dans le plan, prodigue dans le détail, vaguement faible et inquiet au fond. Pour moi, il est trop savant. Toutes ses allures systématiques lui viennent de sa science. Je préfère le poète, l'homme de chair et de nerfs, qui se révéle dans les peintures. Là est la vraie personnalité de M. Taine, ce qui lui appartient en propre, ce qui lui vient de lui, et non de l'étude. Le système qu'il a construit serait un bien mauvais instrument dans des mains moins puissantes et moins ingénieuses que les siennes. L'artiste a grandi le philosophe à ce point qu'on n'a plus vu que le philophe. D'autres appliqueront les mêmes théories, modifieront et amélioreront la loi mathématique qu'il affirme avoir trouvée. Mais, cette personnalité forte, cette énergie de couleurs, cette intuition profonde, ce mélange étonnant d'âpreté et de splendeur, voilà ce qui ne nous sera peut-être pas donné une seconde fois et ce qu'il faut admirer aujourd'hui.

Le style de M. Taine a des insouciances et des richesses de grand seigneur. Il est inégal et heurté sciemment. Il est le produit direct de ce mathématicien et de ce poète qui ne font qu'un. Les répétitions importent peu ; la phrase marche fortement, insoucieuse de la grâce et de la régularité ; çà et là, il y a des trous noirs. Les descriptions, les citations abondent, unies entre elles par de petites phrases sèches. On sent que l'auteur a voulu tout cela, qu'il est maître de sa plume, qu'il sait l'effet produit. On est en présence d'un artiste qui, connaissant les plus minces secrets de son art, se permet toutes choses et se donne entier, sans jamais atténuer sa personnalité. Il écrit comme il pense, en peintre et en philosophe, sobrement et à outrance.

Je citerai deux de ses œuvres pour me faire mieux comprendre. Il en est une, le *Voyage aux Pyrénées*, qui sous la plume de tout autre aurait été une suite de lettres écrites un peu à l'aventure, une relation libre et courante. Ici, nous avons des divisions exactes, nettement indiquées, de petits chapitres coupés avec une précision mathématique. Et chacun de ces casiers, que l'on pourrait numéroter, contient un paysage splendide, ou une observation profonde, ou encore une vieille légende de sang et de carnage. L'auteur a rangé méthodiquement tout ce que sa riche imagination lui a inspiré de plus exquis et de plus grandiose en face des vaux et des monts. Il est resté systématique jusque dans l'émotion que lui ont causée les horizons terribles ou charmants. Là est l'empreinte d'un des caractères de son esprit. Son amour de la force se trouve aussi amplement indiqué ; il est dans l'amitié qu'il témoigne aux grands chênes, dans son admiration profonde pour les vieilles Pyrénées ; il est encore dans le choix des anecdotes qu'il raconte, anecdotes des mœurs cruelles et libres d'un autre âge. L'œuvre a une saveur étrange : elle est forte et tourmentée. Ce n'est plus là un récit de voyage, c'est un homme, un artiste qui nous conte ses tressaillements en face de l'Océan et des montagnes. Certaines pages, *Vie et opinions philosophiques d'un chat*, m'ont toujours fait désirer de voir M. Taine écrire des nouvelles, des contes ; il me semble que son imagination, sa touche sobre et éclatante feraient merveilles dans les travaux de pure fantaisie. N'a-t-il pas quelque roman en portefeuille ?

L'*Histoire de la littérature anglaise* compte quatre gros volumes. Le cadre s'agrandit, le sujet devient plus large, mais l'esprit reste le même, l'artiste ne change pas. Ici encore, la main qui a élevé la charpente, disposé les détails, construit la masse à chaux et à sable, est cette main systématique et prodigue à la fois, frappant fort. L'*Histoire de la littérature anglaise* est d'ailleurs l'œuvre maîtresse de M. Taine ; toutes celles qui ont précédé ont tendu vers elle, et toutes celles qui viendront en découleront sans doute. Elle contient la personnalité entière de l'auteur, sa pensée unique dans son application la plus exacte ; elle est le fruit mûr et pleinement développé du mathématicien et du poète, elle est l'expression complète d'un tempérament et d'un système. M. Taine se répétera forcément; il peut multiplier à l'infini les applications de sa théorie, étudier chaque époque littéraire et artistique; les expressions et les conclusions changeront, mais la charpente demeurera la même, les détails viendront se ranger et se classer dans le même ordre.

Tandis que toute la presse discutait le système de l'auteur, je m'extasiais devant ces quatre gros volumes, devant cette vaste machine si délicatement et si solidement construite; j'admirais les marqueteries irrégulières et bizarres de ce style, l'ampleur de certaines parties et la sécheresse des attaches; je jouissais de cette joie que tout homme du métier prend à considérer un travail précieux et étrange, d'une barbarie savante; je goûtais un plaisir tout plastique, et je trouvais l'artiste qui me convenait, froid dans la méthode et passionné dans la mise en scène, tout personnel et tout libre.

Maintenant, il est facile d'imaginer quelles vont être les préférences de cet artiste, son esthétique et ses tendresses littéraires. S'il est trop savant et trop raffiné pour pécher lui-même contre le goût, s'il a trop d'exactitude dans l'esprit pour se livrer à une débauche de pensée et de style, s'il est, en un mot, trop de notre époque pour s'abandonner à la brutalité saxonne ou à l'exubérance italienne, il va toutefois témoigner ses sympathies aux écrivains, aux peintres, aux sculpteurs, qui se sont laissés aller aux ardeurs de leur sang et de leurs nerfs. Il aimera la libre manifestation du génie humain, ses révoltes, ses démences mêmes ; il cherchera la bête dans l'homme, et il applaudira lorsqu'il entendra le cri de la chair. Sans doute, il n'applaudira pas tout haut, il tâchera de garder le visage impassible du juge ; mais il y aura un certain frémissement dans la phrase qui témoignera de toute la volupté qu'il prend à écouter la voix âpre de la réalité. Il aura des sourires pour les écrivains et les artistes qui se sont déchirés eux-mêmes, montrant leurs cœurs sanglants, et encore pour ceux qui ont compris la vie en belles brutes florissantes. Il aimera Rubens et Michel-Ange, Swift et Shakespeare. Cet amour, chez lui, sera instinctif, irréfléchi. Ayant le profond respect de la vie, il déclarera d'ailleurs que tout ce qui vit est digne d'étude, que chaque époque, chaque homme méritent d'être expliqués et commentés. Aussi, lorsqu'il arrivera à parler de Walter Scott, le traitera-t-il de bourgeois.

Tel est l'esprit qui, l'année dernière, a été appelé à professer le cours d'esthétique à l'École des beaux-arts. Je laisse, dès maintenant, l'écrivain de côté, et je ne m'occupe plus que du professeur, qui enseigne une nouvelle science du beau. D'ailleurs, je ne désire examiner que ses premières leçons, que sa philosophie de l'art. Il applique cette année ses théories, il édudie les écoles italiennes. Ses théories seules m'intéressent aujourd'hui, et je n'ai pas à voir avec quelle compétence et quelle autorité il parle des trésors artistiques de cette Italie qu'il a visitée dernièrement. Ce qui m'importe, c'est de saisir le mécanisme de sa nouvelle esthétique, c'est d'étudier en lui le professeur. Nous aurons ainsi son tempérament artistique dans son entier.

Professeur n'est pas le véritable mot, car ce professeur n'enseigne pas ; il expose, il dissèque. Tout à l'heure, je disais qu'un des caractères distinctifs de cette nature de critique était d'avoir la compréhension largement ouverte, d'admettre en principe toutes les libres manifestations du génie humain. Le médecin se plaît à toutes les maladies ; il peut avoir des préférences pour certains cas plus curieux et plus rares, mais il se sent également porté à étudier les diverses souffrances. Le critique est semblable au médecin ; il se penche sur chaque œuvre, sur chaque homme, doux ou violent, barbare ou exquis, et il note ses observations au fur et à mesure qu'il les fait, sans se soucier de conclure ni de poser des préceptes. Il n'a pour règle que l'excellence de ses yeux et la finesse de son intuition ; il n'a pour enseignement que la simple exposition de ce qui a été et de ce qui est. Il accepte les diverses écoles ; il les accepte comme des faits naturels et nécessaires, au même degré, sans louer les unes aux dépens des autres, et, dès lors, il ne peut plus qu'expliquer leur venue et leur façon d'être. En un mot, il n'a pas d'idéal, d'œuvre parfaite qui lui serve de commune mesure pour toiser toutes les autres. Il croit à la création continue du génie humain, il est persuadé que l'œuvre est le fruit d'un individu et d'une époque, qui pousse à l'aventure, selon le bon plaisir du soleil, et il se dispense ainsi de donner les recettes pour obtenir des chefs-d'œuvre dans des conditions déterminées.

Il a dit cette année aux élèves de l'École des beaux-arts : « En fait de préceptes, on n'en a encore trouvé que deux ; le premier qui conseille de naître avec du génie : c'est l'affaire de vos parents, ce n'est pas la mienne ; le second qui conseille de travailler beaucoup, afin de bien posséder votre art : c'est votre affaire, ce n'est pas non plus la mienne. » Etrange professeur, qui vient, contre toutes les habitudes, déclarer à ses élèves qu'il ne leur donnera pas le moyen pratique et mis à la portée de tous de fabriquer de belles œuvres ! Et il ajoute : « Mon seul devoir est de vous exposer des faits et de vous montrer comment ces faits se sont produits. » Je ne connais pas de paroles plus hardies ni plus révolutionnaires en matière d'enseignement. Ainsi, l'élève est désormais livré à ses instincts, à sa nature ; il est seulement mis à même par la science, par l'histoire comparée du passé, de mieux lire en lui-même, de se connaître et d'obéir sciemment à ses inspirations. Je voudrais citer toute cette page où M. H. Taine parle superbement de la méthode moderne : « Ainsi comprise, la science ne proscrit ni ne pardonne ; elle constate et elle explique... Elle a des sympathies pour toutes les formes de l'art et pour toutes les écoles, même pour celles qui semblent le plus opposées ; elle les accepte comme autant de manifestations de l'esprit humain ; elle juge que plus elles sont nombreuses et contraires, plus elles montrent l'esprit humain par des faces nouvelles.

et nombreuses. » L'art, entendu de la sorte, est le produit des hommes et du temps ; il fait partie de l'histoire ; les œuvres ne sont plus que des événements résultant de diverses influences, comme les guerres et les paix. Le beau n'est fait ni de ceci ni de cela : il est dans la vie, dans la libre personnalité ; une œuvre belle est une œuvre vivante, originale, qu'un homme a su tirer de sa chair et de son cœur ; une œuvre belle est encore une œuvre à laquelle tout un peuple a travaillé, qui résume les goûts et les mœurs d'une époque entière. Le grand homme n'a besoin que de s'exercer ; il porte son chef-d'œuvre en lui. De telles idées ont une franchise brutale, lorsqu'elles sont exprimées par un professeur devant des élèves. Le professeur semble dire : « Ecoutez, je ne me sens pas le pouvoir de faire de vous de grands peintres, si vous n'avez pas le tempérament nécessaire ; je ne puis que vous conter l'histoire du passé. Vous verrez comment et pourquoi les maîtres ont grandi ; si vous avez à grandir, vous grandirez vous-mêmes, sans que je m'en mêle. Ma mission se borne à venir causer avec vous de ceux que nous admirons tous, à vous dire ce que le génie a accompli, pour vous encourager à poursuivre la tâche de l'humanité. »

Je le dis tout bas, en fait d'art, je crois que tel est le seul enseignement raisonnable. On apprend une langue, on apprend le dessin, mais on ne saurait apprendre à faire un bon poème, un bon tableau. Poème et tableau doivent sortir d'un jet des cœurs du peintre et du poète, marqués de l'empreinte ineffaçable d'une individualité. L'histoire littéraire et artistique est là pour nous dire quelles œuvres le passé nous a léguées. Elles sont toutes les filles uniques d'un esprit; elles sont sœurs, si l'on veut, mais sœurs de visages différents, ayant chacune une origine particulière, et tirant précisément leur beauté suprême de leurs traits inimitables. Chaque grand artiste qui naît vient ajouter son mot à la phrase divine qu'écrit l'humanité; il n'imite ni ne répète, il crée, tirant tout de lui et de son temps, augmentant d'une page le grand poème; il exprime, dans un langage personnel, une des nouvelles phases des peuples et de l'individu. L'artiste doit donc marcher devant lui, ne consulter que son cœur et que son époque; il n'a pas mission de prendre au passé, çà et là dans les âges, des traits épars de beauté, et d'en créer un type idéal, impersonnel et placé hors de l'humanité; il a mission de vivre, d'agrandir l'art, d'ajouter des chefs-d'œuvre nouveaux aux chefs-d'œuvre anciens, de faire œuvre de créateur, de nous donner un des côtés ignorés du beau. L'histoire du passé ne sera plus pour lui qu'un encouragement, qu'un enseignement de sa véritable mission. Il emploiera le métier acquis à l'expression de son individualité, saura qu'il a existé un art païen, un art chrétien, pour se dire que le beau, comme toutes les choses de ce monde, n'est pas immuable, mais qu'il marche, se transformant à chaque nouvelle étape de la grande famille humaine.

Une telle vérité, je le sais, est le renversement des écoles. Meurent les écoles, si les maîtres nous restent.

Une école n'est jamais qu'une halte dans la marche de l'art, de même qu'une royauté est souvent une halte dans la marche des sociétés. Chaque grand artiste groupe autour de lui toute une génération d'imitateurs, de tempéraments semblables, mais affaiblis. Il est né un dictateur de l'esprit ; l'époque, la nation se résument en lui avec force et éclat; il a pris en sa puissante main toute la beauté éparse dans l'air; il a tiré de son cœur le cri de tout un âge; il règne, et n'a que des courtisans. Les siècles passeront, il restera seul debout; tout son entourage s'effacera, la mémoire ne gardera que lui, qui est la plus puissante manifestation d'un certain génie. Il est puéril et ridicule de souhaiter une école ; lorsque j'entends nos critiques d'art, chaque année dans leurs comptes rendus du Salon, geindre et se plaindre de ce que nous n'avons pas une pauvre petite école qui régente les tempéraments et enrégimente les facultés, je suis tenté de leur crier : « Eh! pour l'amour de Dieu, souhaitez un grand artiste et vous aurez tout de suite une école ; souhaitez que notre âge trouve son expression, qu'il pénètre un homme qui nous le rende en chefs-d'œuvre, et aussitôt les imitateurs viendront, les personnalités moindres suivront à la file : il y aura cohorte et discipline. Nous sommes en pleine anarchie, et, pour moi, cette anarchie est un spectacle curieux et intéressant. Certes, je regrette le grand homme absent, le dictateur, mais je me plais au spectacle de tous ces rois se faisant la guerre, de cette sorte de république où chaque citoyen est maître chez lui. Il y a là une somme énorme d'activité dépensée, une vie fiévreuse et emportée. On n'admire pas assez cet enfantement continu et obstiné de notre époque; chaque jour est signalé par un nouvel effort, par une nouvelle création. La tâche est faite et reprise avec acharnement. Les artistes s'enferment chacun dans son coin et semblent travailler à part au chef-d'œuvre qui va décider de la prochaine école; il n'y a pas d'école, chacun peut et veut devenir le maître. Ne pleurez donc pas sur notre âge, sur les destinées de l'art; nous assistons à un labeur profondément humain, à la lutte des diverses facultés, aux couches laborieuses d'un temps qui doit porter en lui un grand et bel avenir. Notre art, l'anarchie, la lutte des talents, est sans doute l'expression fidèle de notre société; nous sommes malades d'industrie et de science, malades de progrès; nous vivons dans la fièvre pour préparer une vie d'équilibre à nos fils; nous cherchons, nous faisons chaque jour de nouveaux essais, nous créons pièce à pièce un monde nouveau. Notre art doit nous ressembler : lutter pour se renouveler, vivre au milieu du désordre de toute reconstruction pour se reposer un jour dans une beauté et dans une paix profondes. Attendez le grand homme futur, qui dira le mot que nous cherchons en vain; mais, en attendant, ne dédaignez pas trop les travailleurs d'aujourd'hui qui suent sang et eau et qui nous donnent le spectacle magnifique d'une société en travail d'enfantement. »

Donc, le professeur, admettant toutes les écoles comme des groupes d'artistes exprimant un certain état humain, va les étudier au simple point de vue accidentel; je veux dire qu'il se contentera d'expliquer leur venue et leur façon d'être. Ce ne seront plus que des faits historiques, comme je l'ai dit tout à l'heure, des faits physiologiques aussi. Le professeur se promènera dans les temps, fouillant chaque âge et chaque nation, ne rapportant plus les œuvres à une œuvre typique, les considérant en elles-mêmes, comme des produits changeant sans cesse et puisant leur beauté dans la force et la vérité de l'expression individuelle et humaine. Dès lors, il entrera dans le chaos, s'il n'a en main un fil qui le conduise au milieu de ces mille produits divers et opposés; il n'a plus de commune mesure, il lui faut des lois de production.

C'est ici que M. Taine, le mécanicien que vous savez, pose sa grande charpente. Il affirme avoir trouvé une loi universelle qui régit toutes les manifestations de l'esprit humain. Désormais, il expliquera chaque œuvre, en en déterminant la naissance et la façon d'être ; il appliquera à chacune le même procédé de critique ; son système va être en ses mains un instrument de fer impitoyable, rigide, mathématique. Cet instrument est d'une simplicité extrême, à première vue ; mais on ne tarde pas à y découvrir une foule de petits rouages que l'ingéniosité du professeur met en mouvement dans certains cas. En somme, je crois que M. Taine se sert en artiste de ce compas avec lequel il mesure les intelligences, et que des doigts moins délicats et moins fermes ne feraient qu'une besogne assez triste. Je n'ai pas encore dit quelle était la nouvelle théorie, sachant qu'il n'est personne à cette heure qui ne la connaisse et ne l'ait discutée au moins avec lui-même. Cette théorie pose en principe que les faits intellectuels ne sont que les produits de l'influence sur l'homme de la race, du milieu et du moment. Étant donnés un homme, la nation à laquelle il appartient, l'époque et le milieu dans lesquels il vit, on en déduira l'œuvre que produira cet homme. C'est là un simple problème, que l'on résout avec une exactitude mathématique; l'artiste peut faire prévoir l'œuvre, l'œuvre peut faire connaître l'artiste. Il suffit d'avoir les données en nombre nécessaire, n'importe lesquelles, pour obtenir les inconnues à coup sûr. On voit qu'une pareille loi, si elle est juste, est un des plus merveilleux instruments dont on puisse se servir en critique. Telle est la loi unique avec laquelle M. Taine, qui ne se mêle ni d'applaudir ni de siffler, expose méthodiquement et sans se perdre, l'histoire littéraire et artistique du monde.

Il a formulé cette loi devant les élèves de l'École des beaux-arts, d'une façon complète et originale; il n'avait encore été nulle part aussi catégorique. Je n'ai bien compris tout son système que le jour où j'ai lu ses leçons d'esthétique, qu'il vient de publier sous le titre de *Philosophie de l'art*. Toutes les écoles, a-t-il dit, sont également acceptables; la critique moderne se contente de constater et d'expliquer. Voici maintenant la loi qui lui permet de constater et d'expliquer avec méthode.

L'amour de l'ordre, de la précision, n'est jamais aussi fort chez M. Taine que lorsqu'il est en plein chaos. Il adore l'emportement, les forces déréglées, et plus il entre dans l'anarchie des facultés et des tempéraments, plus il devient algébrique, plus il cherche à classer, à simplifier.

Il imagine une comparaison pour nous rendre sensible sa croyance sur la formation et le développement des instincts artistiques. Il compare l'artiste à une plante, à un végétal qui a besoin d'un certain sol, d'une certaine température pour grandir et donner des fruits. « De même qu'on étudie la température physique pour comprendre l'apparition de telle ou telle espèce de plantes, le maïs ou l'avoine, l'aloès ou le sapin, de même il faut étudier la température morale pour comprendre l'apparition de telle espèce d'art, la sculpture païenne ou la peinture réaliste, l'architecture mystique ou la littérature classique, la musique voluptueuse ou la poésie idéaliste. Les productions de l'esprit humain, comme celles de la nature vivante, ne s'expliquent que par leur milieu. » Donc, il y a une température morale faite du milieu et du moment; cette température influera sur l'artiste, trouvera en lui des facultés personnelles et des facultés de race qu'elle développera plus ou moins.

« Elle ne produit pas les artistes; les génies et les talents sont donnés comme les graines; je veux dire que, dans le même pays, à deux époques différentes, il y a très probablement le même nombre d'hommes de talent et d'hommes médiocres... La nature est une semence d'hommes... Dans ces poignées de semence qu'elle jette autour d'elle en arpentant le temps et l'espace, toutes les graines ne germent pas. Une certaine température morale est nécessaire pour que certains talents se développent; si elle manque, ils avortent. Par suite, la température changeant, l'espèce des talents changera; si elle devient contraire, l'espèce des talents deviendra contraire, et, en général, on pourra concevoir la température morale comme *faisant un choix* entre les différentes espèces de talents, ne laissant se développer que telle ou telle espèce, excluant plus ou moins complètement les autres. »

J'ai tenu à citer cette page entière. Elle montre tout le mécanisme du système. Il ne faut pas craindre avec M. Taine de tirer les conclusions rigoureuses de sa théorie. Il est lui-même disposé à l'appliquer avec la foi la plus aveugle, la précision la plus mécanique. Ainsi on peut poser comme corollaires : toutes les œuvres d'une même époque ne peuvent exprimer que cette époque ; deux œuvres produites dans des conditions semblables doivent se ressembler trait pour trait. J'avoue ne point oser aller jusqu'à ces croyances. Je sais que M. Taine est d'une subtilité rare, qu'il interprète les faits avec une grande habileté. C'est justement cette habileté, cette subtilité qui m'effrayent. La théorie est trop simple, les interprétations sont trop diverses. Là apparaissent cette foule de petits rouages dont j'ai parlé : cet artiste a obéi aux idées de son temps ; cet autre a réagi, toute action nécessitant une réaction ; cet autre représente le passé qui s'en va ; cet autre annonce l'avenir qui vient.

Adieu la belle unité de la théorie. Ce n'est plus l'application exacte d'une loi simple et claire ; c'est la libre intuition, le jugement délié et ingénieux d'une intelligence savante. Mettez un esprit lourd à la place de cette pensée rapide qui fouille chaque homme et en tire les éléments dont elle a besoin, et vous verrez si cet esprit saura accomplir sa tâche d'une façon si aisée. Voilà qui me donne des inquiétudes ; je me défie de M. Taine, comme d'un homme aux doigts prestes, qui escamote tout ce qui le gêne et ne laisse voir que les éléments qui le servent ; je me dis qu'il peut avoir raison, mais qu'il veut avoir trop raison, qu'il se trompe peut-être lui-même, emporté par son âpre recherche du vrai. Je l'aime et je l'admire, mais j'ai une effroyable peur de me laisser duper, et il y a je ne sais quoi de raide et de tendu dans le système, de généralisé et d'inorganique, qui me met en méfiance et me dit que c'est là le rêve d'un esprit exact et non la vérité absolue. Tout homme qui veut classer et simplifier tend à l'unité, augmente ou diminue malgré lui certaines parties, déforme les objets pour les faire entrer dans le cadre qu'il a choisi. Sans doute, le vrai doit être au moins pour les trois quarts dans la vérité de M. Taine. Il est certain que la race, le milieu, le moment historique, influent sur l'œuvre de l'artiste. Le professeur triomphe lorsqu'il examine les grandes époques et les indique à larges traits : la Grèce divinisant la chair, avec ses villes nues au soleil et ses nations fortes et souples, revit tout entière dans le peuple de ses statues ; le moyen âge chrétien frissonne et gémit au fond de ses cathédrales, où les saints émaciés rêvent dans leur extase douloureuse ; la Renaissance est l'anarchique réveil de la chair, et nous entendons encore aujourd'hui du fond des âges ce cri du sang, cette explosion de vie, cet appel à la beauté matérielle et agissante ; enfin, toute la tragédie est dans Louis XIV et dans ce siècle royalement majestueux qu'il sut façonner à son image. Oui, ces remarques sont justes, ces interprétations sont vraies, et il faut en conclure que l'artiste ne peut vivre en dehors de son temps, et que ses œuvres reflètent son époque, ce qui est presque puéril à énoncer. Mais nous n'en sommes pas à cette sécheresse du problème par lequel, dans n'importe quel cas, on déduit l'œuvre de la simple connaissance de certaines données. Je sais d'ailleurs que je ne puis accepter le système en partie, qu'il me faut le prendre ou le refuser en entier ; tout se tient ici, et déranger la moindre colonne, ce serait faire écrouler la charpente. Je ne viens pas non plus chercher noise à l'auteur, au nom des dogmes littéraires, philosophiques et religieux ; je n'ignore point que ces croyances artistiques cachent des croyances positivistes, une négation des religions admises, mais je déclare ne m'occuper que d'art et n'avoir souci que de vérité. Je dis seulement en homme à M. Taine : « Vous marchez dans le vrai, mais vous côtoyez de si près la ligne du faux, que vous devez certainement l'enjamber quelquefois. Je n'ose vous suivre. »

Veut-on mon opinion entière sur M. Taine et son système? J'ai dit que j'avais souci de vérité. Tout bien examiné, j'ai encore plus souci de personnalité et de vie. Je suis, en art, un curieux qui n'a pas grandes règles, et qui se penche volontiers sur toutes les œuvres, pourvu qu'elles soient l'expression forte d'un individu ; je n'admire et je n'aime que les créations uniques, affirmant hautement une faculté ou un sentiment humains. Je considère donc la théorie de M. Taine et les applications qu'il en fait comme une manifestation curieuse d'un esprit exact et fort, très flexible et très ingénieux. Il s'est rencontré dans cette nature les qualités les plus opposées; et la réunion de ces qualités, servies par un tempérament riche, nous a donné un fruit étrange, d'une saveur particulière. Le spectacle d'un individu rare est assez intéressant, je pense, pour que nous nous perdions dans sa contemplation, sans trop songer au péril que peut courir le vrai. Je me plais à la vue de cette intelligence nouvelle, et j'applaudis même son système, puisque ce système lui permet de se développer en entier dans toute sa richesse, et prête singulièrement à faire valoir ses défauts et ses qualités. J'en arrive ainsi à ne plus voir en lui qu'un artiste puissant. Je ne sais si ce titre d'artiste le flatte ou le fâche; peut-être est-il plus délicatement chatouillé lorsqu'on lui donne celui de philosophe; l'orgueil de l'homme a ainsi ses préférences. M. Taine tient sans doute beaucoup à sa théorie, et je n'ose lui dire que j'ai non moins d'indifférence pour cette théorie que d'admiration pour son talent. S'il m'en croyait, il serait très fier de ses seules facultés artistiques.

Tout indifférent que je me prétende, il y a dans le système un oubli volontaire qui me blesse. M. Taine évite de parler de la personnalité; il ne peut l'escamoter tout à fait, mais il n'appuie pas, il ne l'apporte pas au premier plan où elle doit être. On sent que la personnalité le gêne terriblement. Dans le principe, il avait inventé ce qu'il appelait la faculté maîtresse; aujourd'hui, il tend à s'en passer. Il est emporté, malgré lui, par les nécessités de sa pensée, qui va toujours se resserrant, négligeant de plus en plus l'individu, tâchant d'expliquer l'artiste par les seules influences étrangères. Tant qu'il laissera un peu d'humanité dans le poète et dans le peintre, un peu de libre arbitre et d'élan personnel, il ne pourra le réduire entièrement à des règles mathématiques. L'idéal de la loi qu'il dit avoir trouvée serait de s'appliquer à des machines. Aujourd'hui, M. Taine n'en est encore qu'à la comparaison des semences, qui poussent ou qui ne poussent pas, selon le degré d'humidité et de chaleur. Ici, la semence, c'est l'individualité. J'ai des larmes en moi, M. Taine affirme que je ne pourrai pleurer, parce que tout mon siècle est en train de rire à gorge déployée. Moi, je suis de l'avis contraire, je dis que je pleurerai tout mon saoûl si j'ai besoin de pleurer. J'ai la ferme croyance qu'un homme de génie arrive à vider son cœur, lors même que la foule est là pour l'en empêcher. J'ai l'espoir que l'humanité n'éteint jamais un seul des rayons qui doivent faire sa gloire. Lorsque le génie est né, il doit grandir forcément dans le sens de sa nature. Je ne défends encore qu'une croyance consolante, mais je réclame plus hautement une large place pour la personnalité, lorsque je me demande ce que deviendrait l'art sans elle. Une œuvre, pour moi, est un homme ; je veux retrouver dans cette œuvre un tempérament, un accent particulier et unique. Plus elle sera personnelle, plus je me sentirai attiré et retenu. D'ailleurs, l'histoire est là, le passé ne nous a légué que les œuvres vivantes, celles qui sont l'expression d'un individu ou d'une société. Car j'accorde que souvent l'artiste est fait de tous les cœurs d'une époque ; cet artiste collectif, qui a des millions de têtes et une seule âme, crée alors la statuaire égyptienne, l'art grec ou l'art gothique ; et les dieux hiératiques et muets, les belles chairs pures et puissantes, les saints blêmes et maigres sont la manifestation des souffrances et des joies de l'individu social, qui a pour sentiment la moyenne des sentiments publics. Mais, dans les âges de réveil, de libre expansion, l'artiste se dégage, il s'isole et crée selon son seul cœur ; il y a rivalité entre les sentiments, l'unanimité des croyances artistiques n'est plus, l'art se divise et devient individuel. C'est Michel-Ange dressant ses colosses en face des vierges de Raphaël ; c'est Delacroix brisant les lignes que M. Ingres redresse. On le sent, les œuvres des nations sont signées par la foule ; on ne saurait, à leur vue, nommer un homme, on nomme une époque ; tous les dieux de l'Égypte et de la Grèce, tous les saints de nos cathédrales se ressemblent ; l'artiste a disparu, il a eu les mêmes sentiments que le voisin ; les statues du temps sont toutes sorties du même chantier. Au contraire, il est des œuvres, celles qui n'ont qu'un père, des œuvres de chair et de sang, individuelles à ce point qu'on ne peut les regarder sans prononcer le nom de ceux dont elles sont les filles immortelles. Elles sont uniques. Je ne dis pas que les artistes qui les ont produites, n'aient pas été modifiés par des influences extérieures, mais ils ont eu en eux une faculté personnelle, et c'est justement cette faculté poussée à l'extrême, développée par les influences mêmes, qui a fait leurs œuvres grandes en les créant seules de leur noble race. Pour les œuvres collectives, le système de M. Taine fonctionne avec assez de régularité ; là, en effet, l'œuvre est évidemment le produit de la race, du milieu, du moment historique ; il n'y a pas d'éléments individuels qui viennent déranger les rouages de la machine. Mais dès qu'on introduit la personnalité, l'élan humain libre et déréglé, tous les ressorts crient et le mécanisme se détraque. Pour que l'ordre ne fût pas troublé, il faudrait que M. Taine prouvât que l'individualité est soumise à des lois, qu'elle se produit selon certaines règles, qui ont une relation absolue avec la race, le milieu, le moment historique. Je crois qu'il n'osera jamais aller jusque-là. Il ne pourra dire que la personnalité de Michel-Ange n'aurait pu se manifester dans un autre siècle ; il lui sera permis tout au plus de prétendre que, dans un autre siècle, cette personnalité se serait affirmée différemment ; mais ce n'est là qu'une question secondaire, le génie étant la hauteur de l'ensemble et non la relation des détails. Du moment où l'esprit frappe où il veut et quand il veut, les influences ne sont plus que des accidents dont on peut étudier et expliquer les résultats, agissant sur un élément de nature essentiellement libre, qu'on n'a encore soumis à aucune loi. D'ailleurs, puisque j'ai fait mon acte d'indifférence, je ne veux pas discuter davantage le plus ou le moins de vérité du système. Je supplie seulement M. Taine de faire une part plus large à la personnalité. Il doit comprendre, lui, artiste original, que les œuvres sont des filles tendrement aimées, auxquelles on donne son sang et sa chair, et que plus elles ressemblent à leurs pères, trait pour trait, plus elles nous émeuvent ; elles sont le cri d'un cœur et d'un corps, elles offrent le spectacle d'une créature rare, montrant à nu tout ce qu'il y a d'humain en elle. J'aime ces œuvres, parce que j'aime la réalité, la vie.

Avant de finir, il me reste à donner la définition de l'art, formulée par M. Taine. J'avoue avoir une médiocre affection pour les définitions ; chacun a la sienne, il en naît de nouvelles chaque jour, et les sciences ou les arts que l'on définit n'en marchent ni plus vite ni plus doucement. Une définition n'a qu'un intérêt, celui de résumer toute la théorie de celui qui la formule. Voici celle de M. Taine : « L'œuvre d'art a pour but de manifester quelque caractère essentiel ou saillant, partant quelque idée importante plus clairement et plus complètement que ne le font les objets réels. Elle y arrive en employant un ensemble de parties liées, dont elle modifie systématiquement les rapports. » Ceci a besoin d'être expliqué, étant énoncé d'une façon un peu sèche et mathématique. Ce que le professeur appelle caractère essentiel n'est autre chose que ce que les dogmatiques nomment idéal ; seulement, le caractère essentiel est un idéal beau ou laid, le trait saillant de n'importe quel objet grandi hors nature, interprété par le tempérament de l'artiste. Ainsi, dans la *Kermesse* de Rubens, le caractère essentiel, l'idéal, est la furie de l'orgie, la rage de la chair saoûle et brutale ; dans la *Galatée* de Raphaël, au contraire, le caractère essentiel, l'idéal, est la beauté de la femme, sereine, fière, gracieuse. Le but de l'art, pour M. Taine, est donc de fixer l'objet, de le rendre visible et intéressant en le grandissant, en exagérant une de ses parties saillantes. Pour arriver à ce résultat, on comprend qu'on ne peut imiter l'objet dans sa réalité ; il suffit de le copier, en maintenant un certain rapport entre ses diverses proportions, rapport que l'on modifie pour faire prédominer le caractère essentiel. Michel-Ange, grossissant les muscles, tordant les reins, grandissant tel membre aux dépens de tel autre, s'affranchissait de la réalité, créait selon son cœur des géants terribles de douleur et de force.

La définition de M. Taine contente mes besoins de réalité, mes besoins de personnalité ; elle laisse l'artiste indépendant sans réglementer ses instincts, sans lui imposer les lois d'un beau typique, idée contraire à la liberté fatale des manifestations humaines. Ainsi, il est bien convenu que l'artiste se place devant la nature, qu'il la copie en l'interprétant, qu'il est plus ou moins réel selon ses yeux ; en un mot, qu'il a pour mission de nous rendre les objets tels qu'il les voit, appuyant sur tel détail, créant à nouveau. J'exprimerai toute ma pensée en disant qu'une œuvre d'art est un coin de la création vu à travers un tempérament.

En somme, que M. Taine se trompe oui ou non dans sa théorie, il n'en est pas moins une nature essentiellement artistique, et ses paroles sont celles d'un homme qui veut faire des artistes et non des raisonneurs. Il vient dire à ces jeunes gens que l'on tient sous la férule et que l'on tente de vêtir d'un vêtement uniforme, il vient leur dire qu'ils ont toute liberté ; il les affranchit, il les convie à l'art de l'humanité, et non à l'art de certaines écoles ; il leur conte le passé et leur montre que les plus grands sont ceux qui ont été les plus libres. Puis il relève notre époque, il ne la dédaigne pas, il y trouve au contraire un spectacle du plus haut intérêt ; puisqu'il y a lutte, effort continu, production incessante, il y a aussi un âpre désir d'exprimer le mot que tous croient avoir sur les lèvres et que personne n'a encore prononcé. N'est-ce pas là un enseignement fortifiant, plein d'espérance? Si l'École des beaux-arts a choisi M. Taine, croyant qu'il l'aiderait à se constituer un petit comité, une coterie intolérante, elle s'est étrangement trompée. Je sais d'ailleurs que ce n'est pas elle qui a fait un pareil choix. La présence de M. Taine en ce lieu est un attentat direct aux vieux dogmes du beau. Il s'y opposera à la formation de toute école. Il ne fera certainement pas naître un grand artiste, mais s'il s'en trouve un dans son auditoire, il ne s'opposera pas à son développement, il facilitera même la libre manifestation de ses facultés.

Tel est M. Taine, telles sont, si je ne me trompe, sa propre individualité et ses préférences, ses opinions en matière artistique. Mathématicien et poète, amant de la puissance et de l'éclat, il a la curiosité de la vie, le besoin d'un système, l'indifférence morale du philosophe, de l'artiste et du savant. Il possède des idées positives très arrêtées, et il applique ces idées à toutes ses connaissances. Son propre tempérament se trahit dans son esthétique ; indépendant, il prêche la liberté ; homme de méthode, il classe et veut expliquer toutes choses ; poète âpre et brutal, il est sympathique à certains maîtres, Michel-Ange, Rembrandt, Rubens, etc. ; philosophe, il ne fait qu'appliquer à l'art sa philosophie. Je ne sais si j'ai été juste envers lui ; je l'ai étudié selon ma nature, faisant dominer l'artiste en lui. Ce n'est ici qu'une appréciation personnelle. J'ai essayé de dire en toute vérité et en toute franchise ce que je pense d'un homme qui me paraît être un des esprits les plus puissants de notre âge.

J'applique à M. Taine la théorie de M. Taine. Pour moi, il résume les vingt dernières années de critique ; il est le fruit mûr de cette école qui est née sur les ruines de la rhétorique et de la scolastique. La nouvelle science, faite de physiologie et de psychologie, d'histoire et de philosophie, a eu son épanouissement en lui. Il est, dans notre époque, la manifestation la plus haute de nos curiosités, de nos besoins d'analyse, de nos désirs de réduire toutes choses au pur mécanisme des sciences mathématiques. Je le considère, en critique littéraire et artistique, comme le contemporain du télégraphe électrique et des chemins de fer. Dans nos temps d'industrie, lorsque la machine succède en tout au travail de l'homme, il n'est pas étonnant que M. Taine cherche à démontrer que nous ne sommes que des rouages obéissant à des impulsions venues du dehors. Mais il y a protestation en lui, protestation de l'homme faible, écrasé par l'avenir de fer qu'il se prépare ; il aspire à la force ; il regarde en arrière ; il regrette presque ces temps où l'homme seul était fort, où la puissance du corps décidait de la royauté. S'il regardait en avant, il verrait l'homme de plus en plus diminué, l'individu s'effaçant et se perdant dans la masse, la société arrivant à la paix et au bonheur, en faisant travailler la matière pour elle. Toute son organisation d'artiste répugne à cette vue de communauté et de fraternité. Il est là, entre un passé qu'il aime et un avenir qu'il n'ose envisager, affaibli déjà et regrettant la force, obéissant malgré lui à cette folie de notre siècle, de tout savoir, de tout réduire en équations, de tout soumettre aux puissants agents mécaniques qui transformeront le monde.

HISTOIRE DE JULES CÉSAR

I

LA PRÉFACE

Je me sens l'esprit calme et la plume facile en présence de la page que j'ai aujourd'hui à juger. Le critique vit dans une sphère haute et sereine; il est maître et roi dans le domaine de la pensée. Les œuvres sont toutes, à ses yeux, filles de l'intelligence humaine, et il ne s'incline que devant la royauté du génie et l'aristocratie du talent. J'ai besoin d'appuyer sur ces pensées, me trouvant dans la délicate position de ne pouvoir ni louer ni blâmer, sans que mes éloges soient pris pour des flatteries de courtisan, mes blâmes pour des escapades de frondeur. Je veux faire bien comprendre que le confrère dont je parlerai dans cet article vient à moi plus que je ne vais à lui, et que je traite avec lui, pour une heure, d'égal à égal. J'oublie l'homme et ne vois que l'écrivain ; si je me prive ainsi de piquants rapprochements, de fines allusions, blessures plus ou moins vives ou chatouillements agréables, je gagne tout au moins le droit d'approuver et de désapprouver, sans que ma dignité ait à souffrir.

Je préférerais encore que l'on m'accusât de courtisanerie que d'être soupçonné un instant de jouer ici le rôle de l'insulteur antique qui suivait le char des triomphateurs. Vraiment, il est trop facile, en cette circonstance, de se tailler un piédestal dans l'injure, et rien ne me déplairait comme d'être confondu avec les gens qui calculent le nombre de leurs lecteurs d'après le nombre de leurs critiques. La sympathie est de bon goût, lorsque la sévérité peut être taxée de calcul.

D'ailleurs, je l'ai dit, je n'ai point souci de toutes ces considérations. Je me mets à part ; je n'ai ni encens ni orties dans les mains.

Peut-être les lecteurs auraient-ils désiré me voir monter de l'œuvre à l'auteur et trouver dans le livre un programme politique, l'explication d'un règne. J'avoue ne pas avoir le courage d'une pareille tâche ; la tête me tournerait dans ces régions qui ne sont plus les miennes. J'accorde d'ailleurs que mes appréciations pourront ne pas être complètes ; je comprends qu'il y a une face de l'œuvre que je laisserai volontairement de côté, me bouchant les oreilles chaque fois que l'historien se souviendra qu'il est prince et fera plus ou moins directement une allusion à sa propre histoire. Il doit y avoir, j'en conviens, une question pratique dans l'ouvrage; mais, je le répète, je suis décidé à ne pas voir cette question; je veux ne considérer absolument que la question théorique, juger l'historien et non le prince; étudier un tempérament de philosophe et non un tempérament de politique.

Si vous le voulez, j'écris cet article en 1815. J'ignore le présent, je ne songe qu'au passé. Je suis en pleine théorie, et je juge simplement le système historique d'un confrère. Je conjure le lecteur de bien se mettre à mon point de vue, de ne pas chercher le moindre sous-entendu dans mes paroles, et de monter avec moi encore plus haut que l'historien n'a monté, dans la sphère calme de l'idée, pure région où les spéculations philosophiques perdent tout côté personnel.

C'est à ces conditions seules que je me sens la liberté nécessaire pour parler de l'œuvre qui passionne en ce moment le public. Je n'examinerai d'abord que la préface.

Il y a, en histoire, deux façons de procéder. Les historiens choisissent l'une ou l'autre, selon leurs instincts.

Parmi eux, les uns négligent le détail et s'attachent à l'ensemble; ils embrassent d'un coup d'œil l'horizon d'une époque, cherchent à simplifier les lignes du tableau. Ils se placent en dehors de l'humanité, jugent les hommes sous la seule face historique, et non dans leur être entier, et arrivent ainsi à formuler une vérité grave et solennelle qui ne saurait être toute la vérité. Le personnage devient entre leurs mains une loi et un argument; ils le dépouillent de ses passions, de son sang et de ses nerfs; ils en font une pensée, une simple force appliquée par la Providence au mouvement de la grande machine sociale. Ils nous donnent les âmes sans jamais nous donner les cadavres humains. Un événement, selon eux, est le produit volontaire et médité d'une de ces âmes. Ils communiquent à la machine un branle régulier, obéissant à des lois fixes. On comprend tout ce que ce système enlève de vie à l'histoire. Nous ne sommes plus, à vraiment parler, sur cette terre, mais dans un monde imaginaire, morne et froid; les êtres de ce monde marchent mathématiquement, plus purs et plus grands que nous, car ils ont été débarrassés de leurs corps, et on ne nous présente que leur être moral. Toutefois, ces corps ont vécu, et j'ose dire qu'ils devraient compter dans l'histoire; j'ai beau me répéter que le génie n'obéit pas à la fange comme la médiocrité, je ne puis croire qu'à un moment donné tel fait n'a pas été produit par les seuls appétits d'un maître du monde. Il y a une pensée haute et consolante dans la croyance que tout grand événement a eu une grande cause, mais je refuse cette croyance dans sa généralité; elle n'est pas humaine et ne saurait être toujours vraie. Montaigne dit quelque part que les rois mangent et boivent comme nous, et que nous nous trompons étrangement, lorsque nous donnons à leurs actes des mobiles plus élevés que ceux d'un père administrant les biens de sa famille. J'aime cette bonhomie et cette franchise. Les grandes figures de l'histoire ne peuvent que gagner à nous être livrées dans leur entier, corps et âme ; si le type est moins pur, il est plus vivant ; si l'histoire y perd en solennité, elle y gagne certainement en vérité et en intérêt.

L'autre école historique est tout opposée ; elle vit du détail, de l'étude psychologique et physiologique, elle tente de nous rendre les hommes et les événements avec les vives couleurs de la réalité, l'esprit du temps, les vêtements et les mœurs. Quand elle nous donne un héros, elle s'inquiète autant de ses passions que de ses pensées, elle explique ses actes par son cœur et par son intelligence ; elle le dresse devant nous dans sa vérité, comme un homme et non comme un dieu. C'est une sorte de réalisme appliqué à l'histoire ; c'est l'observation patiente de l'individu, la reproduction exacte de tout son être, l'explication franche de son influence sur les affaires de ce monde. Le héros de la légende perd sa hauteur merveilleuse ; il n'est plus qu'une créature de chair et d'os, bâtie comme nous, ayant nos instincts, mise seulement à même d'étendre sa personnalité sur un large théâtre. Le spectacle d'un empereur est plus curieux pour un philosophe que le spectacle d'un pauvre diable, en ceci seulement que plus un homme est puissant, plus la volonté se développe en lui, plus il étale au grand jour la nature humaine dans ses grandeurs et dans ses misères.

L'histoire, contée ainsi d'homme à homme, a l'intérêt d'une confidence et d'une résurrection; les âges anciens passent devant nous, nous vivons dans les époques antérieures, voyant et touchant les grands hommes; si cette familiarité nous enlève un peu du respect que nous avions pour eux, nous gagnons à ce commerce intime une plus profonde connaissance de leur cœur, et nous sentons plus de fraternité entre eux et nous; nous avons plaisir à découvrir un homme sous le héros, et l'histoire de l'humanité nous devient sympathique, car nous entendons battre en elle notre propre cœur, nous la voyons vivre de notre vie. Je le sais, cette méthode historique n'a pas la gravité respectable de l'autre ; elle est brusque dans ses allures, et ne prétend pas trouver les lois d'après lesquelles s'accomplissent les événements. Elle manque de solennité, elle se refuse à formuler des systèmes, elle se contente d'étudier l'homme pour l'homme, le fait pour le fait. Elle est analyse, et non pas synthèse. Mais je l'aime pour sa verdeur et sa liberté d'allures ; il me semble qu'elle est fille de notre siècle, qu'elle est née parmi nous qui sommes affolés de réalité et de franchise.

L'auteur de l'*Histoire de Jules César* appartient à la première école. « Il faut, dit-il, que les changements politiques ou sociaux soient philosophiquement analysés, que l'attrait piquant des détails sur la vie des hommes publics ne détourne pas l'attention de leur rôle politique et ne fasse pas oublier leur mission providentielle. » C'est là tout un programme ; je comprends la grandeur de l'histoire ainsi considérée, mais cette grandeur m'effraye presque ; je crains que l'historien ne perde pied malgré lui, et qu'il n'exerce son sacerdoce avec une austérité trop divine. S'il n'a aucun talent, il va nécessairement tomber dans une gravité grotesque et devenir le Prudhomme de l'histoire ; s'il y a en lui l'étoffe d'un penseur et d'un écrivain, on doit redouter qu'il ne monte dans l'idéal, dans la spéculation pure, qu'il ne peigne des types, oubliant qu'il a, avant tout, à nous peindre des hommes. Certes on peut philosopher sur les annales humaines ; elles donnent matière à l'analyse et au raisonnement, mais les faits ne sont jamais que le produit des foules, et les foules ne sont composées que d'individus. Nous en revenons toujours à l'homme, non pas à l'homme providentiel, mais à l'homme tel que Dieu l'a créé, vous et moi, le prince et le sujet. J'avoue que je m'inquiète peu de « l'attrait piquant des détails sur la vie des hommes publics » ; mais ce que je désire, c'est que les hommes publics ne me soient pas présentés comme de pures abstractions ; je tiens à ce que leur conduite se trouve expliquée par leur être entier ; en un mot, je ne veux pas d'un beau mensonge, d'une figure drapée selon la convenance d'un goût personnel, je veux une créature vivante, à laquelle rien de ce qui est humain ne soit étranger. Les livres d'histoire ne sont pour moi que les mémoires de l'humanité, et j'entends trouver en eux la terre et ses instincts. Soyons réels d'abord, nous philosopherons ensuite. Ma façon d'envisager la muse sévère dont nos sculpteurs m'ont donné une si triste idée, paraîtra sans doute peu respectueuse, et l'on m'accusera d'avoir l'âme bien basse et l'intelligence bien étroite. Je ne puis me changer. Je suis fou de réalité, et je demande à toute œuvre, même à une œuvre historique, la vérité humaine, la vérité des passions et des pensées.

La préface de l'*Histoire de Jules César* n'a été faite que pour amener les lignes suivantes, elle se résume tout entière dans ce paragraphe : « Ce qui précède montre assez le but que je me propose en écrivant cette histoire. Ce but est de prouver que, lorsque la Providence suscite des hommes tels que César, Charlemagne, Napoléon, c'est pour tracer aux peuples la voie qu'ils doivent suivre, marquer du sceau de leur génie une ère nouvelle et accomplir, en quelques années, le travail de plusieurs siècles. Heureux les peuples qui les comprennent et les suivent! malheur à ceux qui les méconnaissent et les combattent! Ils font comme les Juifs, ils crucifient leur Messie : ils sont aveugles et coupables; aveugles, car ils ne voient pas l'impuissance de leurs efforts à suspendre le triomphe définitif du bien; coupables, car ils ne font que retarder le progrès, en entravant sa prompte et féconde application. » Voilà des paroles catégoriques, sur le sens desquelles il n'est pas permis d'hésiter; elles sont à elles seules grosses de tempêtes, et je suis certain qu'elles seront les plus critiquées du livre, dont elles renferment, d'ailleurs, toute la pensée. Moi, je les aime pour leur hardiesse. Elles vont carrément au but et posent tranquillement César à côté de Jésus, le soldat cruel auprès du doux conquérant des âmes. Je ne crois pas à ces messagers du ciel qui viennent accomplir sur la terre leur mission de sang ; si Dieu parfois nous envoyait ses fils, je me plais à penser que ces créatures providentielles ressembleraient toutes au Christ, et feraient des œuvres de paix et de vérité ; elles viendraient, à l'heure dite, renouveler l'espérance, nous donner une nouvelle philosophie, imprimer au monde une direction morale plus ferme et plus droite. Les conquérants, au contraire, ne sont qu'une crise suprême dans les maladies des sociétés ; il y a amputation violente, et toujours le blessé en meurt. On ne peut venir du ciel, une épée à la main. César, Charlemagne, Napoléon, sont bien de la famille humaine ; ils n'ont rien de céleste en eux, car Dieu ne saurait se manifester vainement, et cependant, s'ils n'avaient pas été, l'humanité n'en serait ni plus heureuse ni plus malheureuse aujourd'hui. Ce sont des hommes qui ont grandi dans la volonté et dans l'idée fixe ; ils dominent leurs âges, parce qu'ils ont su servir des forces que les événements mettaient entre leurs mains. Ils valent moins par eux que par l'heure de leur naissance. Transportez leurs personnalités dans une autre époque, et vous verrez ce qu'ils auraient été. La Providence doit prendre ici le nom de Fatalité.

Je n'ai point compris l'exclamation : « Heureux les peuples qui les comprennent et les suivent! malheur à ceux qui les méconnaissent et les combattent ! » Il y a évidemment erreur ici. Les peuples, dans l'histoire, n'ont jamais compris les conquérants et ne les ont suivis que jusqu'à un certain moment ; ils les ont tous méconnus et combattus. Bien plus, les règnes de ces soldats ont toujours précédé des malheurs publics. et des troubles. L'empire succède à César, l'anarchie et le partage du sol français à Charlemagne, la Restauration et deux Républiques à Napoléon. Ce sont les grands capitaines eux-mêmes qui ont entravé « la prompte et féconde application du bien ». Si on les avait laissés agir, ils auraient peut-être pacifié le monde en le dépeuplant ; mais on les a fait disparaître, et, chaque fois, les sociétés ont avec peine repris respiration, se remettant peu à peu de la terrible secousse. Ces hommes de génie se produisent d'ordinaire dans les époques de transition et reculent les dénoûments ; ils arrêtent le mouvement des esprits, donnent aux peuples pour quelques années une paix relative, puis leur laissent en mourant la difficulté de reprendre le problème social au point délicat que la nation étudiait avant leurs batailles et leurs conquêtes. Ils sont un arrêt dans la marche de l'humanité, par leurs instincts despotiques qui ne leur permettent pas de rester de simples guides et qui les conduisent à devenir des maîtres tout-puissants.

Peut-être l'auteur a-t-il voulu donner une leçon aux peuples de l'avenir, les conjurer de respecter les hommes providentiels qui pourraient encore se produire, et de leur laisser le temps d'accomplir leur mission entière. Hélas ! souhaitons de n'avoir pas à tenter cette épreuve. Vivons en paix et entre hommes, s'il est possible. Point de dieu, parmi nous, qui nous brise sous sa volonté céleste. Espérons que l'humanité marchera d'un pas ferme vers la liberté, sans que le ciel ait à nous envoyer un de ses terribles archanges, qui taillent nos sociétés au tranchant de leur épée, pour qu'elles puissent entrer dans le moule social conçu par Dieu.

Qu'il me soit permis, maintenant, de témoigner un dernier regret. J'aurais préféré que l'auteur choisît une autre époque dans l'histoire du monde. Il m'aurait donné plus de liberté en se mettant plus en dehors. Il est presque juge et partie à la fois, et, bien que personne ne se permette de soupçonner un instant sa bonne foi d'historien, il se trouve dans la position fausse d'un homme qui fait par moments sa propre apologie.

II

LE PREMIER VOLUME.

Le premier volume de l'*Histoire de Jules César* est divisé en deux parties. La première contient le récit des temps antérieurs à César : Rome sous les rois, l'établissement de la république, la conquête de l'Italie; un exposé de la prospérité du bassin de la Méditerranée, les guerres puniques, de Macédoine et d'Asie, les Gracques, Marius et Sylla. La seconde partie est consacrée à Jules César, et va de son enfance à sa nomination au gouvernement des Gaules : elle trace son portrait, raconte ses premiers actes, détaille les nombreux emplois qu'il occupa dans la république, appuie surtout sur son attitude lors de la conjuration de Catilina, dit quelques mots de sa campagne en Espagne, le loue sans réserve et le montre se révélant et affirmant peu à peu sa mission providentielle.

De la structure même du livre, on pourrait conclure que l'auteur fait aboutir à Jules César toute l'histoire romaine antérieure. Le grand homme est le Messie annoncé par les prophètes, le dieu pour la venue duquel se succèdent les événements. La première partie du volume n'est là que pour expliquer la naissance du héros. Rome, pendant plus de quatre cents ans, est un enfantement de César ; le ciel prépare la terre pour les couches divines, et Rome, au jour prescrit, lorsque la rédemption des peuples est nécessaire, met à la lumière l'enfant céleste.

Rome se fonde sous les rois, grandit avec la république et conquiert l'Italie. Alors, pendant un instant, elle se repose dans sa force et dans sa gloire. Certes, si Dieu créa une nation pour la mener à une heure de paix grandiose et de justice, il mit certainement au monde le premier Romain dans la prévision de cette heure unique où un peuple fut assez puissant pour rester libre. Si je voulais, par un caprice d'historien, ne voir qu'une époque dans l'histoire romaine, je m'arrêterais à cette époque merveilleuse, je me servirais des faits qui l'ont précédée pour l'expliquer et lui donner plus d'éclat, j'oublierais les événements qui ont pu suivre ; en un mot, je m'appliquerais à en faire la pensée de Dieu, et je n'aurais garde de monter jusqu'à César trouver des âges troubles et sanglants.

Je crois pouvoir dire que la vérité historique s'accommoderait mal de ce caprice. Je serais tenté malgré moi de forcer l'interprétation des événements, de grandir ou de diminuer l'importance des faits pour les besoins de ma cause. Je plaiderais, je ne raconterais plus. Je préfère considérer l'histoire comme une suite d'épisodes se liant les uns aux autres, s'expliquant mutuellement, mais ne se groupant pas autour d'un épisode principal. Que l'événement d'aujourd'hui soit la conséquence de l'événement d'hier, personne ne songe à le nier. Toutefois, quatre cents ans de faits ne s'acheminent pas vers un seul fait. César n'est pas le résultat immédiat et complet des premiers rois et de la république de Rome. Il n'est lui-même que l'anneau d'une chaîne qui s'allongera; si la République le portait en elle, comme élément de sa propre dissolution, il porte en lui l'empire, Néron et Caligula, les germes de la terrible maladie qui rongera le peuple romain. Il ne faut donc pas s'arrêter complètement à cette grande figure, et mettre en elle les desseins de Dieu. J'aurais tort de ne voir que la République dans l'histoire romaine; c'est également un tort de n'y voir que la fondation de l'Empire.

Le premier livre de l'ouvrage est d'ailleurs celui que je préfère. L'auteur y semble plus libre, et y applique avec plus de discrétion son système historique. J'aime à l'entendre parler de la grandeur des institutions romaines. Ici l'avenir est le fruit du passé ; le présent travaille à garder et à augmenter, s'il est possible, les trésors de ce passé. Dès ses premières lois, Rome fonde sa puissance future. La République naît naturellement de la royauté, la conquête de l'Italie et des contrées environnantes naît de la République. Jamais peuple n'a su conquérir et conserver à ce point. Les législateurs, les administrateurs ont ici fait plus que les soldats. Le monde romain a ceci de grandiose qu'il ne contient, à un certain moment, qu'une seule famille. Sans doute, chaque chose porte sa mort en elle ; l'homme, dans la pleine santé, a en lui les germes de la maladie qui le tuera. Dès la seconde guerre punique, l'esprit romain perd de sa pureté républicaine et de sa tranquillité puissante et forte. Les éléments de dissolution se développent, le corps entier est ébranlé. Les institutions n'ont plus la même efficacité, la folie des conquêtes s'empare de la nation, qui risque sa liberté en menaçant celle des autres peuples. Les Gracques ne font qu'aggraver les désordres, en voulant tout sauver. Marius et Sylla, par leur rivalité, portent le dernier coup à l'État, et c'est alors, selon l'auteur, que « l'Italie demandait un maître ».

Il faudrait s'entendre sur ce maître que demandait l'Italie. C'est là le point délicat de la question. J'accorde à la rigueur, que les Romains aient eu alors besoin d'un guide, d'un homme à la main sûre et ferme, qui les conduisît dans les circonstances difficiles où ils se trouvaient. La tâche de cet homme était grande : elle consistait à rendre à la république toute sa verdeur. Je ne puis m'expliquer autrement la mission de ce bienfaiteur. Évidemment, ce n'est pas sauver une république que de tenter la création d'un empire ; c'est faire succéder une forme à une autre forme de gouvernement.

Les circonstances demandaient-elles absolument un dictateur à vie, un empereur ? l'homme de génie qui avait compris son époque, ne devait-il pas se contenter de rétablir les institutions dans leur pureté, de n'employer son pouvoir qu'à refaire à la République une seconde jeunesse ? Combien il aurait été grand, le jour où, après avoir rendu à la nation la force de se gouverner elle-même, il lui aurait remis sa puissance entre les mains ! Le maître que demandait alors l'Italie, si toutefois elle en demandait un, était un ami, un conseiller, et non un empereur.

L'auteur paraît d'ailleurs avoir, en histoire, une croyance que je ne puis accepter. Il fait des peuples des sortes de troupeaux qui parfois marchent tranquillement dans le chemin tracé par la Providence, qui d'autres fois s'écartent et ont besoin de l'aiguillon. L'humanité, pour lui, est une foule, frappée de folie, certains jours, et à qui Dieu passe alors une camisole de force. Il crée tout exprès un maître pour dompter
bête fougueuse et la lui remettre souple et docile

entre les mains. Ici, tout est fatal ; les crises de démence se succèdent à des époques irrégulières ; les gouvernements suivent les gouvernements sans aucun ordre, les institutions tombent les unes sur les autres, bonnes et mauvaises; en un mot, les nations ne gravissent pas une échelle de perfection, elles marchent au hasard, aujourd'hui libres, demain muselées, obéissant à la fatalité des faits.

Cependant l'auteur, par instants, parle de la marche des événements ; il dit que César comprenait les besoins nouveaux de Rome, et que ce fut justement cette intuition qui lui donna la toute-puissance. Il accorde donc que l'humanité s'avance à travers les âges vers un but quelconque. Mais il ne laisse pas même entrevoir quel est ce but. Pour moi, j'aime à m'imaginer que ce but est un but de liberté et de justice, de paix et de vérité. Dès lors, je ne puis plus comprendre que César ait été dans les décrets de Dieu ; il est venu faire rétrograder l'humanité, porter le dernier coup à cette république romaine qui a été l'expression d'un des états sociaux les plus parfaits. L'Empire, qui a succédé, n'en a eu ni les vertus ni la tranquille grandeur. Ainsi, en admettant, comme l'auteur, que César soit l'envoyé de Dieu, voilà Dieu qui fait reculer ses enfants, qui les retarde dans la route qu'ils suivent, qui les châtie d'une faute inconnue en les faisant tomber sous la volonté d'un seul. De deux choses l'une : ou l'auteur ne croit pas au progrès, à la marche lente des peuples, et alors il explique l'histoire par coups de foudre, il ne voit en elle que des faits fatals dépendant du moment ; ou il croit au progrès, à l'échelle de perfection que monte l'humanité, et alors il ne peut plus voir en César un ministre du ciel. Dans le premier cas, tout s'explique : le héros est un produit de l'époque, une simple manifestation du génie humain, très grande et très belle, un incident parmi cent incidents. Dans le second cas, je ne comprends plus rien à la passion de l'écrivain pour le personnage qu'il a choisi : ce n'est pas un progrès que d'aller de la république romaine à l'empire romain, et c'est avoir bien peu de foi dans l'humanité que de la conduire de gaieté de cœur d'un bien en un mal, en invoquant la Providence. Je le demande, où tendait la liberté de Rome en passant au travers de César. La logique ne veut-elle pas qu'un peuple libre reste libre, avant de tenter tout autre progrès? César, pour un esprit droit, ne saurait être qu'un ambitieux qui a travaillé beaucoup plus dans ses intérêts que dans les intérêts de Dieu.

Je préfère considérer l'auteur comme un politique pratique, et non comme un historien philosophe. Laissons de côté, je vous prie, la Providence et le progrès, l'humanité en marche et les volontés du ciel. Restons sur la terre, et n'étudions l'histoire qu'au point de vue du gouvernement des peuples. Je reconnais que César a été un habile et un rusé. Il a singulièrement compris son temps, et il a employé tout son génie à profiter de la sottise des autres. J'admets et je partage votre admiration. Dégagé de la mission que vous lui donnez, César devient plus vrai, plus humain. Il reste ce qu'il est réellement, un homme de génie, un grand capitaine et un grand administrateur. Mais toute ma foi, toutes mes croyances se refusent à voir en lui un Messie qui devait régénérer Rome, un maître nécessaire à la liberté et à la paix du monde.

Le second livre, ai-je dit, contient l'histoire de Jules César, depuis son enfance jusqu'à sa nomination au gouvernement des Gaules. Le portrait que trace l'auteur est flatté; la main a appuyé sur les traits remarquables et a omis soigneusement les traits disgracieux. Ce Jules César est une belle médaille, une tête fine et exquise, un profil d'une rare pureté. J'aurais préféré une figure moins finie et plus vivante. Je prétends que l'homme est aussi intéressant à connaître que le héros. D'ailleurs, il y a évidemment dans le livre parti pris d'admiration. L'histoire ainsi comprise devient une réfutation, un plaidoyer. L'historien part de ce principe que César ne pouvait avoir que des mobiles élevés et n'obéissait qu'à l'inspiration d'un vrai patriotisme. Avec de tels axiomes, toute démonstration devient possible. Si vous vous créez un héros parfait de toutes pièces, vous arriverez sans peine à expliquer favorablement chacun de ses actes. Vous grandissez cette figure, vous abaissez celles qui l'entourent. La besogne devient de plus en plus facile.

Je ne puis entrer dans le détail de ces premières années de César. On le voit inquiet et habile, le nez au vent, attendant l'heure. Sans doute, l'auteur a raison, lorsqu'il défend son héros des interprétations données à sa conduite par la plupart des historiens ; je veux croire que César n'obéissait pas seulement à l'ambition, à l'amour des honneurs, à toutes sortes de motifs personnels et mesquins. Mais il doit être également faux d'expliquer tous ses actes par des pensées supérieures de devoir et de patriotisme, de les dégager de tout intérêt. Je préfère prendre la moyenne, certain de toucher ainsi la vérité de plus près.

Ainsi, lors de la conjuration de Catilina, est-ce bien le besoin unique de justice et d'humanité qui amena César à défendre les conjurés ? Non, certes. Il y a d'abord dans son discours de la prudence et beaucoup de ce sens pratique dont je parlais tout à l'heure. Il y a ensuite de la sympathie, une sorte d'intérêt caché pour ces hommes qui attaquaient un sénat qu'il devait attaquer lui-même plus tard. Je ne sais comment l'historien expliquera la conduite de César dans les Gaules ; mais l'humanité qu'il lui prête ici le gênera singulièrement alors. Ne vaudrait-il pas mieux ne tomber ni dans un excès ni dans un autre, laisser César tel qu'il est, chercher avec conscience ce que ses mobiles ont pu avoir de désintéressé et d'intéressé ? Il n'est pas très juste non plus de rabaisser ses adversaires politiques, Cicéron, Pompée, Caton, Crassus ; ces hommes-là, ce me semble, en valaient bien d'autres, et c'est un singulier procédé historique que de leur donner largement les petitesses, les calculs que vous enlevez à César. Tout ceci, qu'on ne s'y trompe pas, vient du système providentiel adopté par l'historien. Après avoir fait du héros un dieu, il est forcé de lui accorder toutes les grâces d'état de sa divinité, et de ne plus voir que de simples mortels autour de lui.

Le premier volume laisse César tout-puissant, *irrévocablement* maître du monde. Nous attendons les deux autres volumes pour assister à la marche fatale des événements qui porteront César à la dictature et qui le pousseront sous le poignard de Brutus.

L'*Histoire de Jules César* est très savamment composée. Les recherches ont dû être immenses, aucun document n'a été négligé, et l'auteur a loyalement indiqué les sources de chacun de ses emprunts. Le bas des pages se trouve ainsi comblé de notes. Il y a là un travail considérable, une besogne consciencieuse qu'on ne saurait trop louer. Malheureusement, on aimerait à voir, çà et là, telle citation d'un esprit contraire, ce qui permettrait d'établir un juste équilibre entre les diverses opinions. L'auteur a fait délicatement un choix de belles paroles en faveur de César; j'aimerais à entendre les accusations portées contre le grand homme; alors seulement on pourrait juger en toute équité.

Mais c'est surtout dans les chiffres, dans les détails statistiques et administratifs que l'auteur me paraît bien renseigné. Toute une académie a dû travailler pour lui. Telle page est plus grosse de travail qu'un volume entier. Le chapitre dans lequel l'historien étudie la prospérité du bassin de la Méditerranée avant les guerres puniques, est une merveille de science et de brièveté. Là, il n'y a plus d'appréciation historique, il n'y a que de simples renseignements, très complets et très succincts, et je suis heureux de pouvoir admirer à mon aise. Si l'*Histoire de Jules César* n'avait pas pour vivre le nom de son auteur, elle aurait tout au moins la masse considérable des documents qu'elle renferme ; on la consulterait, attiré, non pas peut-être par la largeur et la vérité des vues, mais par l'abondance des matériaux.

Quant à la partie purement littéraire, au style, j'avoue ne pas goûter cette allure solennelle, un peu pesante, cette nudité de la phrase, cette grisaille effacée. Je sais que dans les traités de rhétorique on trouve une recette particulière pour chaque style, et qu'il y est bien défendu de mettre les moindres épices dans le style historique. Toutefois Michelet m'a gâté ; j'aime la phrase vivante et colorée, même, surtout allais-je dire, lorsqu'il s'agit de ressusciter devant moi les hommes et les événements d'un autre âge. Je ne puis croire que la vérité de l'histoire demande absolument une gravité convenue. Je lis les livres qui se font lire, et rien n'est plus fatigant que la lecture d'un livre grave. D'ailleurs, c'est encore ici une question de relation. La vie du César providentiel demandait à être écrite sur le ton de l'épopée.

Pour me résumer et pour conclure, je répéterai ici l'opinion que j'ai déjà exprimée plus haut : l'auteur de l'*Histoire de Jules César*, malgré les prétentions qu'il paraît avoir, me paraît être plutôt un politique pratique qu'un historien philosophe.

MON SALON

A

MON AMI PAUL CÉZANNE

J'éprouve une joie profonde, mon ami, à m'entretenir seul à seul avec toi. Tu ne saurais croire combien j'ai souffert pendant cette querelle que je viens d'avoir avec la foule, avec des inconnus; je me sentais si peu compris, je devinais une telle haine autour de moi, que souvent le découragement me faisait tomber la plume de la main.

Je puis aujourd'hui me donner la volupté intime d'une de ces bonnes causeries que nous avons depuis dix ans ensemble. C'est pour toi seul que j'écris ces quelques pages, je sais que tu les liras avec ton cœur, et que, demain, tu m'aimeras plus affectueusement.

Imagine-toi que nous sommes seuls, dans quelque coin perdu, en dehors de toute lutte, et que nous causons en vieux amis qui se connaissent jusqu'au cœur et qui se comprennent sur un simple regard.

Il y a dix ans que nous parlons arts et littérature. Nous avons souvent habité ensemble, — te souviens-tu? — et souvent le jour nous a surpris discutant encore, fouillant le passé, interrogeant le présent, tâchant de trouver la vérité et de nous créer une religion infaillible et complète. Nous avons remué des tas effroyables d'idées, nous avons examiné et rejeté tous les systèmes, et, après un si rude labeur, nous nous sommes dit qu'en dehors de la vie puissante et individuelle, il n'y avait que mensonge et sottise.

Heureux ceux qui ont des souvenirs! Je te vois dans ma vie comme ce pâle jeune homme dont parle Musset. Tu es toute ma jeunesse; je te retrouve mêlé à chacune de mes joies, à chacune de mes souffrances. Nos esprits, dans leur fraternité, se sont développés côte à côte. Aujourd'hui, au jour du début, nous avons foi en nous, parce que nous avons pénétré nos cœurs et nos chairs.

Nous vivions dans notre ombre, isolés, peu sociables, nous plaisant dans nos pensées. Nous nous sentions perdus au milieu de la foule complaisante et légère. Nous cherchions des hommes en toutes choses, nous voulions dans chaque œuvre, tableau ou poème, trouver un accent personnel. Nous affirmions que les maîtres, les génies, sont des créateurs qui, chacun, ont créé un monde de toutes pièces, et nous refusions les disciples, les impuissants, ceux dont le métier est de voler çà et là quelques bribes d'originalité.

Sais-tu que nous étions des révolutionnaires sans

le savoir? Je viens de pouvoir dire tout haut ce que nous avons dit tout bas pendant dix ans. Le bruit de la querelle est allé jusqu'à toi, n'est-ce pas? et tu as vu le bel accueil que l'on a fait à nos chères pensées. Ah! les pauvres garçons, qui vivaient sainement en pleine Provence, sous le large soleil, et qui couvaient une telle folie et une telle mauvaise foi!

Car, — tu l'ignorais sans doute, — je suis un homme de mauvaise foi. Le public a déjà commandé plusieurs douzaines de camisoles de force pour me conduire à Charenton. Je ne loue que mes parents et mes amis, je suis un idiot et un méchant, je cherche le scandale.

Cela fait pitié, mon ami, et cela est fort triste. L'histoire sera donc toujours la même? Il faudra donc toujours parler comme les autres, ou se taire? Te rappelles-tu nos longues conversations? Nous disions que la moindre vérité nouvelle ne pouvait se montrer sans exciter des colères et des huées. Et voilà qu'on me siffle et qu'on m'injurie à mon tour.

Vous autres peintres, vous êtes bien plus irritables que nous autres écrivains. J'ai dit franchement mon avis sur les médiocres et les mauvais livres, et le monde littéraire a accepté mes arrêts sans trop se fâcher. Mais les artistes ont la peau plus tendre. Je n'ai pu poser le doigt sur eux sans qu'ils se mettent à crier de douleur. Il y a eu émeute. Certains bons garçons me plaignent et s'inquiètent des haines que je me suis attirées; ils craignent, je crois, qu'on ne m'égorge dans quelque carrefour.

Et pourtant je n'ai dit que mon opinion, tout naïvement. Je crois avoir été bien moins révolutionnaire qu'un critique d'art de ma connaissance qui affirmait dernièrement à ses trois cent mille lecteurs que M. Baudry était le premier peintre de l'époque. Jamais je n'ai formulé une pareille monstruosité. Un instant, j'ai craint pour ce critique d'art, j'ai tremblé qu'on n'allât l'assassiner dans son lit pour le punir d'un tel excès de zèle. On m'apprend qu'il se porte à ravir. Il paraît qu'il y a des services qu'on peut rendre et des vérités qu'on ne peut dire.

Donc, la campagne est finie, et, pour le public, je suis vaincu. On applaudit et on fait des gorges chaudes.

Je n'ai pas voulu enlever son jouet à la foule, et je publie « Mon Salon ». Dans quinze jours, le bruit sera apaisé, il ne restera aux plus ardents qu'une idée vague de mes articles. C'est alors que, dans les esprits, je grandirai encore en ridicule et en mauvaise foi. Les pièces ne seront plus sous les yeux des rieurs, le vent aura emporté les feuilles volantes de l'*Événement*, et on me fera dire ce que je n'ai pas dit, on racontera de grosses sottises que je n'ai jamais formulées. Je ne veux pas que cela soit, et c'est pourquoi je réunis les articles que j'ai donnés à l'*Événement* sous le pseudonyme de Claude. Je souhaite que « Mon Salon » demeure ce qu'il est, ce que le public lui-même a voulu qu'il fût.

Ce sont là les pages maculées et déchirées d'une

étude que je n'ai pu compléter. Je les donne pour ce qu'elles sont, des lambeaux d'analyse et de critique. Ce n'est pas une œuvre que je livre aux lecteurs, c'est en quelque sorte les pièces d'un procès.

L'histoire est excellente, mon ami. Pour rien au monde, je ne voudrais anéantir ces feuillets ; ils ne valent pas grand'chose en eux-mêmes, mais ils ont été, pour ainsi dire, la pierre de touche contre laquelle j'ai essayé le public. Nous savons maintenant combien nos chères pensées sont impopulaires.

Puis, il me plaît d'étaler une seconde fois mes idées. J'ai foi en elles, je sais que dans quelques années j'aurai raison pour tout le monde. Je ne crains pas qu'on me les jette à la face plus tard.

ÉMILE ZOLA.

Paris, 20 mai 1866.

MON SALON

LE JURY

27 avril.

Le Salon de 1866 n'ouvrira que le 1ᵉʳ mai, et ce jour-là seulement il me sera permis de juger mes justiciables.

Mais, avant de juger les artistes admis, il me semble bon de juger les juges. Vous savez qu'en France nous sommes pleins de prudence ; nous ne hasardons point un pas sans un passeport dûment signé et contresigné, et, lorsque nous permettons à un homme de faire la culbute en public, il faut auparavant qu'il ait été examiné tout au long par des hommes autorisés.

Donc, comme les libres manifestations de l'art pourraient occasionner des malheurs imprévus et irréparables, on place à la porte du sanctuaire un corps de garde, une sorte d'octroi de l'idéal, chargé de sonder les paquets et d'expulser toute marchandise frauduleuse qui tenterait de s'introduire dans le temple.

Qu'on me permette une comparaison, un peu hasardée peut-être. Imaginez que le Salon est un immense ragoût artistique, qui nous est servi tous les ans. Chaque peintre, chaque sculpteur envoie son morceau. Or, comme nous avons l'estomac délicat, on a cru prudent de nommer toute une troupe de cuisiniers pour accommoder ces victuailles de goûts et d'aspects si divers. On a craint les indigestions, et on a dit aux gardiens de la santé publique :

« Voici les éléments d'un mets excellent; ménagez le poivre, car le poivre échauffe ; mettez de l'eau dans le vin, car la France est une grande nation qui ne peut perdre la tête. »

Il me semble, dès lors, que les cuisiniers jouent le grand rôle. Puisqu'on nous assaisonne notre admiration et qu'on nous mâche nos opinions, nous avons le droit de nous occuper avant tout de ces hommes complaisants qui veulent bien veiller à ce que nous ne nous gorgions pas comme des gloutons d'une nourriture de mauvaise qualité. Quand vous mangez un beefsteak, est-ce que vous vous inquiétez du bœuf? Vous ne songez qu'à remercier ou à maudire le marmiton qui vous le sert trop ou pas assez saignant.

Il est donc bien entendu que le Salon n'est pas l'expression entière et complète de l'art français en l'an de grâce 1866, mais qu'il est à coup sûr une sorte de ragoût préparé et fricassé par vingt-huit cuisiniers nommés tout exprès pour cette besogne délicate.

Un salon, de nos jours, n'est pas l'œuvre des artistes, il est l'œuvre d'un jury. Donc, je m'occupe avant tout du jury, l'auteur de ces longues salles froides et blafardes dans lesquelles s'étalent, sous la lumière crue, toutes les médiocrités timides et toutes les réputations volées.

Naguère, c'était l'Académie des beaux-arts qui passait le tablier blanc et qui mettait la main à la pâte. A cette époque, le Salon était un mets gras et solide, toujours le même. On savait à l'avance quel courage il fallait apporter pour avaler ces morceaux classiques, ces boulettes épaisses, mollement arrondies, et qui vous étouffaient lentement et sûrement.

La vieille Académie, cuisinière de fondation, avait ses recettes à elle, dont elle ne s'écartait jamais; elle s'arrangeait de façon, quels que fussent les tempéraments et les époques, à servir le même plat au public. Le bon public, qui étouffait, finit par se plaindre; il demanda grâce, il voulut qu'on lui servît des mets plus relevés, plus légers, plus appétissants au goût et à la vue.

Vous vous rappelez les lamentations de cette vieille cuisinière d'Académie. On lui enlevait la casserole dans laquelle elle avait fait sauter deux ou trois générations d'artistes. On la laissa geindre et on confia la queue de la poêle à d'autres gâte-sauce.

C'est ici qu'éclate le sens pratique que nous avons de la liberté et de la justice. Les artistes se plaignant de la coterie académique, il fut décidé qu'ils choisiraient leur jury eux-mêmes. Dès lors, ils n'auraient plus à se fâcher, s'ils se donnaient des juges sévères et personnels. Telle fut la décision prise.

Mais vous vous imaginez peut-être que tous les peintres et tous les sculpteurs, tous les graveurs et tous les architectes, furent appelés à voter. On voit bien que vous aimez votre pays d'un amour aveugle. Hélas! la vérité est triste, mais je dois confesser que ceux-là seuls nomment le jury, qui justement n'ont pas besoin du jury. Vous et moi, qui avons dans notre poche une ou deux médailles, il nous est permis d'élire un tel ou un tel, dont nous nous soucions peu d'ailleurs, car il n'a pas le droit de regarder nos toiles, reçues à l'avance. Mais ce pauvre hère, jeté à la porte du Salon pendant cinq ou six années consécutives, n'a pas même la permission de choisir ses juges, et est obligé de subir ceux que nous lui imposons par indifférence ou par camaraderie.

Je désire insister sur ce point. Le jury n'est pas nommé par le suffrage universel, mais par un vote restreint auquel peuvent seulement prendre part les artistes exemptés de tout jugement à la suite de certaines récompenses. Quelles sont donc les garanties pour ceux qui n'ont pas de médailles à montrer? Comment! on crée un jury ayant charge d'examiner et d'accepter les œuvres des jeunes artistes, et on fait nommer ce jury par ceux qui n'en ont plus besoin ! Ceux qu'il faut appeler au vote, ce sont les inconnus, les travailleurs cachés, pour qu'ils puissent tenter de constituer un tribunal qui les comprendra et qui les admettra enfin aux regards de la foule.

C'est toujours une misérable histoire, je vous assure, que l'histoire d'un vote. L'art n'a rien à faire ici ; nous sommes en pleine misère et en pleine sottise humaines. Vous devinez déjà ce qui arrive et ce qui arrivera chaque année. Tantôt ce sera la coterie de ce monsieur, et tantôt la coterie de cet autre monsieur, qui réussiront. Nous n'avons plus un corps stable, comme l'Académie ; nous avons un grand nombre d'artistes qui peuvent être réunis de mille façons, de manière à former des tribunaux féroces, ayant les opinions les plus contraires et les plus implacables.

Une année, le Salon sera tout en vert ; une autre année, tout en bleu ; et dans trois ans, nous le verrons peut-être tout en rose. Le public qui n'est pas à l'office, qui n'assiste pas à la cuisson, acceptera ces divers Salons, comme les expressions exactes des moments artistiques. Il ne saura pas que c'est uniquement tel peintre qui a fait l'Exposition entière ; il ira là de bonne foi et avalera la bouchée, croyant s'ingurgiter tout l'art de l'année.

Il faut rétablir énergiquement les choses dans leur

réalité. Il faut dire à ces juges, qui vont au palais de l'Industrie défendre parfois une idée mesquine et personnelle, que les Expositions ont été créées pour donner largement de la publicité aux travailleurs sérieux. Tous les contribuables paient, et les questions d'écoles et de systèmes ne doivent pas ouvrir la porte pour les uns et la fermer pour les autres.

Je ne sais comment ces juges comprennent leur mission. Ils se moquent de la vérité et de la justice, vraiment. Pour moi, un Salon n'est jamais que la constatation du mouvement artistique ; la France entière, ceux qui voient blanc et ceux qui voient noir, envoient leurs toiles pour dire au public : « Nous en sommes là, l'esprit marche et nous marchons ; voici les vérités que nous croyons avoir acquises depuis un an. » Or, il est des hommes qu'on place entre les artistes et le public. De leur autorité toute-puissante, ils ne montrent que le tiers, que le quart de la vérité ; ils amputent l'art et n'en présentent à la foule que le cadavre mutilé.

Qu'ils le sachent, ils ne sont là que pour rejeter la médiocrité et la nullité. Il leur est défendu de toucher aux choses vivantes et individuelles. Qu'ils refusent, s'ils le veulent, — ils en ont d'ailleurs la mission, — les académies des pensionnaires, les élèves abâtardis de maîtres bâtards, mais, par grâce, qu'ils acceptent avec respect les artistes libres, ceux qui vivent en dehors, qui cherchent ailleurs et plus loin les réalités âpres et fortes de la nature.

Voulez-vous savoir comment on a procédé à l'élection du jury de cette année? Un cercle de peintres, m'a-t-on dit, a rédigé une liste qu'on a fait imprimer et circuler dans les ateliers des artistes votants. La liste a passé tout entière.

Je vous le demande, où est l'intérêt de l'art parmi ces intérêts personnels? Quelles garanties a-t-on données aux jeunes travailleurs? On semble avoir tout fait pour eux, on déclare qu'ils se montrent bien difficiles, s'ils ne sont pas contents. C'est une plaisanterie, n'est-ce pas? Mais la question est sérieuse, et il serait temps de prendre un parti.

Je préfère qu'on reprenne cette bonne vieille cuisinière d'Académie. Avec elle, on n'est pas sujet aux surprises ; elle est constante dans ses haines et dans ses amitiés. Maintenant, avec ces juges élus par la camaraderie, on ne sait plus à quel saint se vouer. Si j'étais peintre nécessiteux, mon grand souci serait de deviner qui je pourrais bien avoir pour juge, afin de peindre selon ses goûts.

On vient de refuser, entre autres, MM. Manet et Brigot, dont les toiles avaient été reçues les années précédentes. Évidemment, ces artistes ne peuvent avoir beaucoup démérité, et je sais même que leurs derniers tableaux sont meilleurs. Comment alors expliquer ce refus?

Il me semble, en bonne logique, que si un peintre a été jugé digne aujourd'hui de montrer ses œuvres au public, on ne peut pas couvrir ses toiles demain.

C'est pourtant cette bévue que vient de commettre le jury. Pourquoi? Je vous l'expliquerai.

Vous imaginez-vous cette guerre civile entre artistes, se proscrivant les uns les autres ; les puissants d'aujourd'hui mettraient à la porte les puissants d'hier ; ce serait un tohu-bohu effroyable d'ambitions et de haines, une sorte de petite Rome au temps de Sylla et de Marius. Et nous, bon public, qui avons droit aux œuvres de tous les artistes, nous n'aurions jamais que les œuvres de la faction triomphante. O vérité, ô justice!

Jamais l'Académie ne s'est déjugée de la sorte. Elle tenait les gens pendant des années à la porte, mais elle ne les chassait pas de nouveau après les avoir fait entrer.

Dieu me préserve de rappeler trop fort l'Académie. Le mal est préférable au pire, voilà tout.

Je ne veux pas même choisir des juges et désigner certains artistes comme devant être des jurés impartiaux. MM. Manet et Brigot refuseraient sans doute MM. Breton et Brion, de même que ceux-ci ont refusé ceux-là. L'homme a ses sympathies et ses antipathies, qu'il ne peut vaincre. Or, il s'agit ici de vérité et de justice.

Qu'on crée donc un jury, il n'importe lequel. Plus il commettra d'erreurs et plus il manquera sa sauce, plus je rirai. Croyez-vous que ces hommes ne me donnent pas un spectacle réjouissant? Ils défendent leur petite chapelle avec mille finesses de sacristains qui m'amusent énormément. Mais qu'on rétablisse alors ce qu'on a appelé le Salon des Refusés. Je supplie tous mes confrères de se joindre à moi, je voudrais grossir ma voix, avoir toute puissance pour obtenir la réouverture de ces salles où le public allait juger, à son tour, et les juges et les condamnés. Là, pour le moment, est le seul moyen de contenter tout le monde. Les artistes refusés n'ont pas encore retiré leurs œuvres ; qu'on se hâte de planter des clous et d'accrocher leurs tableaux quelque part.

LE JURY

(SUITE

---

30 avril.

De tous côtés on me somme de m'expliquer, on me demande avec instance de citer les noms des artistes de mérite qui ont été refusés par le jury.

Le public sera donc toujours le bon public. Il est évident que les artistes mis à la porte du Salon ne sont encore que les peintres célèbres de demain, et je ne pourrais donner ici que des noms inconnus de mes lecteurs. Je me plains justement de ces étranges jugements qui condamnent à l'obscurité, pendant de longues années, des garçons sérieux ayant le seul tort de ne pas penser comme leurs confrères. Il faut se dire que toutes les personnalités, Delacroix et les autres, nous ont été longtemps cachées par les décisions de certaines coteries. Je ne voudrais pas que cela se renouvelât, et j'écris justement ces articles pour exiger que les artistes qui seront à coup sûr les maîtres de demain ne soient pas les persécutés d'aujourd'hui.

J'affirme carrément que le jury qui a fonctionné cette année a jugé d'après un parti pris. Tout un côté de l'art français, à notre époque, nous a été volontairement voilé. J'ai nommé MM. Manet et Brigot, car ceux-là sont déjà connus ; je pourrais en citer vingt autres appartenant au même mouvement artistique. C'est dire que le jury n'a pas voulu des toiles fortes et vivantes, des études faites en pleine vie et en pleine réalité.

Je sais bien que les rieurs ne vont pas être de mon côté. On aime beaucoup à rire en France, et je vous jure que je vais rire encore plus fort que les autres. Rira bien qui rira le dernier.

Eh oui! je me constitue le défenseur de la réalité. J'avoue tranquillement que je vais admirer M. Manet, je déclare que je fais peu de cas de toute la poudre de riz de M. Cabanel et que je préfère les senteurs âpres et saines de la nature vraie. D'ailleurs, chacun de mes jugements viendra en son temps. Je me contente de constater ici, et personne n'osera me démentir, que le mouvement qu'on a désigné sous le nom de réalisme ne sera pas représenté au Salon.

Je sais bien qu'il y aura Courbet. Mais Courbet, paraît-il, a passé à l'ennemi. On serait allé chez lui en ambassade, car le maître d'Ornans est un terrible tapageur qu'on craint d'offenser, et on lui aurait offert des titres et des honneurs s'il voulait bien renier ses disciples. On parle de la grande médaille ou même de la croix. Le lendemain, Courbet se rendait chez M. Brigot, son élève, et lui déclarait vertement qu'il « n'avait pas la philosophie de sa peinture ». La philosophie de la peinture de Courbet! O pauvre cher maître, le livre de Proudhon vous a donné une indigestion de démocratie. Par grâce, restez le premier peintre de l'époque, ne devenez ni moraliste ni socialiste.

D'ailleurs, qu'importent aujourd'hui mes sympathies! Moi, public, je me plains d'être lésé dans ma liberté d'opinion; moi, public, je suis irrité de ce qu'on ne me donne pas dans son entier le moment artistique; moi, public, j'exige qu'on ne me cache rien, j'intente justement et légalement un procès aux artistes qui, avec parti pris, ont chassé du Salon tout un groupe de leurs confrères.

Toute assemblée, toute réunion d'hommes nommée dans le but de prendre des décisions quelconques, n'est pas une machine simple, ne tournant que dans un sens et n'obéissant qu'à un seul ressort. Il y a une étude délicate à faire pour expliquer chaque mouvement, chaque tour de roue. Le vulgaire ne voit qu'un simple résultat obtenu; l'observateur aperçoit les tiraillements, les soubresauts qui secouent la machine.

Voulez-vous que nous remontions la machine et

que nous la fassions fonctionner un peu? Prenons délicatement les roues, les petites et les grandes, celles qui tournent à gauche et celles qui tournent à droite. Ajustons-les et regardons le travail produit. La machine grince par instants, certaines pièces s'obstinent à aller selon leur bon plaisir ; mais, en somme, le tout marche convenablement. Si toutes les roues ne tournent pas, poussées par le même ressort, elles arrivent à s'engrener les unes dans les autres et à travailler en commun à la même besogne

Il y a les bons garçons qui refusent et qui reçoivent avec indifférence ; il y a les gens arrivés qui sont en dehors des luttes ; il y a les artistes du passé qui tiennent à leurs croyances, qui nient toutes les tentatives nouvelles ; il y a enfin les artistes du présent, ceux dont la petite manière a un petit succès et qui tiennent ce succès entre leurs dents, en grondant et en menaçant tout confrère qui s'approche.

Le résultat obtenu, vous le connaissez : ce sont ces salles si vides et si mornes, que nous visiterons ensemble. Je sais bien que je ne puis faire au jury un crime de notre pauvreté artistique. Mais je puis lui demander compte de tous les artistes audacieux qu'il décourage.

On reçoit les médiocrités. On couvre les murs de toiles honnêtes et parfaitement nulles. De haut en bas, de long en large, vous pouvez regarder : pas un tableau qui choque, pas un tableau qui attire. On a débarbouillé l'art, on l'a peigné avec soin ; c'est un brave bourgeois en pantoufles et en chemise blanche.

Ajoutez à ces toiles honnêtes signées de noms inconnus, les tableaux exempts de tout examen. Ceux-là sont l'œuvre des peintres que j'aurai à étudier et à discuter

Voilà le Salon, toujours le même.

Cette année, le jury a eu des besoins de propreté encore plus vifs. Il a trouvé que l'année dernière le balai de l'idéal avait oublié quelques brins de paille sur le parquet. Il a voulu faire place nette, et il a mis à la porte les réalistes, gens qui sont accusés de ne pas se laver les mains. Les belles dames visiteront le Salon en grandes toilettes : tout y sera propre et clair comme un miroir. On pourra se coiffer dans les toiles.

Eh bien ! je suis heureux de terminer cet article en disant aux jurés qu'ils sont de mauvais douaniers. L'ennemi est dans la place, je les en avertis. Je ne parle pas des quelques bons tableaux qu'ils ont reçus par inadvertance. Je veux dire tout simplement que M. Brigot, contre lequel on a pris les plus grandes précautions, aura pourtant deux études au salon. Cherchez bien, elles sont dans les B, quoique signées d'un autre nom.

Ainsi, jeunes artistes, si vous désirez être reçus l'année prochaine, ne prenez pas le pseudonyme de Brigot, prenez celui de Barbanchu. Vous êtes certains d'être acceptés à l'unanimité. Il paraît décidément que c'est une simple affaire de nom.

LE MOMENT ARTISTIQUE

---

4 mai.

J'aurais dû peut-être, avant de porter le plus mince jugement, expliquer catégoriquement quelles sont mes façons de voir en art, quelle est mon esthétique. Je sais que les bouts d'opinion que j'ai été forcé de donner, d'une manière incidente, ont blessé les idées reçues, et qu'on m'en veut pour ces affirmations carrées que rien ne paraissait établir.

J'ai ma petite théorie comme un autre, et, comme un autre, je crois que ma théorie est la seule vraie. Au risque de n'être pas amusant, je vais donc poser cette théorie. Mes tendresses et mes haines en découleront tout naturellement.

Pour le public, — et je ne prends pas ici ce mot en mauvaise part, — pour le public, une œuvre d'art, un tableau, est une suave chose qui émeut le cœur d'une façon douce ou terrible ; c'est un massacre, lorsque les victimes pantelantes gémissent et se traînent sous les fusils qui les menacent ; ou c'est encore une délicieuse jeune fille, toute de neige, qui rêve au clair de lune, appuyée sur un fût de colonne. Je veux dire que la foule voit dans une toile un sujet qui la saisit à la gorge ou au cœur, et qu'elle ne demande pas autre chose à l'artiste qu'une larme ou qu'un sourire.

Pour moi, — pour beaucoup de gens, je veux l'espérer, — une œuvre d'art est, au contraire, une personnalité, une individualité.

Ce que je demande à l'artiste, ce n'est pas de me donner de tendres visions ou des cauchemars effroyables ; c'est de se livrer lui-même, cœur et chair, c'est d'affirmer hautement un esprit puissant et particulier, une nature qui saisisse largement la nature en sa main et la plante tout debout devant nous, telle qu'il la voit. En un mot, j'ai le plus profond dédain pour les petites habiletés, pour les flatteries intéressées, pour ce que l'étude a pu apprendre et ce qu'un travail acharné a rendu familier, pour tous les coups de théâtre historiques de ce monsieur et pour toutes les rêveries parfumées de cet autre monsieur. Mais, j'ai la plus profonde admiration pour les œuvres individuelles, pour celles qui sortent d'un jet d'une main vigoureuse et unique.

Il ne s'agit donc plus ici de plaire ou de ne pas plaire, il s'agit d'être soi, de montrer son cœur à nu, de formuler énergiquement une individualité.

Je ne suis pour aucune école, parce que je suis pour la vérité humaine, qui exclut toute coterie et tout système. Le mot « art » me déplaît ; il contient en lui je ne sais quelles idées d'arrangements nécessaires, d'idéal absolu. Faire de l'art, n'est-ce pas faire quelque chose qui est en dehors de l'homme et de la nature ? Je veux qu'on fasse de la vie, moi ; je veux qu'on soit vivant, qu'on crée à nouveau, en dehors de tout, selon ses propres yeux et son propre tempérament. Ce que je cherche avant tout dans un tableau, c'est un homme et non pas un tableau.

Il y a, selon moi, deux éléments dans une œuvre : l'élément réel, qui est la nature, et l'élément individuel, qui est l'homme.

L'élément réel, la nature, est fixe, toujours le même ; il demeure égal pour tout le monde ; je dirais qu'il peut servir de commune mesure pour toutes les œuvres produites, si j'admettais qu'il puisse y avoir une commune mesure.

L'élément individuel, au contraire, l'homme, est variable à l'infini : autant d'œuvres et autant d'esprits différents ; si le tempérament n'existait pas, tous les tableaux devraient être forcément de simples photographies.

Donc, une œuvre d'art n'est jamais que la combinaison d'un homme, élément variable, et de la nature, élément fixe. Le mot « réaliste » ne signifie rien pour moi, qui déclare subordonner le réel au tempérament. Faites vrai, j'applaudis; mais surtout faites individuel et vivant, et j'applaudis plus fort. Si vous sortez de ce raisonnement, vous êtes forcé de nier le passé et de créer des définitions que vous serez forcé d'élargir chaque année.

Car c'est une autre bonne plaisanterie de croire qu'il y a, en fait de beauté artistique, une vérité absolue et éternelle. La vérité une et complète n'est pas faite pour nous qui confectionnons chaque matin une vérité que nous usons chaque soir. Comme toute chose, l'art est un produit humain, une sécrétion humaine; c'est notre corps qui sue la beauté de nos œuvres. Notre corps change selon les climats et selon les mœurs, et la sécrétion change donc également.

C'est dire que l'œuvre de demain ne saurait être celle d'aujourd'hui; vous ne pouvez formuler aucune règle, ni donner aucun précepte; il faut vous abandonner bravement à votre nature et ne pas chercher à vous mentir. Est-ce que vous avez peur de parler votre langue, que vous cherchez à épeler péniblement des langues mortes!

Ma volonté énergique est celle-ci : — Je ne veux pas des œuvres d'écoliers faites sur des modèles fournis par les maîtres. Ces œuvres me rappellent les pages d'écriture que je traçais étant enfant, d'après les pages lithographiées ouvertes devant moi. Je ne veux pas des retours au passé, des prétendues résurrections, des tableaux peints suivant un idéal formé de morceaux d'idéal qu'on a ramassés dans tous les temps.

Je ne veux pas de tout ce qui n'est point vie, tempérament, réalité !

Et, maintenant, je vous en supplie, ayez pitié de moi. Songez à tout ce qu'a dû souffrir hier un tempérament bâti comme le mien, égaré dans la vaste et morne nullité du Salon. Franchement, j'ai eu un moment la pensée de lâcher la besogne, prévoyant trop de sévérité.

Mais ce n'est point les artistes que je vais blesser dans leurs croyances, ce sont eux qui viennent de me blesser bien plus vivement dans les miennes ! Mes lecteurs comprennent-ils ma position, se disent-ils : « Voilà un pauvre diable qui est tout écœuré, et qui retient ses nausées pour garder la décence qu'il doit au public ? »

Jamais je n'ai vu un tel amas de médiocrités. Il y a là deux mille tableaux, et il n'y a pas dix hommes. Sur ces deux mille toiles, douze ou quinze vous parlent un langage humain ; les autres vous content des niaiseries de parfumeurs. Suis-je trop sévère ? Je ne fais pourtant que dire tout haut ce que les autres pensent tout bas.

Je ne nie pas notre époque, au moins. J'ai foi en elle, je sais qu'elle cherche et qu'elle travaille. Nous sommes dans un temps de luttes et de fièvres, nous avons nos talents et nos génies. Mais je ne veux pas qu'on confonde les médiocres et les puissants, je crois qu'il est bon de ne point avoir cette indulgence indifférente qui donne un mot d'éloge à tout le monde, et qui, par là même, ne loue personne.

Notre époque est celle-ci. Nous sommes civilisés, nous avons des boudoirs et des salons; le badigeon est bon pour les petites gens, il faut des peintures sur les murs des riches. Et alors a été créée toute une corporation d'ouvriers qui achèvent la besogne commencée par les maçons. Il faut beaucoup de peintres, comme vous pensez, et on est obligé de les élever à la brochette, en masse. On leur donne, d'ailleurs, les meilleurs conseils pour plaire et ne pas blesser les goûts du temps.

Ajoutez à cela l'esprit de l'art moderne. En présence de l'envahissement de la science et de l'industrie, les artistes, par réaction, se sont jetés dans le rêve, dans un ciel de pacotille, tout de clinquant et de papier de soie. Allez donc voir si les maîtres de la Renaissance songeaient aux adorables petits riens devant lesquels nous nous pâmons; ils étaient de puissantes natures qui peignaient en pleine vie. Nous autres, nous sommes nerveux et inquiets; il y a beaucoup de la femme en nous, et nous nous sentons si faibles et si usés que la santé plantureuse nous déplaît. Parlez-moi des sentimentalités et des mièvreries!

Nos artistes sont des poètes. C'est là une grave injure pour des gens qui n'ont pas même charge de penser, mais je la maintiens. Voyez le Salon : ce ne sont que strophes et madrigaux. Celui-ci rime une ode à la Pologne, cet autre une ode à Cléopâtre; il y en a un qui chante sur le mode de Tibulle et un autre qui tâche de souffler dans la grande trompette de Lucrèce. Je ne parle pas des hymnes guerriers, ni des élégies, ni des chansons grivoises, ni des fables. Quel charivari!

Par grâce, peignez, puisque vous êtes peintres, ne chantez pas. Voici de la chair, voici de la lumière : faites un Adam qui soit votre création. Vous devez être des faiseurs d'hommes, et non pas des faiseurs d'ombres. Mais je sais que dans un boudoir un homme tout nu est peu convenable. C'est pour cela que vous peignez de grands pantins grotesques qui ne sont pas plus indécents et pas plus vivants que les poupées en peau rose des petites filles.

Le talent procède autrement, voyez-vous. Regardez les quelques toiles remarquables du Salon. Elles font un trou dans la muraille, elles sont presque déplaisantes, elles crient dans le murmure adouci de leurs voisines. Les peintres qui commettent de pareilles œuvres, sont en dehors de la corporation des badigeonneurs élégants dont j'ai parlé. Ils sont peu nombreux, ils vivent d'eux-mêmes, en dehors de toute école.

Je l'ai déjà dit, on ne peut accuser le jury de la médiocrité de nos peintres. Mais, puisqu'il croit avoir charge d'être sévère, pourquoi ne nous épargne-t-il pas la vue de toutes ces niaiseries? Si vous n'admettez que les talents, une salle de trois mètres carrés suffira.

Ai-je été si révolutionnaire, en regrettant les quelques tempéraments qui ne figurent pas au Salon? Nous ne sommes pas si riches en individualités, pour refuser celles qui se produisent. D'ailleurs, je le sais, les tempéraments ne meurent pas d'un refus. Je défends leur cause, parce qu'elle me semble juste; mais, au fond, je suis bien tranquille sur l'état de santé du talent. Nos pères ont ri de Courbet, et voilà que nous nous extasions devant lui; nous rions de Manet, et ce seront nos fils qui s'extasieront en face de ses toiles.

M. MANET

———

7 mai.

Si nous aimons à rire, en France, nous avons, à l'occasion, une exquise courtoisie et un tact parfait. Nous respectons les persécutés, nous défendons de toute notre puissance la cause des hommes qui luttent seuls contre une foule.

Je viens, aujourd'hui, tendre une main sympathique à l'artiste qu'un groupe de ses confrères a mis à la porte du Salon. Si je n'avais pour le louer sans réserve la grande admiration que fait naître en moi son talent, j'aurais encore la position qu'on lui a créée de paria, de peintre impopulaire et grotesque.

Avant de parler de ceux que tout le monde peut

voir, de ceux qui étalent leur médiocrité en pleine lumière, je me fais un devoir de consacrer la plus large place possible à celui dont on a volontairement écarté les œuvres, et que l'on n'a pas jugé digne de figurer parmi quinze cents à deux mille impuissants qui ont été reçus à bras ouverts.

Et je lui dis : « Consolez-vous. On vous a mis à part, et vous méritez de vivre à part. Vous ne pensez pas comme tous ces gens-là, vous peignez selon votre cœur et selon votre chair, vous êtes une personnalité qui s'affirme carrément. Vos toiles sont mal à l'aise parmi les niaiseries et les sentimentalités du temps. Restez dans votre atelier. C'est là que je vais vous chercher et vous admirer. »

Je m'expliquerai le plus nettement possible sur M. Manet. Je ne veux point qu'il y ait de malentendu entre le public et moi. Je n'admets pas et je n'admettrai jamais qu'un jury ait eu le pouvoir de défendre à la foule la vue d'une des individualités les plus vivantes de notre époque. Comme mes sympathies sont en dehors du Salon, je n'y entrerai que lorsque j'aurai contenté ailleurs mes besoins d'admiration.

Il paraît que je suis le premier à louer sans restriction M. Manet. C'est que je me soucie peu de toutes ces peintures de boudoir, de ces images coloriées, de ces misérables toiles où je ne trouve rien de vivant. J'ai déjà déclaré que le tempérament seul m'intéressait.

On m'aborde dans les rues, et on me dit : « Ce n'est pas sérieux, n'est-ce pas ? Vous débutez à peine, vous voulez couper la queue de votre chien. Mais, puisqu'on ne vous voit pas, rions un peu ensemble du haut comique du *Dîner sur l'herbe,* de l'*Olympia,* du *Joueur de fifre.* »

Ainsi nous en sommes à ce point en art, nous n'avons plus même la liberté de nos admirations. Voilà que je passe pour un garçon qui se ment à lui-même par calcul. Et mon crime est de vouloir enfin dire la vérité sur un artiste qu'on feint de ne pas comprendre et qu'on chasse comme un lépreux du petit monde des peintres.

L'opinion de la majorité sur M. Manet est celle-ci : M. Manet est un jeune rapin qui s'enferme pour fumer et boire avec des galopins de son âge. Alors, lorsqu'on a vidé des tonnes de bière, le rapin décide qu'il va peindre des caricatures et les exposer pour que la foule se moque de lui et retienne son nom. Il se met à l'œuvre, il fait des choses inouïes, il se tient lui-même les côtes devant son tableau, il ne rêve que de se moquer du public et de se faire une réputation d'homme grotesque.

Bonnes gens!

Je puis placer ici une anecdote qui rend admirablement le sentiment de la foule. Un jour, M. Manet et un littérateur très-connu étaient assis devant un café des boulevards. Arrive un journaliste auquel le littérateur présente le jeune maître. « M. Manet, » dit-il. Le journaliste se hausse sur ses pieds, cherche à droite, cherche à gauche ; puis il finit par apercevoir devant lui l'artiste, modestement assis et tenant une toute petite place. « Ah! pardon, s'écrie-t-il, je vous croyais colossal, et je cherchais partout un visage grimaçant et patibulaire. »

Voilà tout le public.

Les artistes eux-mêmes, les confrères, ceux qui devraient voir clair dans la question, n'osent se décider. Les uns, je parle des sots, rient sans regarder, font des gorges chaudes sur ces toiles fortes et convaincues. Les autres parlent de talent incomplet, de brutalités voulues, de violences systématiques. En somme, ils laissent plaisanter le public, sans songer seulement à lui dire : « Ne riez pas si fort, si vous ne voulez passer pour des imbéciles. Il n'y a pas le plus petit mot pour rire dans tout ceci. Il n'y a qu'un artiste sincère, qui obéit à sa nature, qui cherche le vrai avec fièvre, qui se donne entier et qui n'a aucune de nos lâchetés. »

Puisque personne ne dit cela, je vais le dire, moi, je vais le crier. Je suis tellement certain que M. Manet sera un des maîtres de demain, que je croirais conclure une bonne affaire, si j'avais de la fortune, en achetant aujourd'hui toutes ses toiles. Dans cinquante ans, elles se vendront quinze et vingt fois plus cher, et c'est alors que certains tableaux de quarante mille francs ne vaudront pas quarante francs.

Il ne faut pourtant pas avoir beaucoup d'intelligence pour prophétiser de pareils événements.

On a d'un côté des succès de mode, des succès de salons et de coteries; on a des artistes qui se créent une petite spécialité, qui exploitent un des goûts passagers du public; on a des messieurs rêveurs et élégants qui, du bout de leurs pinceaux, peignent des images mauvais teint que quelques gouttes de pluie effaceraient.

D'un autre côté, au contraire, on a un homme s'attaquant directement à la nature, ayant remis en question l'art entier, cherchant à créer de lui-même et à ne rien cacher de sa personnalité. Est-ce que vous croyez que des tableaux peints d'une main puissante et convaincue ne sont pas plus solides que de ridicules gravures d'Épinal?

Nous irons rire, si vous le voulez, devant les gens qui se moquent d'eux-mêmes et du public, en exposant sans honte des toiles qui ont perdu leur valeur première depuis qu'elles sont barbouillées de jaune et de rouge. Si la foule avait reçu une forte éducation artistique, si elle savait admirer seulement les talents individuels et nouveaux, je vous assure que le Salon serait un lieu de réjouissance publique, car les visiteurs ne pourraient parcourir deux salles sans se rendre malades de gaieté. Ce qu'il y a de prodigieusement comique à l'Exposition, ce sont toutes ces œuvres banales et impudentes qui s'étalent, montrant leur misère et leur sottise.

Pour un observateur désintéressé, c'était un spectacle navrant que ces attroupements bêtes devant les toiles de M. Manet. J'ai entendu là bien des platitudes. Je me disais : « Serons-nous donc toujours si enfants, et nous croirons-nous donc toujours obligés de tenir boutique d'esprit? Voilà des individus qui rient, la bouche ouverte, sans savoir pourquoi, parce qu'ils sont blessés dans leurs habitudes et dans leurs croyances. Ils trouvent cela drôle, et ils rient. Ils rient comme un bossu rirait d'un autre homme, parce que cet homme n'aurait pas de bosse. »

Je ne suis allé qu'une fois dans l'atelier de M. Manet. L'artiste est de taille moyenne, plutôt petite que grande ; blond de cheveux et de visage légèrement coloré, il paraît avoir une trentaine d'années ; l'œil vif et intelligent; la bouche mobile, un peu railleuse par instants ; la face entière, irrégulière et expressive, a je ne sais quelle expression de finesse et d'énergie. Au demeurant, l'homme, dans ses gestes et dans sa voix, a la plus grande modestie et la plus grande douceur.

Celui que la foule traite de rapin gouailleur vit retiré, en famille. Il est marié et a l'existence réglée d'un bourgeois. Il travaille d'ailleurs avec acharnement, cherchant toujours, étudiant la nature, s'interrogeant et marchant dans sa voie.

Nous avons causé ensemble de l'attitude du public à son égard. Il n'en plaisante pas, mais il n'en paraît pas non plus découragé. Il a foi en lui ; il laisse passer tranquillement sur sa tête la tempête des rires, certain que les applaudissements viendront.

J'étais enfin en face d'un lutteur convaincu, en face d'un homme impopulaire qui ne tremblait pas devant le public, qui ne cherchait pas à apprivoiser la bête, mais qui s'essayait plutôt à la dompter, à lui imposer son tempérament.

C'est dans cet atelier que j'ai compris complètement M. Manet. Je l'avais aimé d'instinct; dès lors, j'ai pénétré son talent, ce talent que je vais tâcher d'analyser. Au Salon, ses toiles criaient sous la lumière crue, au milieu des images à un sou qu'on avait collées au mur autour d'elles. Je les voyais enfin à part, ainsi que tout tableau doit être vu, dans le lieu même où elles avaient été peintes.

Le talent de M. Manet est fait de simplicité et de justesse. Sans doute, devant la nature incroyable de certains de mes confrères, il se sera décidé à interroger la réalité, seul à seul; il aura refusé toute la science acquise, toute l'expérience ancienne, il aura voulu prendre l'art au commencement, c'est-à-dire à l'observation exacte des objets.

Il s'est donc mis courageusement en face d'un sujet, il a vu ce sujet par larges taches, par oppositions vigoureuses, et il a peint chaque chose telle qu'il la voyait. Qui ose parler ici de calcul mesquin, qui ose accuser un artiste consciencieux de se moquer de l'art et de lui-même? Il faudrait punir les railleurs, car ils insultent un homme qui sera une de nos gloires, et ils l'insultent misérablement, riant de lui qui ne daigne même pas rire d'eux. Je vous assure que vos grimaces et que vos ricanements l'inquiètent peu.

J'ai revu le *Dîner sur l'herbe*, ce chef-d'œuvre exposé au Salon des Refusés, et je défie nos peintres en vogue de nous donner un horizon plus large et plus empli d'air et de lumière. Oui, vous riez encore, parce que les ciels violets de M. Nazon vous ont gâtés. Il y a ici une nature bien bâtie qui doit vous déplaire. Puis nous n'avons ni la Cléopâtre en plâtre de M. Gérôme, ni les jolies personnes roses et blanches de M. Dubuffe. Nous ne trouvons malheureusement là que des personnages de tous les jours, qui ont le tort d'avoir des muscles et des os, comme tout le monde. Je comprends votre désappointement et votre gaieté, en face de cette toile; il aurait fallu chatouiller votre regard avec des images de boîtes à gants.

J'ai revu également l'*Olympia,* qui a le défaut grave de ressembler à beaucoup de demoiselles que vous connaissez. Puis, n'est-ce pas? quelle étrange manie que de peindre autrement que les autres! Si, au moins, M. Manet avait emprunté la houppe à poudre de riz de M. Cabanel et s'il avait un peu fardé les joues et les seins d'Olympia, la jeune fille aurait été présentable. Il y a là aussi un chat qui a bien amusé le public. Il est vrai que ce chat est d'un haut comique, n'est-ce pas? et qu'il faut être insensé pour avoir mis un chat dans ce tableau. Un chat, vous imaginez-vous cela? Un chat noir, qui plus est. C'est très drôle... O mes pauvres concitoyens, avouez que vous avez l'esprit facile. Le chat légendaire d'Olympia est un indice certain du but que vous vous proposez en vous rendant au Salon. Vous allez y chercher des chats, avouez-le, et vous n'avez pas perdu votre journée lorsque vous trouvez un chat noir qui vous égaye.

Mais l'œuvre que je préfère est certainement le *Joueur de fifre*, toile refusée cette année. Sur un fond gris et lumineux, se détache le jeune musicien, en petite tenue, pantalon rouge et bonnet de police. Il souffle dans son instrument, se présentant de face. J'ai dit plus haut que le talent de M. Manet était fait de justesse et de simplicité, me souvenant surtout de l'impression que m'a laissée cette toile. Je ne crois pas qu'il soit possible d'obtenir un effet plus puissant avec des moyens moins compliqués.

Le tempérament de M. Manet est un tempérament sec, emportant le morceau. Il arrête vivement ses figures, il ne recule pas devant les brusqueries de la nature, il rend dans leur vigueur les différents objets se détachant les uns sur les autres. Tout son être le porte à voir par taches, par morceaux simples et énergiques. On peut dire de lui qu'il se contente de chercher des tons justes et de les juxtaposer ensuite sur une toile. Il arrive que la toile se couvre ainsi d'une peinture solide et forte. Je retrouve dans le tableau un homme qui a la curiosité du vrai et qui tire de lui un monde vivant d'une vie particulière et puissante.

Vous savez quel effet produisent les toiles de M. Manet au Salon. Elles crèvent le mur, tout simplement. Tout autour d'elles s'étalent les douceurs des confiseurs artistiques à la mode, les arbres en sucre candi et les maisons en croûte de pâté, les bons hommes en pain d'épices et les bonnes femmes faites de crème à la vanille. La boutique de bonbons devient plus rose et plus douce, et les toiles vivantes de l'artiste semblent prendre une certaine amertume au milieu de ce fleuve de lait. Aussi, faut-il voir les grimaces des grands enfants qui passent dans la salle. Jamais vous ne leur ferez avaler pour deux sous de véritable chair, ayant la réalité de la vie; mais ils se gorgent comme des malheureux de toutes les sucreries écœurantes qu'on leur sert.

Ne regardez plus les tableaux voisins. Regardez les personnes vivantes qui sont dans la salle. Étudiez les oppositions de leurs corps sur le parquet et sur les murs. Puis, regardez les toiles de M. Manet : vous verrez que là est la vérité et la puissance. Regardez maintenant les autres toiles, celles qui sourient bêtement autour de vous : vous éclatez de rire, n'est-ce pas?

La place de M. Manet est marquée au Louvre, comme celle de Courbet, comme celle de tout artiste d'un tempérament original et fort. D'ailleurs, il n'y a pas la moindre ressemblance entre Courbet et M. Manet, et ces artistes, s'ils sont logiques, doivent se nier l'un l'autre. C'est justement parce qu'ils n'ont rien de semblable qu'ils peuvent vivre chacun d'une vie particulière.

Je n'ai pas de parallèle à établir entre eux, j'obéis à ma façon de voir en ne mesurant pas les artistes d'après un idéal absolu et en n'acceptant que les individualités uniques, celles qui s'affirment dans la vérité et dans la puissance.

Je connais la réponse : « Vous prenez l'étrangeté pour l'originalité, vous admettez donc qu'il suffit de faire autrement que les autres pour faire bien. » Allez dans l'atelier de M. Manet, messieurs ; puis revenez dans le vôtre et tâchez de faire ce qu'il fait, amusez-vous à imiter ce peintre qui, selon vous, a pris en fermage l'hilarité publique. Vous verrez alors qu'il n'est pas si facile de faire rire le monde.

J'ai tâché de rendre à M. Manet la place qui lui appartient, une des premières. On rira peut-être du panégyriste comme on a ri du peintre. Un jour, nous serons vengés tous deux. Il y a une vérité éternelle qui me soutient en critique : c'est que les tempéraments seuls vivent et dominent les âges. Il est impossible, — impossible, entendez-vous, — que M. Manet n'ait pas son jour de triomphe, et qu'il n'écrase pas les médiocrités timides qui l'entourent.

Ceux qui doivent trembler, ce sont les faiseurs, les hommes qui ont volé un semblant d'originalité aux maîtres du passé ; ce sont ceux qui calligraphient des arbres et des personnages, qui ne savent ni ce qu'ils sont ni ce que sont ceux dont ils rient. Ceux-là seront les morts de demain ; il y en a qui sont morts depuis dix ans, lorsqu'on les enterre, et qui se survivent en criant qu'on offense la dignité de l'art si l'on introduit une toile vivante dans cette grande fosse commune du Salon.

LES RÉALISTES DU SALON

---

11 mai

Je serais désespéré si mes lecteurs croyaient un instant que je suis ici le porte-drapeau d'une école. Ce serait bien mal me comprendre que de faire de moi un réaliste quand même, un homme enrégimenté dans un parti.

Je suis de mon parti, du parti de la vie et de la vérité, voilà tout. J'ai quelque ressemblance avec Diogène, qui cherchait un homme ; moi, en art, je cherche aussi des hommes, des tempéraments nouveaux et puissants.

Je me moque du réalisme, en ce sens que ce mot ne représente rien de bien précis pour moi. Si vous entendez par ce terme la nécessité où sont les peintres d'étudier et de rendre la nature vraie, il est hors de doute que tous les artistes doivent être des réalistes. Peindre des rêves est un jeu d'enfant et de femme ; les hommes ont charge de peindre des réalités.

Ils prennent la nature et ils la rendent, ils la rendent vue à travers leurs tempéraments particuliers. Chaque artiste va nous donner ainsi un monde différent, et j'accepterai volontiers tous ces divers mondes, pourvu que chacun d'eux soit l'expression vivante d'un tempérament. J'admire les mondes de Delacroix et de Courbet. Devant cette déclaration, on ne saurait, je crois, me parquer dans aucune école.

Seulement, voici ce qu'il arrive en nos temps d'analyse psychologique et physiologique. Le vent est à la science ; nous sommes poussés, malgré nous, vers l'étude exacte des faits et des choses. Aussi, toutes les fortes individualités qui se révèlent, s'affirment-elles dans le sens de la vérité. Le mouvement de l'époque est certainement réaliste, ou plutôt positiviste. Je suis donc forcé d'admirer des hommes qui paraissent avoir quelque parenté entre eux, la parenté de l'heure à laquelle ils vivent.

Mais qu'il naisse demain un génie autre, un esprit qui réagira, qui nous donnera avec puissance une terre nouvelle, la sienne, je lui promets mes applaudissements. Je ne saurais trop le répéter, je cherche des hommes et non des mannequins, des hommes de chair et d'os, se confessant à nous, et non des menteurs qui n'ont que du son dans le ventre.

On m'écrit que je loue « la peinture de l'avenir ». Je ne sais ce que peut signifier cette expression. Je crois que chaque génie naît indépendant et qu'il ne laisse pas de disciples. La peinture de l'avenir m'inquiète peu ; elle sera ce que la feront les artistes et les sociétés de demain.

Le grand épouvantail, croyez-le, ce n'est pas le réalisme, c'est le tempérament. Tout homme qui ne ressemble pas aux autres, devient par là même un objet de défiance. Dès que la foule ne comprend plus, elle rit. Il faut toute une éducation pour faire accepter le génie. L'histoire de la littérature et de l'art est une sorte de martyrologe qui conte les huées dont on a couvert chacune des manifestations nouvelles de l'esprit humain.

Il y a des réalistes au Salon, — je ne dis plus des tempéraments, — il y a des artistes qui prétendent donner la nature vraie, avec toutes ses crudités et toutes ses violences.

Pour bien établir que je me moque de l'observation plus ou moins exacte, lorsqu'il n'y a pas une individualité puissante qui fasse vivre le tableau, je vais d'abord dire mon opinion toute nue sur MM. Monet, Ribot, Vollon, Bonvin et Roybet.

Je mets MM. Courbet et Millet à part, désirant leur consacrer une étude particulière.

J'avoue que la toile qui m'a le plus longtemps

arrêté est la *Camille*, de M. Monet. C'est là une peinture énergique et vivante. Je venais de parcourir ces salles si froides et si vides, las de ne rencontrer aucun talent nouveau, lorsque j'ai aperçu cette jeune femme, traînant sa longue robe et s'enfonçant dans le mur, comme s'il y avait eu un trou. Vous ne sauriez croire combien il est bon d'admirer un peu lorsqu'on est fatigué de rire et de hausser les épaules.

Je ne connais pas M. Monet, je crois même que jamais auparavant je n'avais regardé attentivement une de ses toiles. Il me semble cependant que je suis un de ses vieux amis. Et cela parce que son tableau me conte toute une histoire d'énergie et de vérité.

Eh oui! voilà un tempérament, voilà un homme dans la foule de ces eunuques. Regardez les toiles voisines, et voyez quelle piteuse mine elles font à côté de cette fenêtre ouverte sur la nature. Ici, il y a plus qu'un réaliste, il y a un interprète délicat et fort qui a su rendre chaque détail sans tomber dans la sécheresse.

Voyez la robe. Elle est souple et solide. Elle traîne mollement, elle vit, elle dit tout haut qui est cette femme. Ce n'est pas là une robe de poupée, un de ces chiffons de mousseline dont on habille les rêves; c'est de la bonne soie, qui serait trop lourde sur les crèmes fouettées de M. Dubuffe.

Vous voulez des réalistes, des tempéraments,

m'a-t-on écrit, prenez M. Ribot. Je nie que M. Ribot ait un tempérament qui lui appartienne, et je nie qu'il rende la nature dans sa vérité.

La vérité d'abord. Regardez cette grande toile : Jésus est au milieu des docteurs, dans un coin du temple ; il y a de larges ombres ; des lumières s'étalent par plaques blafardes. Où est le sang ? où est la vie ? Ça, de la réalité ! Mais les têtes de cet enfant et de ces hommes sont creuses ; il n'y a pas un os dans ces chairs flasques et bouffies. Ce n'est pas parce que les types sont vulgaires, n'est-ce pas, que vous voulez me donner ce tableau pour une œuvre réelle ? J'appelle réelle, une œuvre qui vit, une œuvre dont les personnages puissent se mouvoir et parler. Ici, je ne vois que des créatures mortes, toutes pâles et toutes dissoutes.

Qu'importe la vérité ! ai-je dit, si le mensonge est commis par un tempérament particulier et puissant. Alors, M. Ribot doit avoir tout ce qu'il faut pour me plaire. Ces lumières blanchâtres, ces ombres sales sont de simples partis-pris ; l'artiste a imposé son individualité à la nature, et il a créé de toutes pièces ce monde blafard. Le malheur est qu'il n'a rien créé du tout ; son monde existe depuis bien longtemps. C'est un monde espagnol à peine francisé. Non seulement l'œuvre n'est pas vraie, ne vit pas, mais de plus n'est pas une expression nouvelle du génie humain.

M. Ribot n'a rien ajouté à l'art, il n'a pas dit son mot propre, il ne nous a pas révélé un cœur et une chair. C'est ici un tempérament inutile, une rencontre malheureuse, si l'on veut. Certes, je préfère cette puissance fausse, cette individualité de contrebande, aux désolantes gentillesses dont j'aurai à parler. Mais tout au fond de moi, j'entends une voix qui me crie : « Prends garde! celui-là est perfide ; il paraît énergique et vrai ; va jusqu'aux moelles, tu trouveras le mensonge et le néant. »

Le réalisme, pour bien des personnes, — pour M. Vollon, par exemple, — consiste dans le choix d'un sujet vulgaire. Cette année, M. Vollon a été réaliste, en représentant une servante dans sa cuisine. La bonne grosse fille revient du marché, et a déposé à terre ses provisions. Elle est vêtue d'une jupe rouge et s'appuie au mur, montrant ses bras hâlés et sa figure épaisse.

Moi, je ne vois rien de réel là dedans, car cette servante est en bois, et elle est si bien collée au mur, que rien ne pourrait l'en détacher. Les objets se comportent autrement dans la nature, sous la large lumière. Les cuisines sont pleines d'air d'habitude, et chaque chose n'y prend pas ainsi une couleur cuite et rissolée. Puis, dans les intérieurs, les oppositions, les taches sont vigoureuses, bien qu'adoucies, tout ne s'en vient pas sur un même plan. La vérité est plus brutale, plus énergique que cela.

Peignez des roses, mais peignez-les vivantes, si vous vous dites réaliste.

M. Bonvin me paraît être également un amant platonique de la vérité. Ses sujets sont pris dans la vie réelle, mais la façon dont il traite les réalités pourrait tout aussi bien être employée pour traiter les rêves de certains peintres en vogue. Il y a je ne sais quelle sécheresse et quelle petitesse dans l'exécution qui ôte toute vie au personnage.

La *Grand'maman* que M. Bonvin expose, est une bonne vieille tenant une Bible sur ses genoux et humant son café, qu'on lui apporte. La face m'a paru tendue et grimaçante; elle est trop détaillée; le regard se perd dans ces rides rendues avec amour, et préférerait un visage d'un seul morceau, bâti solidement. L'effet s'éparpille, la tête ne s'élève pas puissamment sur le fond.

Avant l'ouverture du Salon, on a fait quelque bruit autour de la toile de M. Roybet, *Un Fou sous Henri III*. On parlait d'une personnalité fortement accusée, d'un réalisme large. J'ai vu la toile, et je n'ai pas compris ces applaudissements donnés à l'avance. C'est là de la peinture honnête, plus solide assurément que celle de M. Hamon, mais d'une énergie fort modérée.

La personnalité annoncée ne s'est pas révélée à mes regards.

Le fou, tout de rouge habillé, tient en laisse deux dogues qui ont l'air de deux bons enfants; il rit, montrant les dents, et on dirait, à le voir, un satyre habillé.

Le sujet importe peu d'ailleurs, et le pis est que

je trouve ces chiens, surtout cet homme, traités d'une façon petite. Ici encore les détails dominent l'ensemble ; les étoffes manquent de souplesse, les mains du personnage ressemblent à deux palettes de bois, et la face paraît ciselée avec soin.

Je ne sens pas la chair, dans tout ceci, et si j'éprouve quelque sympathie, c'est pour les deux dogues qui sont plantés beaucoup plus carrément que leur maître.

Voilà donc les quelques réalistes du Salon. Je puis en omettre ; mais, en tous cas, j'ai nommé et étudié les principaux. J'ai voulu simplement, je le répète, faire comprendre que je ne me parque dans aucune école, et que je demande uniquement à l'artiste d'être personnel et puissant.

J'ai tenu à être d'autant plus sévère que je craignais d'avoir été mal compris. Je n'ai aucune sympathie pour la charge du tempérament, — qu'on me passe ce mot, — et je n'accepte que les individualités vraiment individuelles et nettement accusées. Toute école me déplaît, car une école est la négation même de la liberté de création humaine. Dans une école il y a un homme, le maître ; les disciples sont forcément des imitateurs.

Donc pas plus de réalisme que d'autre chose. De la vérité, si l'on veut, de la vie, mais surtout des chairs et des cœurs différents interprétant différemment la nature. La définition d'une œuvre d'art ne saurait être autre chose que celle-ci : *Une œuvre d'art est un coin de la création vu à travers un tempérament* (1).

(1) Ici le peuple proteste, les abonnés se fâchent. Le panégyrique de M. Manet a porté tous ses fruits : un critique qui admire un tel peintre ne peut être toléré. On demande violemment mon abdication. M. de Villemessant, pour lequel je me sens la plus vive reconnaissance, — je ne saurais trop le répéter, — est obligé de céder au public. Il est convenu entre lui et moi, qu'il va faire droit aux réclamations en m'adjoignant un de mes honorables confrères, M. Théodore Pelloquet, et en nous accordant trois articles à chacun. L'*Événement* contiendra ainsi des jugements pour tous les goûts; le public n'aura plus à se plaindre que de la diversité des mets.

LES CHUTES

15 mai.

Il y a, en ce moment, une excellente comédie qui se joue, au Salon, en face des tableaux de Courbet. Ce que je trouve de plus curieux à étudier, même au point de vue de l'art, ce ne sont pas toujours les artistes, ce sont souvent les visiteurs qui par un seul mot, par un simple geste, avouent naïvement où nous en sommes en matière artistique. Il est bon parfois d'interroger la foule.

Cette année, il est admis que les toiles de Courbet sont charmantes. On trouve son paysage exquis et son étude de femme très convenable. J'ai vu s'extasier des personnes qui, jusqu'ici, s'étaient montrées très dures pour le maître d'Ornans. Voilà qui m'a mis en défiance. J'aime à m'expliquer les choses, et je n'ai pas compris tout de suite ce brusque saut de l'opinion publique.

Mais tout a été expliqué, lorsque j'ai regardé les toiles de plus près. Je l'ai dit, la grande ennemie, c'est la personnalité, l'impression étrange d'une nature individuelle. Un tableau est d'autant plus goûté qu'il est moins personnel. Courbet, cette année, a arrondi les angles trop rudes de son génie ; il a fait patte de velours, et voilà la foule charmée qui le trouve semblable à tout le monde et qui applaudit, satisfaite de voir enfin le maître à ses pieds.

Je ne le cache pas, j'éprouve une intime volupté à pénétrer les secrets ressorts d'une organisation quelconque. J'ai plus souci de la vie que de l'art. Je m'amuse énormément à étudier les grands courants humains qui traversent les foules et qui les jettent hors de leurs lits. Rien ne m'a paru plus curieux que ce fait d'un esprit puissant, admiré justement le jour où il a perdu quelque chose de sa puissance.

J'admire Courbet, et je le prouverai tout à l'heure. Mais, je vous prie, reportez-vous à cette époque où il peignait la *Baigneuse* et le *Convoi d'Ornans*, et dites-moi si ces deux toiles magistrales ne sont pas autrement fortes que les deux délicieuses choses de cette année. Et pourtant, au temps de la *Baigneuse* et du *Convoi d'Ornans*, Courbet prêtait à rire, Courbet était lapidé par le public scandalisé. Aujourd'hui, personne ne rit, personne ne jette des pierres. Courbet a rentré ses serres d'aigle, il ne s'est pas livré entier, et tout le monde bat des mains, tout le monde lui décerne des couronnes.

Je n'ose formuler une règle qui s'impose forcément à moi : c'est que l'admiration de la foule est toujours en raison indirecte du génie individuel. Vous êtes d'autant plus admiré et compris, que vous êtes plus ordinaire.

C'est là un aveu grave que me fait la foule. J'ai le plus grand respect pour le public ; mais si je n'ai pas la prétention de le conduire, j'ai au moins le droit de l'étudier.

Puisque je le vois aller aux tempéraments affadis, aux esprits complaisants, je mets en doute ses jugements, et je songe que je n'ai pas eu un tort aussi grand qu'on veut bien le dire, en admirant un paria, un lépreux de l'art.

Et comme je ne veux pas qu'on se méprenne sur les sentiments d'admiration profonde que j'éprouve pour Courbet, je dis ici ce que j'ai déjà dit ailleurs, il y a un an, lors de l'apparition du livre de Proudhon.

Mon Courbet, à moi, est simplement une personnalité. Le peintre a commencé par imiter les Flamands et certains maîtres de la Renaissance ; mais sa nature se révoltait, et il se sentait entraîné par toute sa chair, — par toute sa chair, entendez-vous? — vers le monde matériel qui l'entourait, les femmes grasses et les hommes puissants, les campagnes plantureuses et largement fécondes. Trapu et vigoureux, il avait l'âpre désir de serrer entre ses bras la nature vraie; il voulait peindre en pleine viande et en plein terreau.

La jeune génération, je parle des jeunes gens de vingt à vingt-cinq ans, ne connaît presque pas Courbet. Il m'a été donné de voir rue Hautefeuille, dans l'atelier du maître, pendant une de ses absences, certains de ses premiers tableaux. Je me suis étonné, et je n'ai pas trouvé le plus petit mot pour rire dans ces toiles graves et fortes dont on m'avait fait des monstres. Je m'attendais à des caricatures, à une fantaisie folle et grotesque, et j'étais devant une peinture serrée et large, d'un fini et d'une franchise extrêmes.

Les types étaient vrais, sans être vulgaires; les chairs, fermes et souples, vivaient puissamment; les fonds s'emplissaient d'air et donnaient aux figures une vigueur étonnante. La coloration, un peu sourde, a une harmonie presque douce, tandis que la justesse des tons et l'ampleur du métier établissent les plans et font que chaque détail a un relief étrange. En fermant les yeux, je revois ces toiles énergiques, d'une seule masse, bâties à chaux et à sable, réelles jusqu'à la vérité. Courbet appartient à la famille des faiseurs de chair.

Certes, je ne puis être accusé de mesurer l'éloge au maître. Je l'aime dans sa puissance et sa personnalité.

Il m'est permis de lui montrer la foule qui se groupe autour de ses toiles et de lui dire :

— Prenez garde, voilà que vous passez dans l'admiration publique. Je sais bien qu'un jour votre apothéose viendra. Mais, à votre place, je me fâcherais de me voir accepté juste à l'heure où ma main aurait faibli, où je n'aurais pas fouillé au fond de moi pour me donner dans ma nature, sans ménagement ni concessions.

Je ne nie point que la *Femme au perroquet* ne soit une solide peinture, très travaillée et très nette; je ne nie point que la *Remise des chevreuils* n'ait un grand charme, beaucoup de vie; mais il manque à ces toiles le je ne sais quoi de puissant et de voulu qui est Courbet tout entier. Il y a douceur et sourire; Courbet, pour l'écraser d'un mot, a fait du joli!

On parle de la grande médaille. Si j'étais Courbet, je ne voudrais pas, pour la *Femme au perroquet*, d'une récompense suprême qu'on a refusée à la *Curée* et aux *Casseurs de pierre*. J'exigerais qu'il fût bien dit qu'on m'accepte dans mon génie et non dans mes gentillesses. Il y aurait pour moi je ne sais quelle pensée triste dans cette consécration donnée à deux de mes œuvres que je ne reconnaîtrais pas comme les filles saines et fortes de mon esprit.

Il y a encore deux autres artistes au Salon sur lesquels j'ai pleuré, MM. Millet et Théodore Rousseau. Tous deux ont été et seront encore, je me plais à le croire, des individualités pour lesquels je me sens la plus vive admiration. Et je les retrouve ayant perdu la fermeté de leurs mains et l'excellence de leurs yeux.

Je me souviens des premières peintures que j'ai vues de M. Millet. Les horizons s'étendaient larges et libres; il y avait sur la toile comme un souffle de la terre. Une, deux figures au plus, puis quelques grandes lignes de terrain, et voilà qu'on avait la campagne ouverte devant soi, dans sa poésie vraie, dans sa poésie qui n'est faite que de réalité.

Mais je parle en poète, et les peintres, je le sais, n'aiment pas cela.

S'il faut parler métier, j'ajouterai que la peinture de M. Millet était grasse et solide, que les différentes taches avaient une grande vigueur et une grande justesse. L'artiste procédait par morceaux simples, comme tous les peintres vraiment peintres.

Cette année je me suis trouvé devant une peinture molle et indécise. On dirait que l'artiste a peint sur papier buvard et que l'huile s'est étendue. Les objets semblent s'écraser dans les fonds. C'est là une peinture à la cire qu'on a chauffée et dont les diverses couleurs se sont fondues les unes dans les autres.

Je ne sens pas la réalité dans ce paysage. Nous sommes au bout d'un hameau, et, brusquement, l'horizon s'élargit. Un arbre se dresse seul dans cette immensité. On devine derrière cet arbre tout le ciel. Eh bien! je le répète, la peinture manque de vigueur et de simplicité, les tons s'effacent et se mêlent, et, du coup, le ciel devient petit et l'arbre paraît collé aux nuages.

Hélas! l'histoire est la même pour M. Théodore Rousseau, peut-être même est-elle plus triste encore.

En sortant du Salon, j'ai voulu retourner voir le paysage que l'artiste a au Musée du Luxembourg. Vous rappelez-vous cet arbre puissamment tordu, se détachant en noir sur le rouge sombre d'un coucher de soleil? Il y a des vaches dans l'herbe. L'œuvre est profonde et tourmentée. Ce n'est peut-être pas là une nature bien vraie, mais ce sont des arbres, des vaches et des cieux interprétés par un esprit vigoureux qui nous a communiqué en un langage étrange les sensations poignantes que la campagne faisait naître en lui.

Et je me suis demandé comment M. Théodore Rousseau pouvait en être arrivé au travail de patience dans lequel il se complaît aujourd'hui. Voyez ses paysages du Salon. Les feuilles et les cailloux sont comptés, les tableaux paraissent peints avec de petits bâtons qui auraient collé la couleur goutte à goutte sur la toile. L'interprétation n'a plus aucune largeur. Tout devient forcément petit. Le tempérament disparaît devant cette lente minutie; l'œil du peintre ne saisit pas l'horizon dans sa largeur, et la main ne peut rendre l'impression reçue et traduite par le tempérament. C'est pourquoi je ne sens rien de vivant dans cette peinture; lorsque je demande à M. Théodore Rousseau de saisir en sa main, comme il l'a fait jadis, un morceau de la campagne, il s'amuse à émietter la campagne et à me la présenter en poussière.

Tout son passé lui crie : Faites large, faites puissant, faites vivant.

Il me prend un scrupule. Le titre de cet article est bien dur. Je suis obligé de juger aujourd'hui, peut-être trop sévèrement, des artistes que j'aime et que j'admire. Un simple fait me servira d'excuse.

Après la publication de mon article sur M. Manet, j'ai rencontré un de mes amis auquel je communiquai mon impression toute franche sur les toiles dont je viens de parler.

— Ne dites jamais cela, s'est-il écrié, vous frappez sur vos frères; il faut se constituer en bande, en coterie, et défendre quand même son parti. Vous levez le drapeau de la personnalité. Louez tous les gens personnels, dussiez-vous mentir.

C'est pourquoi je me suis hâté d'écrire ces lignes.

ADIEUX D'UN CRITIQUE D'ART

20 mai.

J'ai encore droit à deux articles. Je préfère n'en faire qu'un. Dans mon idée première, Mon Salon devait comprendre seize à dix-huit articles. Puisque, d'après la volonté toute-puissante du peuple, je n'ai pas l'espace nécessaire pour développer nettement mes pensées, je crois bon de terminer brusquement et de tirer ma révérence au public.

Au fond, je suis enchanté. Imaginez un médecin qui ignore où est la plaie et qui, posant çà et là ses doigts sur le corps du moribond, l'entend tout à coup crier de terreur et d'angoisse. Je m'avoue tout bas que j'ai touché juste, puisqu'on se fâche. Peu m'importe si vous ne voulez pas guérir. Je sais maintenant où est la blessure.

Je ne prenais qu'un médiocre plaisir à tourmenter les gens. Je sentais toute ma dureté envers des artistes qui travaillent et qui ont acquis, à grand'peine, une réputation fragile que le moindre heurt briserait. Lorsque je faisais mon examen de conscience, je m'accusais vertement de troubler dans leur quiétude d'excellents hommes qui paraissent s'être imposé le labeur pénible de contenter tout le monde.

J'abandonne volontiers les notes que je suis allé prendre sur M. Fromentin et sur M. Nazon, sur M. Dubuffe et sur M. Gérome. J'avais toute une campagne en tête, je m'étais plu à aiguiser mes armes pour les rendre plus tranchantes. Et je vous jure que c'est avec une volupté intime que je jette là toute ma ferraille.

Je ne parlerai point de M. Fromentin et de la sauce épicée dont il assaisonne la peinture. Ce peintre nous a donné un Orient qui, par un rare prodige, a de la couleur sans avoir de la lumière. Je sais d'ailleurs que M. Fromentin est le dieu du jour ; je m'évite la peine de lui demander des arbres et des cieux plus vivants, et surtout de réclamer de lui une saine et forte originalité, au lieu de ce faux tempérament de coloriste qui rappelle Delacroix comme les devants de cheminée rappellent les toiles de Véronèse.

Je n'aurai aucune querelle à chercher à M. Nazon et aux décors en carton qu'il nous donne pour de vraies campagnes ; ne vous semble-t-il pas, — entre nous, — que c'est ici une apothéose de féerie, lorsque les feux de Bengale sont allumés, et que des lueurs jaunes et rouges donnent à chaque objet une apparence morte ?

Quant à MM. Gérome et Dubuffe, je suis excessivement satisfait de ne pas avoir à parler de leur talent. Je le répète, je suis fort sensible au fond, et je n'aime pas à faire du chagrin aux gens. La mode de M. Gérome baisse ; M. Dubuffe a dû prendre une peine terrible, dont il sera peu récompensé. Je suis heureux de n'avoir pas le temps de dire tout cela.

Je regrette une chose : c'est de ne pouvoir accorder une large place à trois paysagistes que j'aime : MM. Corot, Daubigny et Pissaro. Mais il m'est permis de leur donner une bonne poignée de main, — la poignée de main de l'adieu.

Si M. Corot consentait à tuer une fois pour toutes les nymphes dont il peuple ses bois, et à les remplacer par des paysannes, je l'aimerais outre mesure.

Je sais qu'à ces feuillages légers, à cette aurore humide et souriante, il faut des créatures diaphanes, des rêves habillés de vapeurs. Aussi suis-je tenté parfois de demander au maître une nature plus humaine, plus vigoureuse. Cette année, il a exposé des études peintes sans doute dans l'atelier. Je préfère mille fois une pochade, une esquisse faite par lui en pleins champs, face à face avec la réalité puissante.

Demandez à M. Daubigny quels sont les tableaux qu'il vend le mieux. Il vous répondra que ce sont justement ceux qu'il estime le moins. On veut de la vérité adoucie, de la nature propre et lavée avec soin, des horizons fuyants et rêveurs. Mais que le maître peigne avec vigueur la terre forte, le ciel profond, les arbres et les flots puissants, et le public trouve cela bien laid, bien grossier. Cette année, M. Daubigny a contenté la foule sans trop se mentir à lui-même. Je crois savoir d'ailleurs que ce sont là d'anciennes toiles.

M. Pissaro est un inconnu, dont personne ne parlera sans doute. Je me fais un devoir de lui serrer vigoureusement la main, avant de partir. Merci, monsieur, votre paysage m'a reposé une bonne demi-heure, lors de mon voyage dans le grand désert du Salon. Je sais que vous avez été admis à grand'peine, et je vous en fais mon sincère compliment. D'ailleurs, vous devez savoir que vous ne plaisez à personne, et qu'on trouve votre tableau trop nu, trop noir. Aussi pourquoi diable avez-vous l'insigne maladresse de peindre solidement et d'étudier franchement la nature !

Voyez donc : vous choisissez un temps d'hiver ; vous avez là un simple bout d'avenue, puis un coteau au fond, des champs vides jusqu'à l'horizon. Pas le moindre régal pour les yeux. Une peinture austère et grave, un souci extrême de la vérité et de la justesse, une volonté âpre et forte. Vous êtes un grand maladroit, monsieur, — vous êtes un artiste que j'aime.

Donc, je n'ai plus le loisir de louer ceux-ci et de blâmer ceux-là. Je fais mes paquets à la hâte, sans regarder si je n'oublie pas quelque chose. Les artistes que j'aurais attaqués n'ont pas besoin de me remercier, et je fais mes excuses à ceux dont j'aurais dit du bien.

Savez-vous que ma besogne commençait à devenir fatigante? On mettait tant de bonne foi à ne pas me comprendre, on discutait mes opinions avec une naïveté si aveugle, que je devais, dans chacun de mes articles, rétablir mon point de départ et faire voir que j'obéissais logiquement à une idée première et invincible.

J'ai dit : « Ce que je cherche surtout dans un tableau, c'est un homme et non pas un tableau. » Et encore : « L'art est composé de deux éléments : la nature, qui est l'élément fixe, et l'homme, qui est l'élément variable; faites vrai, j'applaudis; faites individuel, j'applaudis plus fort. » Et encore : « J'ai plus souci de la vie que de l'art. »

Devant de telles déclarations, je croyais qu'on allait comprendre mon attitude. J'affirmais que la personnalité seule faisait vivre une œuvre, je cherchais des hommes, persuadé que toute toile qui ne contient pas un tempérament, est une toile morte. Ne vous êtes-vous jamais demandé dans quels galetas allaient dormir ces milliers de tableaux qui passent par le Palais de l'Industrie?

Je me moque bien de l'École française! Je n'ai pas de traditions, moi; je ne discute pas un pan de draperie, l'attitude d'un membre, l'expression d'une physionomie. Je ne saisis pas ce qu'on entend par un défaut ou par une qualité. Je crois qu'une œuvre de maître est un tout qui se tient, une expression d'un cœur et d'une chair. Vous ne pouvez rien changer; vous ne pouvez que constater, étudier une face du génie humain, une expression humaine.

Mon éloge de M. Manet a tout gâté. On prétend que je suis le prêtre d'une nouvelle religion. De quelle religion, je vous prie? De celle qui a pour dieux tous les talents indépendants et personnels? Oui, je suis de la religion des libres manifestations de l'homme; oui, je ne m'embarrasse pas des mille restrictions de la critique, et je vais droit à la vie et à la vérité; oui, je donnerais mille œuvres habiles et médiocres, pour une œuvre, même mauvaise, dans laquelle je croirais reconnaître un accent nouveau et puissant.

J'ai défendu M. Manet, comme je défendrai dans ma vie toute individualité franche qui sera attaquée. Je serai toujours du parti des vaincus. Il y a une lutte évidente entre les tempéraments indomptables et la foule. Je suis pour les tempéraments, et j'attaque la foule.

Ainsi mon procès est jugé, et je suis condamné.

J'ai commis l'énormité de ne pas admirer M. Dubuffe après avoir admiré Courbet, l'énormité d'obéir à une logique implacable.

J'ai eu la naïveté coupable de ne pouvoir avaler sans écœurement les fadeurs de l'époque, et d'exiger de la puissance et de l'originalité dans une œuvre.

J'ai blasphémé en affirmant que toute l'histoire artistique est là pour prouver que les tempéraments seuls dominent les âges, et que les toiles qui nous restent sont des toiles vécues et senties.

J'ai commis l'horrible sacrilège de toucher d'une façon peu respectueuse aux petites réputations du jour et de leur prédire une mort prochaine, un néant vaste et éternel.

J'ai été hérétique en démolissant toutes les maigres religions des coteries et en posant fermement la grande religion artistique, celle qui dit à chaque peintre : « Ouvre tes yeux, voici la nature ; ouvre ton cœur, voici la vie. »

J'ai montré une ignorance crasse, parce que je n'ai pas partagé les opinions des critiques assermentés et que j'ai négligé de parler du raccourci de ce torse, du modelé de ce ventre, du dessin et de la couleur, des écoles et des préceptes.

Je me suis conduit en malhonnête homme, en marchant droit au but, sans songer aux pauvres diables que je pouvais écraser en chemin. Je voulais la vérité, et j'ai eu tort de blesser les gens pour aller jusqu'à elle.

En un mot, j'ai fait preuve de cruauté, de sottise, d'ignorance, je me suis rendu coupable de sacrilège et d'hérésie, parce que, las de mensonge et de médiocrité, j'ai cherché des hommes dans la foule de ces eunuques.

Et voilà pourquoi je suis condamné !

FIN.

ÉDOUARD MANET

ÉDOUARD MANET

C'est un travail délicat que de démontrer, pièce à pièce, la personnalité d'un artiste. Une pareille besogne est toujours difficile, et elle se fait seulement en toute vérité et toute largeur sur un homme dont l'œuvre est achevé et qui a déjà donné ce qu'on attend de son talent. L'analyse s'exerce alors sur un ensemble complet ; on étudie sous toutes ses faces un génie entier, on trace un portrait exact et précis, sans craindre de laisser échapper quelques particularités. Et il y a, pour le critique, une joie pénétrante à se dire qu'il peut disséquer un être, qu'il a à faire l'anatomie d'un organisme, et qu'il reconstruira ensuite, dans sa réalité vivante, un homme avec tous ses membres, tous ses nerfs et tout son cœur, toutes ses rêveries et toute sa chair.

Étudiant aujourd'hui le peintre Édouard Manet, je ne puis goûter cette joie. Les premières œuvres remarquables de l'artiste datent de six à sept ans au plus. Je n'oserais le juger d'une façon absolue sur les trente à quarante toiles de lui qu'il m'a été permis de voir et d'apprécier. Ici, il n'y a pas un ensemble arrêté ; le peintre en est à cet âge fiévreux où le talent se développe et grandit ; il n'a sans doute révélé jusqu'à cette heure qu'un coin de sa personnalité, et il a devant lui trop de vie, trop d'avenir, trop de hasards de toute espèce, pour que je tente, dans ces pages, d'arrêter sa physionomie d'un trait définitif.

Je n'aurais certainement pas entrepris de tracer la simple silhouette qu'il m'est permis de donner, si des raisons particulières et puissantes ne m'y avaient déterminé. Les circonstances ont fait d'Édouard Manet, encore tout jeune, un sujet d'étude des plus curieux et des plus instructifs. La position étrange que le public, même les critiques et les artistes ses confrères, lui ont créée dans l'art contemporain, m'a paru devoir être nettement étudiée et expliquée. Et ici ce n'est plus seulement la personnalité d'Édouard Manet que je cherche à analyser, c'est notre mouvement artistique lui-même, ce sont les opinions contemporaines, en matière d'esthétique.

Un cas curieux s'est présenté, et ce cas est celui-ci, en deux mots. Un jeune peintre a obéi très naïvement à des tendances personnelles de vue et de compré-

hension ; il s'est mis à peindre en dehors des règles
sacrées enseignées dans les écoles ; il a ainsi produit
des œuvres particulières, d'une saveur amère et forte,
qui ont blessé les yeux des gens habitués à d'autres
aspects. Et voilà que ces gens, sans chercher à s'expliquer pourquoi leurs yeux étaient blessés, ont injurié
le jeune peintre, l'ont insulté dans sa bonne foi et
dans son talent, ont fait de lui une sorte de pantin
grotesque qui tire la langue pour amuser les badauds.

N'est-ce pas qu'une telle émeute est chose intéressante à étudier, et qu'un curieux indépendant comme
moi a raison de s'arrêter en passant devant la foule
ironique et bruyante, qui entoure le jeune peintre et
qui le poursuit de ses huées ?

J'imagine que je suis en pleine rue et que je rencontre un attroupement de gamins qui accompagnent
Édouard Manet à coups de pierres. Les critiques
d'art, — pardon, les sergents de ville, — font mal leur
office ; ils accroissent le tumulte au lieu de le calmer,
et même, Dieu me pardonne ! il me semble que les
sergents de ville ont d'énormes pavés dans leurs
mains. Il y a déjà, dans ce spectacle, une certaine
grossièreté qui m'attriste, moi passant désintéressé,
d'allures calmes et libres.

Je m'approche, j'interroge les gamins, j'interroge
les sergents de ville, j'interroge Édouard Manet lui-
même. Et une conviction se fait en moi. Je me rends
compte de la colère des gamins et de la mollesse des
sergents de ville ; je sais quel crime a commis ce paria
qu'on lapide. Je rentre chez moi, et je dresse, pour

l'honneur de la vérité, le procès-verbal qu'on va lire.

Je n'ai évidemment qu'un but : apaiser l'irritation aveugle des émeutiers, les faire revenir à des sentiments plus intelligents, les prier d'ouvrir les yeux, et, en tout cas, de ne pas crier ainsi dans la rue. Et je leur demande une saine critique, non pour Édouard Manet seulement, mais encore pour tous les tempéraments particuliers qui se présenteront. Ma plaidoirie s'élargit, mon but n'est plus l'acceptation d'un seul homme, il devient l'acceptation de l'art tout entier. En étudiant dans Édouard Manet l'accueil fait aux personnalités originales, je proteste contre cet accueil, je fais d'une question individuelle une question qui intéresse tous les véritables artistes.

Ce travail, pour plusieurs causes, je le répète, ne saurait donc être un portrait définitif ; c'est la simple constatation d'un état présent, c'est un procès-verbal dressé sur des faits regrettables qui me semblent révéler tristement le point où près de deux siècles de tradition ont conduit la foule en matière artistique.

Paris, 1867.

I

L'HOMME ET L'ARTISTE

Édouard Manet est né à Paris, en 1833. Je n'ai sur lui que peu de détails biographiques. La vie d'un artiste, en nos temps corrects et policés, est celle d'un bourgeois tranquille, qui peint des tableaux dans son atelier comme d'autres vendent du poivre derrière leur comptoir. La race chevelue de 1830 a même, Dieu merci! complètement disparu, et nos peintres sont devenus ce qu'ils doivent être, des gens vivant la vie de tout le monde.

Après avoir passé quelques années chez l'abbé Poiloup, à Vaugirard, Édouard Manet termina ses études au collège Rollin. A dix-sept ans, comme il sortait du collège, il se prit d'amour pour la peinture. Terrible amour que celui-là! Les parents tolèrent une maîtresse, et même deux; ils ferment les yeux, s'il est nécessaire, sur le dévergondage du cœur et des sens. Mais les arts, la peinture est pour eux la grande Impure, la Courtisane toujours affamée de chair fraîche, qui doit boire le sang de leurs enfants et les tordre tout pantelants, sur sa gorge insatiable. Là est l'orgie, la débauche sans pardon, le spectre sanglant qui se dresse parfois au milieu des familles et qui trouble la paix des foyers domestiques.

Naturellement, à dix-sept ans, Édouard Manet s'embarqua comme novice sur un vaisseau qui se rendait à Rio-Janeiro. Sans doute la grande Impure, la Courtisane toujours affamée de chair fraîche s'embarqua avec lui et acheva de le séduire au milieu des solitudes lumineuses de l'Océan et du ciel; elle s'adressa à sa chair, elle balança amoureusement devant ses yeux les lignes éclatantes des horizons, elle lui parla de passion avec le langage doux et vigoureux des couleurs. Au retour, Édouard Manet appartenait tout entier à l'Infâme.

Il laissa la mer et alla visiter l'Italie et la Hollande. D'ailleurs, il s'ignorait encore, il se promena en jeune naïf, il perdit son temps. Et ce qui le prouve, c'est qu'en arrivant à Paris, il entra comme élève à l'atelier de Thomas Couture et y resta pendant près de six ans, les bras liés par les préceptes et les conseils, pataugeant en pleine médiocrité, ne sachant pas trouver sa voie. Il y avait en lui un tempérament particulier qui ne put se plier à ces premières leçons, et l'influence de cette éducation artistique contraire à sa nature agit sur ses travaux, même après sa sortie de l'atelier du maître : pendant trois années, il se débattit dans son ombre, il travailla sans trop savoir ce qu'il voyait ni ce qu'il voulait. Ce fut en 1860 seulement qu'il peignit le *Buveur d'absinthe*, une toile où l'on trouve encore une vague impression des œuvres de Thomas Couture, mais qui contient déjà en germe la manière personnelle de l'artiste.

Depuis 1860, sa vie artistique est connue du public. On se souvient de la sensation étrange que produisirent quelques-unes de ses toiles à l'exposition Martinet et au Salon des Refusés, en 1863 ; on se rappelle également le tumulte qu'occasionnèrent ses tableaux : *le Christ et les Anges* et *Olympia*, aux Salons de 1864 et de 1865. En étudiant ses œuvres, je reviendrai sur cette période de sa vie.

Édouard Manet est de taille moyenne, plutôt petite que grande. Les cheveux et la barbe sont d'un châtain pâle ; les yeux, étroits et profonds, ont une vivacité, une flamme juvéniles ; la bouche est caractéristique, mince, mobile, un peu moqueuse dans les coins. Le visage entier, d'une irrégularité fine et intelligente, annonce la souplesse et l'audace, le mépris de la sottise et de la banalité. Et si du visage nous descendons à la personne, nous trouvons dans Édouard Manet un homme d'une amabilité et d'une politesse exquises, d'allures distinguées et d'apparence sympathique.

Je suis bien forcé d'insister sur ces détails infiniment petits. Les farceurs contemporains, ceux qui gagnent leur pain en faisant rire le public, ont changé Édouard Manet en une sorte de bohème, de galopin, de croquemitaine ridicule. Et le public a accepté, comme autant de vérités, les plaisanteries et les caricatures. La vérité s'accommode mal de ces pantins de fantaisie créés par les rieurs à gages, et il est bon de montrer l'homme réel.

L'artiste m'a avoué qu'il adorait le monde et qu'il trouvait des voluptés secrètes dans les délicatesses parfumées et lumineuses des soirées. Il y est entraîné sans doute par son amour des couleurs larges et vives ; mais il y a aussi, au fond de lui, un besoin inné de distinction et d'élégance que je me fais fort de retrouver dans ses œuvres.

Ainsi telle est sa vie. Il travaille avec âpreté, et le nombre de ses toiles est déjà considérable ; il peint sans découragement, sans lassitude, marchant droit devant lui, obéissant à sa nature. Puis il rentre dans son intérieur et y goûte les joies calmes de la bourgeoisie moderne ; il fréquente le monde assidûment, il mène l'existence de chacun, avec cette différence qu'il est peut-être encore plus paisible et mieux élevé que chacun.

J'avais vraiment besoin d'écrire ces lignes, avant de parler d'Édouard Manet comme artiste. Je me sens beaucoup plus à l'aise maintenant pour dire aux gens prévenus ce que je crois être la vérité. J'espère qu'on cessera de traiter de rapin débraillé l'homme dont je viens d'esquisser la physionomie en quelques traits, et qu'on prêtera une attention polie aux jugements très désintéressés que je vais porter sur un artiste convaincu et sincère. Je suis persuadé que le profil exact de l'Édouard Manet réel surprendra bien des personnes; on l'étudiera désormais avec des rires moins indécents, et une attention plus convenable. La question devient celle-ci : ce peintre, assurément, peint d'une façon toute naïve, toute recueillie, et il s'agit seulement de savoir s'il fait œuvre de talent ou s'il se trompe grossièrement.

Je ne voudrais pas poser en principe que l'insuccès d'un élève, obéissant à la direction d'un maître, est la marque d'un talent original, et tirer de là un argument en faveur d'Édouard Manet perdant son temps chez Thomas Couture. Il y a forcément, pour chaque artiste, une période de tâtonnements et d'hésitations qui dure plus ou moins longtemps; il est admis que chacun doit passer cette période dans l'atelier d'un professeur, et je ne vois pas de mal à cela; les conseils, s'ils retardent parfois l'éclosion des talents originaux, ne les empêchent pas de se manifester un jour, et on les oublie parfaitement tôt ou tard, pour peu qu'on ait une individualité de quelque puissance.

Mais, dans le cas présent, il me plaît de considérer l'apprentissage long et pénible d'Édouard Manet comme un symptôme d'originalité. La liste serait longue, si je nommais ici tous ceux que leurs maîtres ont découragés et qui sont devenus ensuite des hommes de premier mérite. « Vous ne ferez jamais rien, » dit le magister, et cela signifie sans doute : « Hors de moi pas de salut, et vous n êtes pas moi. » Heureux ceux que les maîtres ne reconnaissent pas pour leurs enfants ! ils sont d'une race à part, ils apportent chacun leur mot dans la grande phrase que l'humanité écrit et qui ne sera jamais complète ; ils ont pour destinée d'être des maîtres à leur tour, des égoïstes, des personnalités nettes et tranchées.

Ce fut donc au sortir des préceptes d'une nature différente de la sienne qu'Édouard Manet essaya de chercher et de voir par lui-même. Je le répète, il resta pendant trois ans tout endolori des coups de férule qu'il avait reçus. Il avait sur le bout de la langue, comme on dit, le mot nouveau qu'il apportait, et il ne pouvait le prononcer. Puis, sa vue s'éclaircit, il distingua nettement les choses, sa langue ne fut plus embarrassée, et il parla.

Il parla un langage plein de rudesse et de grâce qui effaroucha fort le public. Je n'affirme point que ce fût là un langage entièrement nouveau et qu'il ne contînt pas quelques tournures espagnoles sur lesquelles j'aurai d'ailleurs à m'expliquer ; mais il était aisé de comprendre, à la hardiesse et à la vérité de certaines images, qu'un artiste nous était né. Celui-là parlait une langue qu'il avait faite sienne et qui désormais lui appartenait en propre.

Voici comment je m'explique la naissance de tout véritable artiste, celle d'Édouard Manet, par exemple. Sentant qu'il n'arrivait à rien en copiant les maîtres, en peignant la nature vue au travers des individualités différentes de la sienne, il aura compris, tout naïvement, un beau matin, qu'il lui restait à essayer de voir la nature telle qu'elle est, sans la regarder dans les œuvres et dans les opinions des autres. Dès que cette idée lui fut venue, il prit un objet quelconque, un être ou une chose, le plaça au fond de son atelier, et se mit à le reproduire sur une toile, selon ses facultés de vision et de compréhension. Il fit effort pour oublier tout ce qu'il avait étudié dans les musées ; il tâcha de ne plus se rappeler les conseils qu'il avait reçus, les œuvres peintes qu'il avait regardées. Il n'y eut plus là qu'une intelligence particulière, servie par des organes doués d'une certaine façon, mise en face de la nature et la traduisant à sa manière.

L'artiste obtint ainsi une œuvre qui était sa chair et son sang. Certainement, cette œuvre tenait à la grande famille des œuvres humaines ; elle avait des sœurs parmi les milliers d'œuvres déjà créées ; elle ressemblait plus ou moins à certaines d'entre elles. Mais elle était belle d'une beauté propre, je veux dire vivante d'une vie personnelle. Les éléments divers qui la composaient, pris peut-être ici et là, venaient se fondre en un tout d'une saveur nouvelle et d'un aspect particulier ; et ce tout, créé pour la première fois, était une face encore inconnue du génie humain. Désormais, Édouard Manet avait trouvé sa voie, ou, pour mieux dire, il s'était trouvé lui-même : il voyait de ses yeux, il devait nous donner dans chacune de ses toiles une traduction de la nature en cette langue originale qu'il venait de découvrir au fond de lui.

Et, maintenant, je supplie le lecteur qui a bien voulu

me lire jusqu'ici et qui a la bonne volonté de me comprendre, de se placer au seul point de vue logique qui permet de juger sainement une œuvre d'art. Sans cela, nous ne nous entendrions jamais; il garderait les croyances admises, je partirais d'axiomes tout autres, et nous irions ainsi, nous séparant de plus en plus l'un de l'autre: à la dernière ligne, il me traiterait de fou, et je le traiterais d'homme peu intelligent. Il lui faut procéder comme l'artiste a procédé lui-même: oublier les richesses des musées et les nécessités des prétendues règles ; chasser le souvenir des tableaux entassés par les peintres morts; ne plus voir que la nature face à face, telle qu'elle est; ne chercher enfin dans les œuvres d'Édouard Manet qu'une traduction de la réalité, particulière à un tempérament, belle d'un intérêt humain.

Je suis forcé, à mon grand regret, d'exposer ici quelques idées générales. Mon esthétique, ou plutôt la science que j'appellerai l'esthétique moderne, diffère trop des dogmes enseignés jusqu'à ce jour, pour que je me hasarde à parler avant d'avoir été parfaitement compris.

Voici quelle est l'opinion de la foule sur l'art. Il y a un beau absolu, placé en dehors de l'artiste, ou, pour mieux dire, une perfection idéale vers laquelle chacun tend et que chacun atteint plus ou moins. Dès lors, il y a une commune mesure qui est ce beau lui-même ; on applique cette commune mesure sur chaque œuvre produite, et selon que l'œuvre se rapproche ou s'éloigne de la commune mesure, on déclare que cette œuvre a plus ou moins de mérite. Les circonstances ont voulu qu'on choisît pour étalon le beau grec, de sorte que les jugements portés sur toutes les œuvres d'art créées par l'humanité, résultent du plus ou du moins de ressemblance de ces œuvres avec les œuvres grecques.

Ainsi, voilà la large production du génie humain, toujours en enfantement, réduite à la simple éclosion du génie grec. Les artistes de ce pays ont trouvé le beau absolu, et, dès lors, tout a été dit ; la commune mesure étant fixée, il ne s'agissait plus que d'imiter et de reproduire les modèles le plus exactement possible. Et il y a des gens qui vous prouvent que les artistes de la Renaissance ne furent grands que parce qu'ils furent imitateurs. Pendant plus de deux mille ans, le monde se transforme, les civilisations s'élèvent et s'écroulent, les sociétés se précipitent ou languissent, au milieu de mœurs toujours changeantes ; et, d'autre part, les artistes naissent ici et là, dans les matinées pâles et froides de la Hollande, dans les soirées chaudes et voluptueuses de l'Italie et de l'Espagne. Qu'importe ! le beau absolu est là, immuable, dominant les âges ; on brise misérablement contre lui toute cette vie, toutes ces passions et toutes ces imaginations qui ont joui et souffert pendant plus de deux mille ans.

Voici, maintenant, quelles sont mes croyances en matière artistique. J'embrasse d'un regard l'humanité qui a vécu et qui, devant la nature, à toute heure, sous tous les climats, dans toutes les circonstances, s'est senti l'impérieux besoin de créer humainement, de reproduire par les arts les objets et les êtres. J'ai ainsi un vaste spectacle dont chaque partie m'intéresse et m'émeut profondément. Chaque grand artiste est venu nous donner une traduction nouvelle et personnelle de la nature. La réalité est ici l'élément fixe, et les divers tempéraments sont les éléments créateurs qui ont donné aux œuvres des caractères différents. C'est dans ces caractères différents, dans ces aspects toujours nouveaux, que consiste pour moi l'intérêt puissamment humain des œuvres d'art. Je voudrais que les toiles de tous les peintres du monde fussent réunies dans une immense salle, où nous pourrions aller lire page par page l'épopée de la création humaine. Et le thème serait toujours la même nature, la même réalité, et les variations seraient les façons particulières et originales, à l'aide desquelles les artistes auraient rendu la grande création de Dieu. C'est au milieu de cette immense salle que la foule doit se placer pour juger sainement les œuvres d'art; le beau n'est plus ici une chose absolue, une commune mesure ridicule; le beau devient la vie humaine elle-même, l'élément humain se mêlant à l'élément fixe de la réalité et mettant au jour une création qui appartient à l'humanité. C'est dans nous que vit la beauté, et non en dehors de nous. Que m'importe une abstraction philosophique ! que m'importe une perfection rêvée par un petit groupe d'hommes ! Ce qui m'intéresse, moi homme, c'est l'humanité, ma grande mère; ce qui me touche, ce qui me ravit, dans les créations humaines, dans les œuvres d'art, c'est de retrouver au fond de chacune d'elles un artiste, un frère, qui me présente la nature sous une face nouvelle, avec toute la puissance ou toute la douceur de sa personnalité. Cette œuvre, ainsi envisagée, me conte l'histoire d'un cœur et d'une chair, elle me parle d'une civilisation et d'une contrée. Et lorsque, au centre de l'immense salle où sont pendus les tableaux de tous les peintres du monde, je jette un coup d'œil sur ce vaste ensemble, j'ai là le même poème en mille langues différentes, et je ne me lasse pas de le relire dans chaque tableau, charmé des délicatesses et des vigueurs de chaque dialecte.

Je ne puis donner ici, dans son entier, le livre que je me propose d'écrire sur mes croyances artistiques, et je me contente d'indiquer à larges traits ce qui est et ce que je crois. Je ne renverse aucune idole, je ne nie aucun artiste. J'accepte toutes les œuvres d'art au même titre, au titre de manifestations du génie humain. Et elles m'intéressent presque également, elles ont toutes la véritable beauté : la vie, la vie dans ses mille expressions, toujours changeantes, toujours nouvelles. La ridicule commune mesure n'existe plus ; le critique étudie une œuvre en elle-même, et la déclare grande, lorsqu'il trouve en elle une traduction forte et originale de la réalité ; il affirme alors que la Genèse de la création humaine a une page de plus, qu'il est né un artiste donnant à la nature une nouvelle âme et de nouveaux horizons. Et notre création s'étend du passé à l'infini de l'avenir ; chaque société apportera ses artistes, qui apporteront leur personnalité. Aucun système, aucune théorie ne peut contenir la vie dans ses productions incessantes. Notre rôle, à nous juges des œuvres d'art, se borne donc à constater les langages des tempéraments, à étudier ces langages, à dire ce qu'il y a en eux de nouveauté souple et énergique. Les philosophes, s'il est nécessaire, se chargeront de rédiger des formules. Je ne veux analyser que des faits, et les œuvres d'art sont de simples faits.

Donc, j'ai mis à part le passé, je n'ai ni règle ni étalon dans les mains, je me place devant les tableaux d'Edouard Manet comme devant des faits nouveaux que je désire expliquer et commenter.

Ce qui me frappe d'abord dans ces tableaux, c'est une justesse très délicate dans les rapports des tons entre eux. Je m'explique. Des fruits sont posés sur une table et se détachent contre un fond gris ; il y a entre les fruits, selon qu'ils sont plus ou moins rapprochés, des valeurs de coloration formant toute une gamme de teintes. Si vous partez d'une note plus claire que la note réelle, vous devrez suivre une gamme toujours plus claire ; et le contraire devra avoir lieu, lorsque vous partirez d'une note plus foncée. C'est là ce qu'on appelle, je crois, la loi des valeurs. Je ne connais guère, dans l'école moderne, que Corot, Courbet et Édouard Manet qui aient constamment obéi à cette loi en peignant des figures. Les œuvres y gagnent une netteté singulière, une grande vérité et un grand charme d'aspect.

Édouard Manet, d'ordinaire, part d'une note plus

claire que la note existant dans la nature. Ses peintures sont blondes et lumineuses, d'une pâleur solide. La lumière tombe blanche et large, éclairant les objets d'une façon douce. Il n'y a pas là le moindre effet forcé ; les personnages et les paysages baignent dans une sorte de clarté gaie qui emplit la toile entière.

Ce qui me frappe ensuite, c'est une conséquence nécessaire de l'observation exacte de la loi des valeurs. L'artiste, placé en face d'un sujet quelconque, se laisse guider par ses yeux qui aperçoivent ce sujet en larges teintes se commandant les unes les autres. Une tête posée contre un mur n'est plus qu'une tache plus ou moins blanche sur un fond plus ou moins gris ; et le vêtement juxtaposé à la figure devient par exemple une tache plus ou moins bleue mise à côté de la tache plus ou moins blanche. De là une grande simplicité, presque point de détails, un ensemble de taches justes et délicates qui, à quelques pas, donne au tableau un relief saisissant. J'appuie sur ce caractère des œuvres d'Édouard Manet, car il domine en elles et les fait ce qu'elles sont. Toute la personnalité de l'artiste consiste dans la manière dont son œil est organisé : il voit blond, et il voit par masses.

Ce qui me frappe en troisième lieu, c'est une grâce un peu sèche, mais charmante. Entendons-nous : je ne parle pas de cette grâce rose et blanche qu'ont les têtes en porcelaine des poupées, je parle d'une grâce pénétrante et véritablement humaine. Édouard Manet est homme du monde, et il y a dans ses tableaux certaines lignes exquises, certaines attitudes grêles et jolies qui témoignent de son amour pour les élégances des salons. C'est là l'élément inconscient, la nature même du peintre. Et je profite de l'occasion pour protester contre la parenté qu'on a voulu établir entre les tableaux d'Édouard Manet et les vers de Charles Baudelaire. Je sais qu'une vive sympathie a rapproché le poète et le peintre, mais je crois pouvoir affirmer que ce dernier n'a jamais fait la sottise, commise par tant d'autres, de vouloir mettre des idées dans sa peinture. La courte analyse que je viens de donner de son talent prouve avec quelle naïveté il se place devant la nature; s'il assemble plusieurs objets ou plusieurs figures, il est seulement guidé dans son choix par le désir d'obtenir de belles taches, de belles oppositions. Il est ridicule de vouloir faire un rêveur mystique d'un artiste obéissant à un pareil tempérament.

Après l'analyse, la synthèse. Prenons n'importe quelle toile de l'artiste et n'y cherchons pas autre chose que ce qu'elle contient : des objets éclairés, des créatures réelles. L'aspect général, je l'ai dit, est d'un blond lumineux. Dans la lumière diffuse, les visages sont taillés à larges pans de chair, les lèvres deviennent de simples traits, tout se simplifie et s'enlève sur le fond par masses puissantes. La justesse des tons établit les plans, remplit la toile d'air, donne la force à chaque chose. On a dit, par moquerie, que les toiles d'Édouard Manet rappelaient les gravures d'Épinal, et il y a beaucoup de vrai dans cette moquerie qui est un éloge ; ici et là les procédés sont les mêmes, les teintes sont appliquées par plaques, avec cette différence que les ouvriers d'Épinal emploient les tons purs, sans se soucier des valeurs, et qu'Édouard Manet multiplie les tons et met entre eux les rapports justes. Il serait beaucoup plus intéressant de comparer cette peinture simplifiée avec les gravures japonaises qui lui ressemblent par leur élégance étrange et leurs taches magnifiques.

L'impression première que produit une toile d'Édouard Manet est un peu dure. On n'est pas habitué à voir des traductions aussi simples et aussi sincères de la réalité. Puis, je l'ai dit, il y a quelques raideurs élégantes qui surprennent. L'œil n'aperçoit d'abord que des teintes plaquées largement. Bientôt les objets se dessinent et se mettent à leur place ; au bout de quelques secondes, l'ensemble apparaît, vigoureux, et l'on goûte un véritable charme à contempler cette peinture claire et grave, qui rend la nature avec une brutalité douce, si je puis m'exprimer ainsi. En s'approchant du tableau, on voit que le métier est plutôt délicat que brusque ; l'artiste n'emploie que la brosse et s'en sert très prudemment ; il n'y a pas des entassements de couleurs, mais une couche unie. Cet audacieux, dont on s'est moqué, a des procédés fort sages, et si ses œuvres ont un aspect particulier, elles ne le doivent qu'à la façon toute personnelle dont il aperçoit et traduit les objets.

En somme, si l'on m'interrogeait, si l'on me demandait quelle langue nouvelle parle Édouard Manet,

je répondrais : Il parle une langue faite de simplicité et de justesse. La note qu'il apporte est cette
note blonde emplissant la toile de lumière. La traduction qu'il nous donne est une traduction juste et
simplifiée, procédant par grands ensembles, n'indi-
quant que les masses.

Il nous faut, je ne saurais trop le répéter, oublier
mille choses pour comprendre et goûter ce talent. Il
ne s'agit plus ici d'une recherche de la beauté absolue ; l'artiste ne peint ni l'histoire ni l'âme ; ce qu'on
appelle composition n'existe pas pour lui, et la tâche
qu'il s'impose n'est point de représenter telle pensée
ou tel acte historique. Et c'est pour cela qu'on ne
doit le juger ni en moraliste ni en littérateur ; on
doit le juger en peintre. Il traite les tableaux de figures comme il est permis, dans les écoles, de traiter
les tableaux de nature morte ; je veux dire qu'il groupe
les figures devant lui, un peu au hasard, et qu'il n'a
ensuite souci que de les fixer sur la toile telles qu'il
les voit, avec les vives oppositions qu'elles font en se
détachant les unes sur les autres. Ne lui demandez
rien autre chose qu'une traduction d'une justesse
littérale. Il ne saurait ni chanter ni philosopher. Il
sait peindre, et voilà tout : il a le don, et c'est là son
tempérament propre, de saisir dans leur délicatesse
les tons dominants et de pouvoir ainsi modeler à
grands plans les choses et les êtres.

Il est un enfant de notre âge. Je vois en lui un
peintre analyste. Tous les problèmes ont été remis
en question, la science a voulu avoir des bases solides,

et elle en est revenue à l'observation exacte des faits. Et ce mouvement ne s'est pas seulement produit dans l'ordre scientifique; toutes les connaissances, toutes les œuvres humaines tendent à chercher dans la réalité des principes fermes et définitifs. Nos paysagistes modernes l'emportent de beaucoup sur nos peintres d'histoire et de genre, parce qu'ils ont étudié nos campagnes, en se contentant de traduire le premier coin de forêt venu. Édouard Manet applique la même méthode à chacune de ses œuvres; tandis que d'autres se creusent la tête pour inventer une nouvelle *Mort de César* ou un nouveau *Socrate buvant la ciguë*, il place tranquillement dans un coin de son atelier quelques objets et quelques personnes, et se met à peindre, en analysant le tout avec soin. Je le répète, c'est un simple analyste; sa besogne a bien plus d'intérêt que les plagiats de ses confrères; l'art lui-même tend ainsi vers une certitude; l'artiste est un interprète de ce qui est, et ses œuvres ont pour moi le grand mérite d'une description précise faite en une langue originale et humaine.

On lui a reproché d'imiter les maîtres espagnols. J'accorde qu'il y ait quelque ressemblance entre ses premières œuvres et celles de ces maîtres : on est toujours fils de quelqu'un. Mais, dès son *Déjeuner sur l'herbe*, il me paraît affirmer nettement cette personnalité que j'ai essayé d'expliquer et de commenter brièvement. La vérité est peut-être que le public, en lui voyant peindre des scènes et des costumes d'Espagne, aura décidé qu'il prenait ses modèles au delà des Pyrénées. De là à l'accusation de plagiat, il n'y a pas loin. Or, il est bon de faire savoir que, si Édouard Manet a peint des *espada* et des *majo*, c'est qu'il avait dans son atelier des vêtements espagnols et qu'il les trouvait beaux de couleur. Il a traversé l'Espagne en 1865 seulement, et ses toiles ont un accent trop individuel pour qu'on veuille ne trouver en lui qu'un bâtard de Velasquez et de Goya.

II

LES ŒUVRES

Je puis, maintenant, en parlant des œuvres d'Edouard Manet, me faire mieux entendre. J'ai indiqué à grands traits les caractères du talent de l'artiste, et chaque toile que j'analyserai viendra appuyer d'un exemple le jugement que j'ai porté. L'ensemble est connu, il ne s'agit plus que de faire connaître les détails qui forment cet ensemble. En disant ce que j'ai éprouvé devant chaque tableau, je rétablirai dans son tout la personnalité du peintre.

L'œuvre d'Édouard Manet est déjà considérable. Ce travailleur sincère et laborieux a bien employé les six dernières années ; je souhaite son courage et son amour du travail aux gros rieurs qui le traitent de rapin oisif et goguenard. J'ai vu dernièrement dans son atelier une trentaine de toiles dont la plus ancienne date de 1860. Il les a réunies là pour juger de l'ensemble qu'elles feraient à l'Exposition universelle.

J'espère bien les retrouver au Champ-de-Mars, en mai prochain, et je compte qu'elles établiront d'une façon définitive et solide la réputation de l'artiste. Il ne s'agit plus de deux ou trois œuvres, il s'agit de trente œuvres au moins, de six années de travail et de talent. On ne peut refuser au vaincu de la foule une éclatante revanche dont il doit sortir vainqueur. Les juges comprendront qu'il serait inintelligent de cacher systématiquement, dans la solennité qui se prépare, une des faces les plus originales et les plus sincères de l'art contemporain. Ici le refus serait un véritable meurtre, un assassinat officiel.

Et c'est alors que je voudrais pouvoir prendre les sceptiques par la main et les conduire devant les tableaux d'Édouard Manet : « Voyez et jugez, dirais-je. Voilà l'homme grotesque, l'homme impopulaire. Il a travaillé pendant six ans, et voilà son œuvre. Riez-vous encore? le trouvez-vous toujours d'une plaisante drôlerie? Vous commencez à sentir, n'est-ce pas, qu'il y a autre chose que des chats noirs dans ce talent? L'ensemble est un et complet. Il s'étale largement, avec sa sincérité et sa puissance. Dans chaque toile, la main de l'artiste a parlé le même langage, simple et exact. Quand vous embrassez d'un regard toutes les toiles à la fois, vous trouvez que ces œuvres diverses se tiennent, se complètent, qu'elles représentent une somme énorme d'analyse et de vigueur. Riez encore, si vous aimez à rire ; mais, prenez garde, vous rirez désormais de votre aveuglement. »

La première sensation que j'ai éprouvée en entrant dans l'atelier d'Édouard Manet a été une sensation d'unité et de force. Il y a de l'âpreté et de la douceur dans le premier regard qu'on jette sur les murs. Les yeux, avant de s'arrêter particulièrement sur une toile, errent à l'aventure, de bas en haut, de droite à gauche; et ces couleurs claires, ces formes élégantes qui se mêlent, ont une harmonie, une franchise d'une simplicité et d'une énergie extrêmes.

Puis, lentement, j'ai analysé les œuvres une à une. Voici, en quelques lignes, mon sentiment sur chacune d'elles ; j'appuie sur les plus importantes.

Je l'ai dit, la toile la plus ancienne est le *Buveur d'absinthe*, un homme hâve et abruti, drapé dans un pan de manteau et affaissé sur lui-même. Le peintre se cherchait encore ; il y a presque une intention mélodramatique dans le sujet ; puis, je ne trouve pas là ce tempérament simple et exact, puissant et large, que l'artiste affirmera plus tard.

Ensuite viennent le *Chanteur espagnol* et l'*Enfant à l'épée*. Ce sont là les pavés, les premières œuvres dont on se sert pour écraser les dernières œuvres du peintre. Le *Chanteur espagnol*, un Espagnol assis sur un banc de bois vert, chantant et pinçant les cordes de son instrument, a obtenu une mention honorable.

L'*Enfant à l'épée* est un petit garçon debout, l'air naïf et étonné, qui tient à deux mains une énorme épée garnie de son baudrier. Ces peintures sont fermes et solides, très délicates d'ailleurs, ne blessant en rien la vue faible de la foule. On dit qu'Édouard Manet a quelque parenté avec les maîtres espagnols, et il ne l'a jamais avoué autant que dans l'*Enfant à l'épée*. La tête de ce petit garçon est une merveille de modelé et de vigueur adoucie. Si l'artiste avait toujours peint de pareilles têtes, il aurait été choyé du public, accablé d'éloges et d'argent; il est vrai qu'il serait resté un reflet, et que nous n'aurions jamais connu cette belle simplicité qui constitue tout son talent. Pour moi, je l'avoue, mes sympathies sont ailleurs parmi les œuvres du peintre; je préfère les raideurs franches, les taches justes et puissantes d'*Olympia* aux délicatesses cherchées et étroites de l'*Enfant à l'épée*.

Mais, dès maintenant, je n'ai plus à parler que des tableaux qui me paraissent être la chair et le sang d'Édouard Manet. Et d'abord il y a, en 1863, les toiles dont l'apparition chez Martinet, au boulevard des Italiens, causa une véritable émeute. Des sifflets et des huées, comme il est d'usage, annoncèrent qu'un nouvel artiste original venait de se révéler. Le nombre des toiles exposées était de quatorze; nous en retrouverons huit à l'Exposition universelle : le *Vieux Musicien*, le *Liseur*, les *Gitanos*, un *Gamin*, *Lola de Valence*, la *Chanteuse des rues*, le *Ballet espagnol*, la *Musique aux Tuileries*.

Je me contenterai d'avoir cité les quatre premières. Quant à la *Lola de Valence*, elle est célèbre par le quatrain de Charles Baudelaire, qui fut sifflé et maltraité autant que le tableau lui-même :

> Entre tant de beautés que partout on peut voir,
> Je comprends bien, amis, que le désir balance,
> Mais on voit scintiller dans Lola de Valence
> Le charme inattendu d'un bijou rose et noir.

Je ne prétends pas défendre ces vers, mais ils ont pour moi le grand mérite d'être un jugement rimé de toute la personnalité de l'artiste. Je ne sais si je force le texte. Il est parfaitement vrai que *Lola de Valence* est un bijou rose et noir ; le peintre ne procède déjà plus que par taches, et son Espagnole est peinte largement, par vives oppositions ; la toile entière est couverte de deux teintes.

Le tableau que je préfère, parmi ceux que je viens de nommer, est la *Chanteuse des rues*. Une jeune femme, bien connue sur les hauteurs du Panthéon, sort d'une brasserie en mangeant des cerises qu'elle tient dans une feuille de papier. L'œuvre entière est d'un gris doux et blond ; la nature m'y a semblé analysée avec une simplicité et une exactitude extrêmes. Une pareille page a, en dehors du sujet, une austérité qui en agrandit le cadre ; on y sent la recherche de la vérité, le labeur consciencieux d'un homme qui veut, avant tout, dire franchement ce qu'il voit.

Les deux autres tableaux, le *Ballet espagnol* et la

Musique aux Tuileries, furent ceux qui mirent le feu aux poudres. Un amateur exaspéré alla jusqu'à menacer de se porter à des voies de fait, si on laissait plus longtemps dans la salle de l'exposition la *Musique aux Tuileries*. Je comprends la colère de cet amateur : imaginez, sous les arbres des Tuileries, toute une foule, une centaine de personnes peut-être, qui se remuent au soleil; chaque personnage est une simple tache, à peine déterminée, et dans laquelle les détails deviennent des lignes ou des points noirs. Si j'avais été là, j'aurais prié l'amateur de se mettre à une distance respectueuse; il aurait alors vu que ces taches vivaient, que la foule parlait, et que cette toile était une des œuvres caractéristiques de l'artiste, celle où il a le plus obéi à ses yeux et à son tempérament.

Au Salon des Refusés, en 1863, Édouard Manet avait trois toiles. Je ne sais si ce fut à titre de persécuté, mais l'artiste trouva cette fois-là des défenseurs, même des admirateurs. Il faut dire que son exposition était des plus remarquables : elle se composait du *Déjeuner sur l'herbe*, d'un *Portrait de jeune homme en costume de majo* et du *Portrait de mademoiselle V... en costume d'espada*.

Ces deux dernières toiles furent trouvées d'une grande brutalité, mais d'une vigueur rare et d'une extrême puissance de ton. Selon moi, le peintre y a été plus coloriste qu'il n'a coutume de l'être. La peinture est toujours blonde, mais d'un blond fauve et éclatant. Les taches sont grasses et énergiques, elles s'enlèvent sur le fond avec toutes les brusqueries de la nature.

Le *Déjeuner sur l'herbe* est la plus grande toile d'Édouard Manet, celle où il a réalisé le rêve que font tous les peintres : mettre des figures de grandeur naturelle dans un paysage. On sait avec quelle puissance il a vaincu cette difficulté. Il y a là quelques feuillages, quelques troncs d'arbres, et, au fond, une rivière dans laquelle se baigne une femme en chemise ; sur le premier plan, deux jeunes gens sont assis en face d'une seconde femme qui vient de sortir de l'eau et qui sèche sa peau nue au grand air. Cette femme nue a scandalisé le public, qui n'a vu qu'elle dans la toile. Bon Dieu ! quelle indécence : une femme sans le moindre voile entre deux hommes habillés ! Cela ne s'était jamais vu. Et cette croyance était une grossière erreur, car il y a au Musée du Louvre plus de cinquante tableaux dans lesquels se trouvent mêlés des personnages habillés et des personnages nus. Mais personne ne va chercher à se scandaliser au Musée du Louvre. La foule s'est bien gardée d'ailleurs de juger le *Déjeuner sur l'herbe* comme doit être jugée une véritable œuvre d'art ; elle y a vu seulement des gens qui mangeaient sur l'herbe, au sortir du bain, et elle a cru que l'artiste avait mis une intention obscène et tapageuse dans la disposition du sujet, lorsque l'artiste avait simplement cherché à obtenir des oppositions vives et des masses franches. Les peintres, surtout Édouard Manet, qui est un peintre analyste, n'ont pas cette préoccupation du sujet qui tourmente la foule avant tout ; le sujet pour eux est un prétexte à peindre, tandis que pour la foule le sujet seul existe. Ainsi, assurément, la femme nue du *Déjeuner sur l'herbe* n'est là que pour fournir à l'artiste l'occasion de peindre un peu de chair. Ce qu'il faut voir dans le tableau, ce n'est pas un déjeuner sur l'herbe, c'est le paysage entier, avec ses vigueurs et ses finesses, avec ses premiers plans si larges, si solides, et ses fonds d'une délicatesse si légère ; c'est cette chair ferme, modelée à grands pans de lumière, ces étoffes souples et fortes, et surtout cette délicieuse silhouette de femme en chemise qui fait, dans le fond, une adorable tache blanche au milieu des feuilles vertes ; c'est enfin cet ensemble vaste, plein d'air, ce coin de la nature rendue avec une simplicité si juste, toute cette page admirable dans laquelle un artiste a mis les éléments particuliers et rares qui étaient en lui.

En 1864, Édouard Manet exposait *le Christ mort et les Anges* et un *Combat de taureaux*. Il n'a gardé de ce dernier tableau que l'espada du premier plan, — l'*Homme mort*, — qui se rapproche beaucoup, comme manière, de l'*Enfant à l'épée ;* la peinture y est détaillée et serrée, très fine et très solide ; je sais à l'avance que ce sera un des succès de l'exposition de l'artiste, car la foule aime à regarder de près et à ne pas être choquée par les aspérités trop rudes d'une originalité sincère. Moi, je déclare préférer de beaucoup *le Christ mort et les Anges ;* je retrouve là Édouard Manet tout entier, avec les partis-pris de son œil et les audaces de sa main. On a dit que ce Christ n'était pas un Christ, et j'avoue que cela peut être ; pour moi, c'est un cadavre peint en pleine lumière, avec franchise et vigueur ; et même j'aime les anges du fond, ces enfants aux grandes ailes bleues qui ont une étrangeté si douce et si élégante.

En 1865, Édouard Manet est encore reçu au Salon ; il expose un *Jésus insulté par les soldats*, et son chef-d'œuvre, son *Olympia*. J'ai dit chef-d'œuvre, et je ne retire pas le mot. Je prétends que cette toile est véritablement la chair et le sang du peintre. Elle le contient tout entier et ne contient que lui. Elle restera comme l'œuvre caractéristique de son talent, comme la marque la plus haute de sa puissance. J'ai lu en elle la personnalité d'Édouard Manet, et lorsque j'ai analysé le tempérament de l'artiste, j'avais uniquement devant les yeux cette toile qui renferme toutes les autres. Nous avons ici, comme disent les amuseurs publics, une gravure d'Épinal. Olympia, couchée sur des linges blancs, fait une grande tache pâle sur le fond noir ; dans ce fond noir se trouvent la tête de la négresse qui apporte un bouquet et ce fameux chat qui a tant égayé le public. Au premier regard, on ne distingue ainsi que deux teintes dans le tableau, deux teintes violentes, s'enlevant l'une sur l'autre. D'ailleurs, les détails ont disparu. Regardez la tête de la jeune fille : les lèvres sont deux minces lignes roses, les yeux se réduisent à quelques traits noirs. Voyez maintenant le bouquet, et de près, je vous prie : des plaques roses, des plaques bleues, des plaques vertes. Tout se simplifie, et si vous voulez reconstruire la réalité, il faut que vous vous reculiez de quelques pas. Alors il arrive une étrange histoire : chaque objet se met à son plan, la tête d'Olympia se détache du fond avec un relief saisissant, le bouquet devient une merveille d'éclat et de fraîcheur. La justesse de l'œil et la simplicité de la main ont fait ce miracle ; le peintre a procédé comme la nature procède elle-même, par masses claires, par larges pans de lumière, et son œuvre a l'aspect un peu rude et austère de la nature. Il y a d'ailleurs des partis-pris ; l'art ne vit que de fanatisme. Et ces partis-pris sont justement cette sécheresse élégante, cette violence des transitions que j'ai signalées. C'est l'accent personnel, la saveur particulière de l'œuvre. Rien n'est d'une finesse plus exquise que les tons pâles des linges de blancs différents sur lesquels Olympia est couchée. Il y a, dans la juxtaposition de ces blancs une immense difficulté vaincue. Le corps lui-même de l'enfant a des pâleurs charmantes ; c'est une jeune fille de seize ans, sans doute un modèle qu'Édouard Manet a tranquillement copié tel qu'il était. Et tout le monde a crié : on a trouvé ce corps nu indécent ; cela devait être, puisque c'est là de la chair, une fille que l'artiste a jetée sur la toile dans sa nudité jeune et déjà fanée. Lorsque nos artistes nous donnent des Vénus, ils corrigent la nature, ils mentent. Édouard Manet s'est demandé pourquoi mentir, pourquoi ne pas dire la vérité ; il nous a fait connaître Olympia, cette fille de nos jours, que vous rencontrez sur les trottoirs et qui serre ses maigres

épaules dans un mince châle de laine déteinte. Le
public, comme toujours, s'est bien gardé de comprendre ce que voulait le peintre ; il y a eu des gens
qui ont cherché un sens philosophique dans le tableau ;
d'autres, plus égrillards, n'auraient pas été fâchés
d'y découvrir une intention obscène. Eh ! dites-leur
donc tout haut, cher maître, que vous n'êtes point
ce qu'ils pensent, qu'un tableau pour vous est un
simple prétexte à analyse. Il vous fallait une femme
nue, et vous avez choisi Olympia, la première venue ;
il vous fallait des taches claires et lumineuses, et
vous avez mis un bouquet ; il vous fallait des taches
noires, et vous avez placé dans un coin une négresse
et un chat. Qu'est-ce que tout cela veut dire ? vous
ne le savez guère, ni moi non plus. Mais je sais, moi,
que vous avez admirablement réussi à faire une
œuvre de peintre, de grand peintre, je veux dire à
traduire énergiquement et dans un langage particulier les vérités de la lumière et de l'ombre, les
réalités des objets et des créatures.

J'arrive maintenant aux dernières œuvres, à celles
que le public ne connaît pas. Voyez l'instabilité des
choses humaines : Édouard Manet, reçu au Salon à
deux reprises consécutives, est nettement refusé en
1866 ; on accepte l'étrangeté si originale d'*Olympia*,
et l'on ne veut ni du *Joueur de fifre* ni de l'*Acteur tragique*, toiles qui, tout en contenant la personnalité
entière de l'artiste, ne l'affirment pas si hautement.
L'*Acteur tragique*, un portrait de Rouvière en costume
d'Hamlet, porte un vêtement noir qui est une mer-

veille d'exécution. J'ai rarement vu de pareilles
finesses de ton et une semblable aisance dans la
peinture d'étoffes de même couleur juxtaposées. Je
préfère d'ailleurs le *Joueur de fifre*, un petit bonhomme, un enfant de troupe musicien, qui souffle
dans son instrument de toute son haleine et de tout
son cœur. Un de nos grands paysagistes modernes a
dit que ce tableau était « une enseigne de costumier »,
et je suis de son avis, s'il a voulu dire par là que le
costume du jeune musicien était traité avec la simplicité d'une image. Le jaune des galons, le bleu noir
de la tunique, le rouge des culottes ne sont encore ici
que de larges taches. Et cette simplification produite
par l'œil clair et juste de l'artiste, a fait de la toile
une œuvre toute blonde, toute naïve, charmante jusqu'à la grâce, réelle jusqu'à l'âpreté.

Enfin restent quatre toiles, à peine sèches : le *Fu-
meur*, la *Joueuse de guitare*, un *Portrait de madame M...*,
une *jeune Dame en* 1866. Le *Portrait de madame M...* est
une des meilleures pages de l'artiste ; je devrais répéter ce que j'ai déjà dit : simplicité et justesse extrêmes, aspect clair et fin. En terminant, je trouve,
nettement caractérisée dans *une jeune Dame en* 1866,
cette élégance native qu'Édouard Manet, homme du
monde, a au fond de lui. Une jeune femme, vêtue
d'un long peignoir rose, est debout, la tête gracieuse-
ment penchée, respirant le parfum d'un bouquet de
violettes qu'elle tient dans sa main droite ; à sa gauche,
un perroquet se courbe sur son perchoir. Le peignoir
est d'une grâce infinie, doux à l'œil, très ample et

très riche ; le mouvement de la jeune femme a un charme indicible. Cela serait même trop joli, si le tempérament du peintre ne venait mettre sur cet ensemble l'empreinte de son austérité.

J'allais oublier quatre très remarquables marines, — *le Steam-Boat ; le Combat du Kerseage et de l'Albama ; Vue de mer, temps calme ; Bateau de pêche arrivant vent arrière*, — dont les vagues magnifiques témoignent que l'artiste a couru et aimé l'Océan, et sept tableaux de nature morte et de fleurs qui commencent heureusement à être des chefs-d'œuvre pour tout le monde. Les ennemis les plus déclarés du talent d'Édouard Manet lui accordent qu'il peint bien les objets inanimés. C'est un premier pas. J'ai surtout admiré, parmi ces tableaux de nature morte, un splendide bouquet de pivoines, — *un Vase de fleurs*, — et une toile intitulée *un Déjeuner*, qui resteront dans ma mémoire à côté de *l'Olympia*. D'ailleurs, d'après le mécanisme de son talent dont j'ai essayé d'expliquer les rouages, le peintre doit forcément rendre avec une grande puissance un groupe d'objets inanimés.

Tel est l'œuvre d'Édouard Manet, tel est l'ensemble que le public sera, je l'espère, appelé à voir dans une des salles de l'Exposition universelle. Je ne puis penser que la foule restera aveugle et ironique devant ce tout harmonieux et complet dont je viens d'étudier brièvement les parties. Il y aura là une manifestation trop originale, trop humaine, pour que la vérité ne soit pas enfin victorieuse. Et que le public se dise surtout que ces tableaux représentent seulement six années d'efforts, et que l'artiste a trente-trois ans à peine. L'avenir est à lui ; je n'ose moi-même l'enfermer dans le présent.

III

LE PUBLIC

Il me reste à étudier et à expliquer l'attitude du public devant les tableaux d'Édouard Manet. L'homme, l'artiste et les œuvres sont connus ; il y a un autre élément, la foule, qu'il faut connaître, si l'on veut avoir dans son entier le singulier cas artistique que nous avons vu se produire. Le drame sera complet, nous tiendrons dans la main tous les fils des personnages, tous les détails de l'étrange aventure.

D'ailleurs, on se tromperait si l'on croyait que le peintre n'a rencontré aucune sympathie. Il est un paria pour le plus grand nombre, il est un peintre de talent pour un groupe qui augmente tous les jours. Dans ces derniers temps surtout, le mouvement en sa faveur a été plus large et plus marqué. J'étonnerais les rieurs, si je nommais certains hommes qui ont témoigné à l'artiste leur amitié et leur admiration. On tend certainement à l'acepter, et j'espère que ce sera là un fait accompli dans un temps très prochain.

Parmi ses confrères, il y a encore les aveugles qui rient sans comprendre parce qu'ils voient rire les autres. Mais les véritables artistes n'ont jamais refusé à Édouard Manet de grandes qualités de peintre. Obéissant à leur propre tempérament, ils ont seulement fait les restrictions qu'ils devaient faire. S'ils sont coupables, c'est d'avoir toléré qu'un de leurs confrères, qu'un garçon de mérite et de sincérité fût bafoué de la plus indigne façon. Puisqu'ils voyaient clair, puisque eux, peintres, se rendaient compte des intentions du peintre nouveau, ils avaient charge, selon moi, d'imposer silence à la foule. J'ai toujours espéré qu'un d'eux se lèverait et dirait la vérité. Mais en France, dans ce pays de légèreté et de courage, on a une peur effroyable du ridicule; lorsque, dans une réunion, trois personnes se moquent de quelqu'un, tout le monde se met à rire, et s'il y a là des gens qui seraient portés à défendre la victime des railleurs, ils baissent les yeux humblement, lâchement, rougissant eux-mêmes, mal à l'aise, souriant à demi. Je suis sûr qu'Édouard Manet a dû faire de curieuses observations sur certains embarras subits éprouvés en face de lui par des personnes de sa connaissance.

Toute l'histoire de l'impopularité de l'artiste est là, et je me charge d'expliquer aisément les rires des uns et la lâcheté des autres.

Quand la foule rit, c'est presque toujours pour un rien. Voyez au théâtre : un acteur se laisse tomber, la salle entière est prise d'une gaieté convulsive ; demain les spectateurs riront encore au souvenir de cette chute. Mettez dix personnes d'intelligence suffisante devant un tableau d'aspect neuf et original, et ces personnes, à elles dix, ne feront plus qu'un grand enfant ; elles se pousseront du coude, elles commenteront l'œuvre de la façon la plus comique du monde. Les badauds arriveront à la file, grossissant le groupe ; bientôt ce sera un véritable charivari, un accès de folie bête. Je n'invente rien. L'histoire artistique de notre temps est là pour dire que ce groupe de badauds et de rieurs aveugles s'est formé devant les premières toiles de Decamps, de Delacroix, de Courbet. Un écrivain me contait dernièrement qu'autrefois, ayant eu le malheur de dire dans un salon que le talent de Decamps ne lui déplaisait pas, on l'avait mis impitoyablement à la porte. Car le rire gagne de proche en proche, et Paris, un beau matin, s'éveille en ayant un jouet de plus

Alors, c'est une frénésie. Le public a un os à ronger. Et il y a toute une armée dont l'intérêt est d'entretenir la gaieté de la foule, et qui l'entretient d'une belle façon. Les caricaturistes s'emparent de l'homme et de l'œuvre; les chroniqueurs rient plus haut que les rieurs désintéressés. Au fond, ce n'est que du rire, ce n'est que du vent. Pas la moindre conviction, pas le plus petit souci de vérité. L'art est grave, il ennuie profondément; il faut bien l'égayer un peu, chercher une toile dans le Salon qu'on puisse tourner en ridicule. Et l'on s'adresse toujours à l'œuvre étrange qui est le fruit mûr d'une personnalité nouvelle.

Remontons à cette œuvre, causes des rires et des moqueries, et nous voyons que l'apect plus ou moins particulier du tableau a seul amené cette gaieté folle. Telle attitude a été grosse de comique, telle couleur a fait pleurer de rire, telle ligne a rendu malade plus de cent personnes. Le public a seulement vu un sujet, et un sujet traité d'une certaine manière. Il regarde des œuvres d'art, comme les enfants regardent des images : pour s'amuser, pour s'égayer un peu. Les ignorants se moquent en toute confiance ; les savants, ceux qui ont étudié l'art dans les écoles mortes, se fâchent de ne pas retrouver, en examinant l'œuvre nouvelle, les habitudes de leur foi et de leurs yeux. Personne ne songe à se mettre au véritable point de vue. Les uns ne comprennent rien, les autres comparent. Tous sont dévoyés, et alors la gaieté ou la colère monte à la gorge de chacun.

Je le répète, l'aspect seul est la cause de tout ceci. Le public n'a pas même cherché à pénétrer l'œuvre ; il s'en est tenu, pour ainsi dire, à la surface. Ce qui le choque et l'irrite, ce n'est pas la constitution intime de l'œuvre, ce sont les apparences générales et extérieures. Si cela pouvait être, il accepterait volontiers la même image, présentée d'une autre façon.

L'originalité, voilà la grande épouvante. Nous sommes tous plus ou moins, à notre insu, des bêtes routinières qui passent avec entêtement dans le sentier où elles ont passé. Et toute nouvelle route nous fait peur, nous flairons des précipices inconnus, nous refusons d'avancer. Il nous faut toujours le même horizon; nous rions ou nous nous irritons des choses que nous ne connaissons pas. C'est pour cela que nous acceptons parfaitement les audaces adoucies, et que nous rejetons violemment ce qui nous dérange dans nos habitudes. Dès qu'une personnalité se produit, la défiance et l'effroi nous prennent, nous sommes comme des chevaux ombrageux qui se cabrent devant un arbre tombé en travers de la route, parce qu'il ne s'expliquent pas la nature ni la cause de cet obstacle, et qu'ils ne cherchent pas d'ailleurs à se l'expliquer.

Ce n'est qu'une affaire d'habitude. A force de voir l'obstacle, l'effroi et la défiance diminuent. Puis il y a toujours quelque passant complaisant qui nous fait honte de notre colère et qui veut bien nous expliquer notre peur. Je désire simplement jouer le rôle modeste de ce passant auprès des personnes ombrageuses que les tableaux d'Édouard Manet tiennent cabrées et effrayées sur la route. L'artiste commence à se lasser de son métier d'épouvantail; malgré tout son courage, il sent les forces lui échapper devant l'irritation publique. Il est temps que la foule s'approche et se rende compte de ses terreurs ridicules.

D'ailleurs, il n'a qu'à attendre. La foule, je l'ai dit, est un grand enfant qui n'a pas la moindre conviction et qui finit toujours par accepter les gens qui s'imposent. L'histoire éternelle des talents bafoués, puis admirés jusqu'au fanatisme, se reproduira pour Édouard Manet. Il aura eu la destinée des maîtres, de Delacroix et de Courbet, par exemple. Il en est à ce point où la tempête des rires s'apaise, où le public a mal aux côtes, et ne demande pas mieux que de redevenir sérieux. Demain, si ce n'est aujourd'hui, il sera compris et accepté, et si j'appuie sur l'attitude de la foule en face de chaque individualité qui se produit, c'est que l'étude de ce point est justement l'intérêt général de ces quelques pages.

On ne corrigera jamais le public de ses épouvantes. Dans huit jours, Édouard Manet sera peut-être oublié des rieurs qui auront trouvé un autre jouet. Qu'il se révèle un nouveau tempérament énergique, et vous entendrez les huées et les sifflets. Le dernier venu est toujours le monstre, la brebis galeuse du troupeau. L'histoire artistique de ces derniers temps est là pour prouver la vérité de ce fait, et la simple logique suffit pour faire prévoir qu'il se reproduira fatalement, tant que la foule ne voudra pas se mettre au seul point de vue qui permet de juger sainement une œuvre d'art.

Jamais le public ne sera juste envers les véritables artistes créateurs, s'il ne se contente pas de chercher uniquement dans une œuvre une libre traduction de la nature en un langage particulier et nouveau. N'est-il pas profondément triste, aujourd'hui, de songer qu'on a sifflé Delacroix, qu'on a désespéré ce génie qui a seulement triomphé dans la mort? Que pensent ses anciens détracteurs, et pourquoi n'avouent-ils pas tout haut qu'ils se sont montrés aveugles et inintelligents? Cela serait une leçon. Peut-être se déciderait-on à comprendre alors qu'il n'y a ni commune mesure, ni règles, ni nécessités d'aucune sorte, mais des hommes vivants, apportant une des libres expressions de la vie, donnant leur chair et leur sang, montant d'autant plus haut dans la gloire humaine qu'ils sont plus personnels et plus absolus. Et on irait droit, avec admiration et sympathie, aux toiles d'allures libres et étranges ; ce seraient celles-là qu'on étudierait avec calme et attention, pour voir si une face du génie humain ne viendrait pas de s'y révéler. On passerait dédaigneusement devant les copies, devant les balbutiements des fausses personnalités, devant toutes ces images à un et deux sous, qui ne sont que des habiletés de la main. On voudrait trouver avant tout dans une œuvre d'art un accent humain, un coin vivant de la création, une manifestation nouvelle de l'humanité mise en face des réalités de la nature.

Mais personne ne guide la foule, et que voulez-vous qu'elle fasse dans le grand vacarme des opinions contemporaines? L'art s'est, pour ainsi dire, fragmenté ; le grand royaume, en se morcelant, a formé une foule de petites républiques. Chaque artiste a tiré la foule à lui, la flattant, lui donnant les jouets qu'elle aime, dorés et ornés de faveurs roses. L'art est ainsi devenu chez nous une vaste boutique de confiserie, où il y a des bonbons pour tous les goûts. Les peintres n'ont plus été que des décorateurs mesquins qui travaillent à l'ornementation de nos affreux appartements modernes; les meilleurs d'entre eux se sont faits antiquaires, ont volé un peu de sa manière à quelque grand maître mort, et il n'y a guère que les paysagistes, que les analystes de la nature qui soient demeurés de véritables créateurs. Ce peuple de décorateurs étroits et bourgeois fait un bruit de tous les diables; chacun d'eux a sa maigre théorie, chacun d'eux cherche à plaire et à vaincre. La foule adulée va de l'un à l'autre, s'amusant aujourd'hui aux mièvreries de celui-là, pour passer demain aux fausses énergies de celui-ci. Et ce petit commerce honteux, ces flatteries et ces admirations de pacotille se font au nom des prétendues lois sacrées de l'art. Pour une bonne femme en pain d'épices, on met la Grèce et l'Italie en jeu, on parle du beau comme d'un monsieur que l'on connaîtrait et dont on serait l'ami respectueux.

Puis, viennent les critiques d'art qui jettent encore du trouble dans ce tumulte. Les critiques d'art sont des mélodistes qui tous, à la même heure, jouent leurs airs à la fois, n'entendant chacun que leur instrument dans l'effroyable charivari qu'ils produisent. L'un veut de la couleur, l'autre du dessin, un troisième de la morale. Je pourrais nommer celui qui soigne sa phrase et qui se contente de tirer de chaque toile la description la plus pittoresque possible; et encore celui qui, à propos d'une femme étendue sur le dos, trouve le moyen de faire un discours démocratique; et encore celui qui tourne en couplets de vaudeville les plaisants jugements qu'il porte. La foule éperdue ne sait lequel écouter : Pierre dit blanc et Paul dit noir; si l'on croyait le premier, on effacerait le paysage de ce tableau, et si l'on croyait le second, on en effacerait les figures, de sorte qu'il ne resterait plus que le cadre, ce qui d'ailleurs serait une excellente mesure. Il n'y a ainsi aucune base à l'analyse; la vérité n'est pas une et complète; ce ne sont que des divagations plus ou moins raisonnables. Chacun se pose devant la même œuvre avec des dispositions d'esprit différentes, et chacun porte le jugement que lui souffle l'occasion ou la tournure de son esprit.

Alors la foule, voyant combien on s'entend peu dans le monde qui prétend avoir mission de la guider, se laisse aller à ses envies d'admirer ou de rire. Elle n'a ni méthode ni vue d'ensemble. Une œuvre lui plaît ou lui déplaît, voilà tout. Et observez que ce qui lui plaît est toujours ce qu'il y a de plus banal, ce qu'elle a coutume de voir chaque année. Nos artistes ne la gâtent pas; ils l'ont habituée à de telles fadeurs, à des mensonges si jolis, qu'elle refuse de toute sa puissance les vérités fortes. C'est là une simple affaire d'éducation. Quand un Delacroix paraît, on le siffle. Aussi pourquoi ne ressemble-t-il pas aux autres ! L'esprit français, cet esprit que je changerais volontiers aujourd'hui pour un peu de pesanteur, l'esprit français s'en mêle, et ce sont des gorges chaudes à réjouir les plus tristes.

Et voilà comme quoi une troupe de gamins a rencontré un jour Édouard Manet dans la rue, et a fait autour de lui l'émeute qui m'a arrêté, moi passant curieux et désintéressé. J'ai dressé mon procès-verbal tant bien que mal, donnant tort aux gamins, tâchant d'arracher l'artiste de leurs mains et de le conduire en lieu sûr. Il y avait là des sergents de ville, — pardon, des critiques d'art, — qui m'ont affirmé qu'on lapidait cet homme parce qu'il avait outrageusement souillé le temple du Beau. Je leur ai répondu que le destin avait sans doute déjà marqué au musée du Louvre la place future de *l'Olympia* et du *Déjeuner sur l'herbe*. Nous ne nous sommes pas entendus, et je me suis retiré, car les gamins commençaient à me regarder d'un air farouche

FIN

TABLE

	Pages.
MES HAINES.	1
L'abbé***	11
Proudhon et Courbet.	21
Le Catholique hystérique.	41
La Littérature et la Gymnastique.	57
Germinie Lacerteux.	67
Gustave Doré.	85
Les chansons des rues et des bois.	97
La Mère.	109
L'Égypte il y a trois mille ans.	119
La Géologie et l'Histoire.	129
Les Moralistes français.	139
Le Supplice d'une femme et les Deux Sœurs.	155
Erckmann-Chatrian.	179
M. H. Taine, artiste.	201
Histoire de Jules César.	233
MON SALON.	255
A mon ami Paul Cézanne.	257
Le Jury.	263

	Pages
Le Jury (suite)..	273
Le moment artistique.....................................	279
M. Manet...	287
Les réalistes du salon....................................	299
Les chutes...	309
Adieux d'un critique d'art...............................	317
ÉDOUARD MANET..	325
L'homme et l'artiste.....................................	327
Les œuvres..	349
Le public..	363

FIN DE LA TABLE

www.ingramcontent.com/pod-product-compliance
Lightning Source LLC
Chambersburg PA
CBHW050541170426
43201CB00011B/1511